インターネットビジネスの競争戦略

オンライン証券の独自性の構築メカニズムと模倣の二面性

高井文子 著

有斐閣

はしがき

　この 20 年あまりで，我々の日々の生活で，そして企業にとって，インターネットは欠かせないものとなった。時価総額ランキング上位にはインターネット関連の企業が軒を連ね，インターネットビジネスは，実務家はもちろんのこと，政界，官界，学界から広く関心を集める分野へと成長した。

　インターネットビジネスは，目まぐるしい環境変化にさらされている。10 年前，あるいは 5 年前でも考えられなかったガジェットやサービスを世界中の人が手にする。ある企業が主導権を握ったかと思うと，また新たなビジネスが立ち上がり，たちまちリーダー企業が苦境に立つ。同じようなビジネスを始めたにもかかわらず，成功する企業もあれば，撤退する企業もある。新たなビジネスの開始を聞いてしばらくすると，その業界自体がいつの間にか消えている。このような競争が，日常である。

　本書は，インターネット事業参入において既存の大手企業の後塵を拝しながら果敢に挑み，世界的な外資系企業の参入にも立ち向かい，業界内で激しい競争を繰り広げながら成長を遂げた日本のオンライン証券業界に着目し，その競争を詳細に分析したものである。

　筆者がオンライン証券業界の研究を行うにいたった経緯を少し記したい。筆者は，インターネットの普及がすすみ，インターネットビジネスが誕生していく時期を大学生として過ごした。入学してまもなく履修した教養の数学では当時としても古い言語のプログラミングを教わり，コンピュータ室の端末は古く，記憶媒体はペラペラで大きい 5 インチのフロッピーディスクだった。しかし専門課程に移る頃には，学部生にも大学のドメインを付したメールアドレスが与えられ，図書館の新しい端末でインターネットが自由に使えるようになり，学生生活におけるさまざまな情報をメールやホームページで得るようになった。同じ学年の堀江貴文氏の起業が学内で話題になり，ゼミナールの後輩の孫泰蔵氏がアメリカの IT 最前線や新ビジネスの夢を語る，気がついたらそんな時代になっていた。

　この時代に居合わせた筆者が，経営と情報技術との関わりに興味を持つのは

自然な流れだった。経済学部のゼミナールでは，リエンジニアリング（情報技術を用いたビジネスプロセスの再構築）について議論していた梅沢豊先生のゼミナールに入り，修士課程でも引き続き，メーカーの製販統合情報システムにおける業務改革についての研究を続けた。修士課程修了後は，銀行系のシンクタンクでコンサルタントとして働くことを選んだ。

　コンサルタントの業務では，さまざまな組織の戦略策定や実施に関わり，また自らも組織の一員として働くことで，実学としての経営戦略論の重要性を実体験として理解することができた。それまで机上で学んでいた理論は多くの示唆を含み，実際のビジネスの現場でも，戦略の策定や解決案を生み出すことが分かった。その一方で，策定した戦略を実際に使えるようにするためにはさらなる英知が必要であり，特に新たなビジネス分野の戦略の策定においては，既知の理論の応用に戸惑うことがあった。やがて，博士課程に復学して再び研究をしたいという思いが強くなっていった。

　そして，復学して研究を再開する決意をした。その際に，博士論文のテーマを決めることになり，もちろん修士課程のテーマを継続するという選択肢もあったが，経営と情報技術との関わりというこれまでの研究のバックグラウンドのうえで，新たなビジネス分野の戦略に関する研究を行いたいと強く思うようになっていた。大学院生が経営戦略論の分野で研究を行う場合，対象としてひとつの業界，ないしはひとつの企業を採り上げて研究，論文執筆を進めていくことが多い。博士課程に復学した 2002 年は，さまざまなインターネットビジネスが成長し，世界的な競争が既に起こっている時期であった。したがって，インターネットビジネスという括りで考えるとその時点でもかなりの選択肢があったが，色々考えたなかで，オンライン証券業界に着目した。その理由のひとつは，金融制度改革もあいまって，他のインターネットビジネスに比べてもきわめて成長が著しい分野であったこと，もうひとつは，直感的に面白い，調べてみたいという純粋な興味が一番湧いたことである。

　銀行系のシンクタンクに在籍していたというものの，証券に関わる仕事に携わった経験や知識があったわけでは全くない。既存研究の厚みもなく，周りには本気で心配してくれる先輩や同僚もいた。しかし，新宅純二郎先生は，「目の前の現象を丁寧に分析し，問題意識をまとめて書いてみなさい」とアドバイスをくださった。コンサルタントの仕事との二足のわらじ生活のなかで少しず

つ書きすすめていくと，さまざまな研究アプローチでどうにかできるのではないかという楽観的な望みと，やるしかないという覚悟が生まれてきた。これから常に変化するビジネスと共にあるという高揚感とともに，目の前で進み続けている現象を少しずつ分析し，積み上げていった。

　本書は，経営戦略論，イノベーション・マネジメントの研究者，ならびに研究者を志す大学院生を主な読者として書かれている。特に，研究テーマの選択や研究手法に悩む大学院生に対しては，動きが速くまだ結論が見えていない，あるいはデータが得づらい企業や業界の分析に，いかにアプローチしていくかという示唆も与えられるのではないかと思う。また，実務家，なかでもインターネットビジネスに関わるビジネスパーソンにも手にとっていただけることを望んでいる。既に述べたが，自ら民間企業の社員として働きながら，またその仕事において数十の組織と関わることを通じて，実学としての経営学の重要性を痛感し，それを常に意識して研究を行ってきた。学術論文をベースにしていることから専門的な分析を含む箇所もあるが，それ以外は，できる限り実務家の方にも手にとっていただきやすいような表現や記述を意識した。

　インターネットビジネスは，枠組みに囚われない新発想が重要で，既存の経営学の成果などあまり役に立たない，というイメージがあるのではないだろうか。本書の研究も，事例研究や分析は「後追い」であり，それ自体がインターネットビジネスの将来像を示すような性質のものではないが，戦略を立案実行し，イノベーションを生み出す困難に立ち向かい，持続的な競争優位に立つ，という目的に対して，既存研究における知見で相当程度説明できることが筆者としても驚きであった。少なくとも，成功する確率を高めるということにおいて，多くの研究成果や事例にあたって引き出しを増やしておくことは，この業界においても役に立つだろう。

　インターネットは，文字どおり，世界中をくまなく巡り，繋いでいる。そのうえで動くビジネスも完全にボーダーレスとなり，企業は海をまたいで覇権を巡って争っている。筆者の研究には，そうした厳しい環境のなかで，いかに日本企業は戦っていくのか，戦っていかれるのか，という重要で根本的な問いが根底にある。

現在，ブロックチェーンなどの新しい技術を用いた，新たな枠組みでの金融システムや，関連するビジネスが本格的に立ち上がり，成長する時期にある。既に述べたとおり，新たなビジネスの競争戦略においても，普遍的で変わらない理論が役に立つ場面も多い。これからのインターネットビジネスの競争戦略についても，引き続き検討していきたい。

謝　辞

本書は，大変多くの方々に支えられて，完成させることができた。ここに記して，厚く御礼を申し上げたい。

まず，博士論文の指導教官である東京大学大学院経済学研究科の新宅純二郎先生に，心より感謝を申し上げたい。修士課程を修了後，民間企業に就職した私が再び研究をしたいと博士課程に戻る際，学部ゼミナール・修士論文の指導教官である梅沢豊先生が退官されて戻る場のない私を，新宅先生は受け入れてくださった。テーマも勝手に選び，民間企業での業務も続けながらで研究がなかなか進まない私は，悪い教え子だった。そんな筆者に，いつも大変適切なアドバイスをくださり，東京理科大学へ就職したのちも，博士論文の完成までご多忙のなか時間を割いて指導してくださった。博士論文執筆後も，折に触れ，研究や研究生活についてのご指導をいただいている。新宅先生のご指導があったからこそ，研究者，教育者として現在あると断言できる。

そして，経営と情報技術の研究の面白さを伝えてくださった，東京大学名誉教授の梅沢豊先生に御礼を申し上げたい。人気ゼミだった梅沢ゼミナールに入ることができたことは，その後の研究生活の方向を決定づけたと思う。

また，東京大学大学院の授業でご指導いただき，特に，博士論文執筆時における現代企業ワークショップでコメントをくださった，藤本隆宏先生，高橋伸夫先生，粕谷誠先生に，厚く御礼を申し上げたい。就職して学外に出てから，すばらしい先生方にコメントをいただけるという大学院生時代の恵まれた環境を改めて実感することになった。それぞれの先生からいただいた多くのご指導とコメントがあって，本書のベースとなる博士論文がどうにか形になった。また，故天野倫文先生にも，博士論文の審査会で，本質的で大変貴重なコメントをいただいた。

　本書の研究を進めるうえで，さまざまな機会で多くのコメントをいただいた。組織学会，経営情報学会，三菱コンファランスの発表の場において，早稲田大学大学院の根来龍之先生，首都大学東京の竹田陽子先生，学習院大学のディミトリ・リティシェフ先生をはじめとして，多くの先生方に貴重なコメントをいただいたことに深く感謝する。また，本書の一部は，査読論文より構成されている。有益な助言をいただいた匿名のレフリーの方々にも御礼を申し上げる。

　また，筆者を最初に研究者として迎えてくださった東京理科大学経営学部の諸先生方に，感謝する。そして，現在，在籍している横浜国立大学大学院国際社会科学研究院の諸先生方にも，多くの知的な刺激と大変良い研究環境を与えていただいていることに感謝を申し上げたい。東京理科大学，横浜国立大学・大学院の高井研究室の学生・院生には，授業でのやりとりを通じて貴重な気づきや示唆を数多くもらった。それから，授業での研究生活の難しさや喜びを語り合った東京大学大学院の先輩や同僚，後輩にも，多くを支えてもらった。お世話になり，活躍しておられる先生があまりにも多く，お一人一人名前を挙げるときりがないのだが，現在，東京大学の講義「ICTマネジメント」を分担して担当している筑波大学の生稲史彦先生には，本書を書くにあたって情報経営や経営戦略に関する知的な刺激をいただいたことに感謝する。そして，梅沢ゼミナールの先輩で，修士課程でひとつの机をシェアしながら新しい分野を研究することの不安や愚痴を言いあったり，励ましあったりした元・成蹊大学教授の野島美保先生のことは，今後も研究を続けていくなかで忘れることはないだろう。

　データ収集に際しては，㈱金財総研の佐山雅致氏のご厚意により，貴重な資料をご提供いただいた。研究の蓄積や公開情報がないなか，いただいた大変貴重な知識と情報は，研究のベースになった。また，マネックス・ビーンズ・ホールディングス㈱を経て元・産業技術大学院大学教授の南波幸雄氏をはじめとして，イー・トレード証券（現，SBI証券），松井証券，DLJディレクトSFG証券（現，楽天証券），カブドットコム証券の方々には，インタビュー調査で貴重な時間を割いていただいた。ここに謹んで御礼を申し上げる。

　修士課程修了後，6年間勤務した三和総合研究所（現，三菱UFJリサーチ＆コンサルティング）においては，企業の悩みを解決する多くの仕事に携わった。

そこでは，大学院生時代には知り得なかった企業が抱えるさまざまな課題を目の当たりにし，「そうした課題の原因を普遍的に説明できる新たな枠組みを探求したい」という，研究者になる原動力をもらった。ここで出会った人々にも感謝を申し上げる。

　本書の出版にあたっては，有斐閣の藤田裕子さんの大きな支えがあった。博士論文の執筆から時間が経っていたこともあって，全体の構成に大きく悩み，入稿したのちの大幅な変更も一度ではなかった。そのような多大な御迷惑を掛けながらも，丁寧な校正や温かい励ましがあって，出版にこぎ着けることができた。きわめてタイトなスケジュールで刊行出来たのは，藤田さんのお力があってのことと心より感謝申し上げる。

　本書は，多くの研究費の支援を受けた成果からなる。文部科学省科学研究補助金（若手研究（スタートアップ）18830073，若手研究（B）2073263，若手研究（B）22730308），日本学術振興会学術研究助成基金助成金（基盤研究（C）25380533，基盤研究（C）16K03895）ならびに日本証券奨学財団研究調査助成金（2006 年度）の助成を受けた。そして，日本学術振興会科学研究費助成事業（研究成果公開促進費（学術図書）JP18HP5163）を得られたことで，学術書の出版が困難であるなか，本書を出版することができた。

　最後に，子供の頃はとても体が弱く，心配をかけた筆者を愛情を注いで育ててくれた両親と，同じく経営学の研究者として公私ともに支えてくれた夫・近能善範，博士論文執筆中に授かった善斗と舞有に，感謝の意を伝えたい。

　アサヒビール㈱の醸造技術者であった父・髙井紘一朗は，スーパードライの成功に携わり，その後，東京大学ものづくり経営研究センターの特任研究員として活動した。子供の頃から，アサヒビールの経営戦略について父を通じて日常的なものとして興味関心をもったことが，将来，経営学を学ぶという意思決定に大きな影響を与えた。母・佐世子は，教育熱心であったと同時に自らも勉強家であり，家庭に入ったのち資格をとり，消費生活相談員や調停委員として活動している。多忙ななかでも，孫の世話を引き受けて，筆者の研究生活を支えてくれた。

　夫・近能善範は，普段は温厚ながら，文章を書くことについてはことさら厳しい姿勢をもっている。筆者が「時間が来たから終わり」にしようとする甘さ

を，論文執筆時にみせる凄い集中力をもって制してくれる。博士論文授与式に2歳で参列した善斗は，気がつけば筆者とほぼ同じ身長に成長し，おなかの中にいた舞有は家事を手伝ってくれるまでに大きくなった。

　家事，育児，研究の全てが中途半端ななか，家族には特に大きな迷惑をかけた。本書は，支えてくれた家族に捧げたい。

　　2018 年 10 月

高井 文子

目　　次

序章　新しいビジネスの誕生と競争 ————————————— 1

　1　本書の問題意識と目的　……………………………………………… 1

　2　日本のオンライン証券業界の競争　………………………………… 3

　　2.1　オンライン証券市場の位置づけ　　3

　　2.2　オンライン証券業界の幕開け　　3

　　2.3　金融ビッグバンとインターネットの普及の後押し　　4

　　2.4　本格的な競争のはじまりとオンライン証券専業企業の躍進　　6

　　2.5　オンライン証券業界の黎明期の競争　　8

　　2.6　2005 年以降の動向　　11

　　2.7　オンライン証券市場の黎明期の終焉　　15

　　2.8　本書のリサーチクエスチョン　　17

　3　既存研究の問題点と本書の意義　…………………………………… 18

　4　本書の構成　……………………………………………………………… 20

第Ⅰ部　本書の理論的背景とフレームワーク

第**1**章　イノベーションのプロセスと産業ダイナミクスに
　　　　関する先行研究のサーベイ —————————————— 27

　1　A-U モデル　……………………………………………………………… 28

　　1.1　流動期　　28

　　1.2　移行期　　30

　　1.3　固定期　　30

　2　アメリカ自動車産業の事例　………………………………………… 31

　　2.1　流動期　　31

　　2.2　流動期から移行期へ　　33

　　2.3　移行期から固定期へ　　34

2.4　A-U モデルによる説明　　34

3　ドミナント・デザインの確立とシェイクアウトの発生 ……………………… 35

3.1　ドミナント・デザインの確立以前　　35

3.2　ドミナント・デザインの確立以後　　37

3.3　シェイクアウトの発生　　38

4　日本のオンライン証券業界におけるイノベーション・プロセス ………… 40

4.1　サービス産業における逆 A-U モデル　　40

4.2　日本のオンライン証券業界と逆 A-U モデル　　41

4.3　ディスカッション：日本のオンライン証券市場の黎明期の競争環境　　42

5　小　　括 …………………………………………………………………… 43

第2章　競争戦略論に関する研究のサーベイ：
　　　　競争優位の企業間差異の形成・拡大・持続・収斂プロセス ── 45

1　はじめに ………………………………………………………………… 45

2　静的な戦略論 …………………………………………………………… 45

2.1　ポジショニング・アプローチ　　46

2.2　資源・能力アプローチ　　47

2.3　統合アプローチ　　51

3　動的な戦略論 …………………………………………………………… 54

3.1　動的能力アプローチ　　54

3.2　経時的アプローチ　　56

4　ディスカッション：既存の競争戦略論研究の問題点と
　　行為システムのアプローチ導入の必要性 …………………………… 59

4.1　静的な戦略論の問題点　　60

4.2　動的な戦略論の問題点　　61

4.3　既存の戦略論に共通の問題点　　62

4.4　行為システムのアプローチ導入の必要性　　63

5　小　　括 …………………………………………………………………… 65

第3章　本書の分析フレームワーク —————————— 67

1　はじめに ……………………………………………………………… 67

2　本書のフレームワーク(1)：
　　競争優位の企業間差異の形成・拡大・持続・収斂プロセス ………… 68

　2.1　Noda & Collis（2001）のモデル　68

　2.2　Noda & Collis（2001）のフレームワークの修正　75

3　本書のフレームワーク(2)：四段階の進化プロセス　………… 83

　3.1　Aldrich（1999）の進化論アプローチ　83

　3.2　本書の進化論モデル　85

4　フレームワークと本書のリサーチクエスチョン ………………… 91

　4.1　リサーチクエスチョン(1)とフレームワークの(1)　91

　4.2　リサーチクエスチョン(2)とフレームワークの(2)　91

5　小　　括 ……………………………………………………………… 92

第Ⅱ部　黎明期のオンライン証券市場における
企業間競争の定性的・定量的な実証分析

第4章　高いパフォーマンスをあげる要因はなにか —————— 97

1　はじめに ……………………………………………………………… 97

2　仮説導出 ……………………………………………………………… 97

　2.1　口座数獲得戦略：手数料引き下げを通じた口座数の獲得　98

　2.2　稼働率向上戦略：信用取引と定額手数料制の導入を通じた口座数あたり
　　　稼働率の向上　100

　2.3　先行者の優位性：参入時期　102

3　分　　析 …………………………………………………………… 105

　3.1　サンプル　105

　3.2　被説明変数　107

　3.3　説明変数　107

　3.4　制御変数　108

4　結　　果 …………………………………………………………… 109

5　考察とディスカッション ･･ 111

　　5.1 説明変数の分析結果と考察　111

　　5.2 制御変数の分析結果と考察　116

6　小　　括 ･･ 120

第5章　どのような企業が生存競争を勝ち残ったのか ─────── 121

1　はじめに ･･ 121

2　仮説構築 ･･ 121

　　2.1 口座数獲得戦略と稼働率向上戦略　122

　　2.2 最低手数料とサービスラインアップ数　123

　　2.3 先行者の優位性　124

3　データ分析 ･･ 125

　　3.1 サンプルとデータ　125

　　3.2 被説明変数　126

　　3.3 説明変数　127

　　3.4 制御変数　127

　　3.5 分析結果(1)　128

　　3.6 分析結果(2)　131

4　考察とディスカッション ･･･ 134

5　小　　括 ･･ 136

第6章　オンライン証券業界における黎明期の企業間競争：
##　　　　時系列的なケース記述 ─────────────── 139

1　はじめに ･･ 139

2　オンライン証券業界 ･･ 140

　　2.1 オンライン証券業界の黎明期の参入と撤退　140

　　2.2 分析対象：オンライン証券専業6社　141

3　オンライン証券専業6社の参入 ･･････････････････････････････････････ 144

　　3.1 先行した松井証券　144

　　3.2 新規企業の参入　147

4　口座数獲得競争の激化 ………………………………………… 150

  4.1　オンライン証券市場の爆発的拡大への期待形成　150

  4.2　口座数獲得競争：激しい価格競争①
    （1999 年度下期〜2000 年度上期）　155

  4.3　相次いだ企業合併（2000 年度下期〜2001 年度上期）　160

  4.4　口座数獲得競争：激しい価格競争②
    （2000 年度下期〜2001 年度上期）　161

5　松井証券の独自の戦略行動 ……………………………………… 162

  5.1　松井証券の戦略　162

  5.2　他社の松井証券の評価（1999 年度下期〜2001 年度上期）　164

  5.3　松井証券の顧客　165

6　戦略的模倣による収斂 ……………………………………………… 167

  6.1　松井証券の戦略への追随（2001 年度下期〜）　167

  6.2　模倣による業績回復　170

  6.3　模倣された松井証券のパフォーマンス　171

7　小　　括 …………………………………………………………… 173

**第 7 章　テキストマイニングによる日本のオンライン証券業界の
A-U モデル分析** ——————————————————— 179

1　はじめに ……………………………………………………………… 179

2　先行研究の振り返りと理論的予想の導出 …………………………… 181

  2.1　逆 A-U モデル　181

  2.2　理論的予想の導出　182

  2.3　オンライン証券業界におけるプロダクト・イノベーション，
    プロセス・イノベーション，ドミナント・デザイン　184

3　リサーチデザイン …………………………………………………… 185

  3.1　分析手法　185

  3.2　分析の手順　187

  3.3　プロダクト・イノベーションとプロセス・イノベーション　188

4　黎明期のオンライン証券業界のテキストマイニング分析 ………… 188

4.1 企業ごとのプロダクト・イノベーションとプロセス・イノベーションの
推移　188

4.2 シェイクアウトと寡占化　190

4.3 ドミナント・デザインの採用と企業業績との関連　194

4.4 ドミナント・デザインの採用の進展と差別化の様相　198

5 ディスカッション　……………………………………………………　201

5.1 結論と考察　201

5.2 本章の貢献と今後の課題　204

6 小　　括　………………………………………………………………　205

**第8章　オンライン証券業界における黎明期の競争と企業間差異形成・
持続のメカニズム** ――――――――――――――――――――――　209

1 はじめに　……………………………………………………………………　209

2 フレームワークの振り返り　……………………………………………　210

3 オンライン証券業界の黎明期の競争の再解釈　………………………　213

3.1 オンライン証券業界と専業6社　213

3.2 初期条件と初期体験　213

3.3 分岐作用力　215

3.4 持続条件と収斂作用力　216

3.5 企業間差異が形成・維持された原因の検討：
フレームワークの再確認　219

4 ディスカッション　………………………………………………………　221

4.1 本章の意義　221

4.2 補完的要因　222

5 小　　括　………………………………………………………………　226

**第9章　テキストマイニングによるオンライン証券業界の戦略グループ
分析** ―――――――――――――――――――――――――――――　231

1 はじめに　……………………………………………………………………　231

2 フレームワークの確認　……………………………………………………　233

3 日本のオンライン証券業界の市場黎明期の競争　……………………　235

3.1　市場の立ち上がりと3つの戦略グループの形成　235

3.2　作業仮説の導出　237

4　リサーチデザインと分析結果　…………………………………　238

4.1　分析手法，サンプル，分析の手順　238

4.2　「口座数獲得戦略」と「稼働率向上戦略」の変数構成　239

4.3　分析結果(1)：口座数獲得戦略変数の推移　240

4.4　分析結果(2)：稼働率向上戦略変数の推移　241

4.5　分析結果(3)：コレスポンデンス分析　243

4.6　分析結果(4)：株券の移管データの分析　244

4.7　分析結果(5)：記事数の推移データの分析　247

5　ディスカッション　…………………………………………　249

5.1　本章の貢献　249

5.2　ディスカッションと今後の課題　250

6　小　　括　………………………………………………………　251

終章　まとめとインプリケーション ────────────　253

1　本書のまとめ　………………………………………………　253

2　リサーチクエスチョンへの解答　…………………………　263

2.1　リサーチクエスチョン(1)への解答　263

2.2　リサーチクエスチョン(2)への解答　264

3　インプリケーション　………………………………………　266

3.1　理論的なインプリケーション　266

3.2　実務的なインプリケーション　272

4　おわりに　……………………………………………………　275

参考文献 ──────────────────────────　277

索　　引 ──────────────────────────　287

初出論文一覧

　本書は，2008年に提出した博士論文をもとにして，大幅に加筆修正したものである。博士論文では一つのフレームワークでの議論であったが，その後の研究との融合において大幅なフレームワークと構成の変更を行った。したがって，博士論文をもとにしたと言いながらも，原型をとどめないほどの手を入れることとなった。

　以下に初出論文を掲載するが，分析も含め，大幅な加筆修正を行っている章がほとんどである。

序　　章　書き下ろし

第1章　博士論文第1章

第2章　博士論文第2章，第3章

第3章　書き下ろし

第4章　高井文子（2005）「オンライン証券業界におけるパフォーマンスに与える要因分析：有力専業企業の定量分析」『経営情報学会誌』*13*(4), 35-51。

第5章　高井文子（2009）「市場黎明期における生存競争：オンライン証券業界の分析」『イノベーション・マネジメント』*6*, 141-160。

第6章　高井文子（2004）「オンライン証券業界にみる黎明期の企業間競争」『赤門マネジメント・レビュー』*3*(7), 333-370。

第7章　高井文子（2017）「サービス産業とAbernathy-Utterbackモデル：オンライン証券業界におけるイノベーション・プロセスの進展と競争」『横浜経営研究』*38*(1), 49-72。

第8章　高井文子（2017）「模倣・追随の二面性：日本のオンライン証券市場黎明期における企業間競争の実証的分析」『組織科学』*51*(1), 46-57。

第9章　高井文子（2006）「『支配的な通念』による競争と企業間相違形成：オンライン証券業界の事例」『日本経営学会誌』*16*, 80-94。

終　　章　書き下ろし

序章　新しいビジネスの誕生と競争

1　本書の問題意識と目的

　優れた製品やサービスは，他社に模倣されることで優位性が失われてしまう。インターネット上で完結するビジネスでは，そのリスクはなおさら高い。一方，黎明期の市場では，他の企業を市場に呼び込むことで，早期に業界として認められていくという面も重要である。では，黎明期のインターネットビジネスにおいて，他社を巻き込んで市場を拡大させながらも，模倣されても消えない競争優位は，どのようにして確立されていくのだろうか。

　競争戦略論では，持続的な競争優位を獲得・維持するためには，できるだけ競争を避けるべきだとされる。なぜなら，競争が激しく完全競争に近づくと，長期にわたって超過利潤を得ることが難しくなるからである。

　ある企業が成功すると，その戦略を模倣する動きによって業界全体としての戦略が同質化し，同じ市場をめぐって激しい企業間競争が起きる。世界的な規模で競争が繰り広げられる現代では，企業の資源や能力は模倣が困難なものであっても徐々に他社に流出していくことが避けられず，どのような業界も模倣から永遠に逃れることは難しい。このように，模倣によって競争が激しくなることは，先行企業にとっては，競争戦略論的な観点からすると望ましくない，すなわち負（マイナス）としてとらえられる。

　ところが，市場の黎明期では，先行する企業にとって競争は必ずしも避けるべきものとは限らず，むしろ模倣を通じて参入企業が増え，競争が増すことが望ましい場合もある。なぜなら，企業が増えることによって市場や当該企業の

社会的認知や信用が高まり，資源獲得や生き残りが容易になるという正（プラス）の面があるからである（Carroll & Hannan, 1989）。

製品・サービスが誕生すると，次々と同じ製品・サービスを提供する企業が参入し，新しい市場が立ち上がる。自動車やラジオ，携帯型ラジカセ，デジタルカメラなどさまざまな市場において，誕生から程なくして多くの企業が参入し，激しい競争を繰り広げた。このように新しく立ち上がった市場は「多くの顧客に認知される業界」へと成長する一方で，争いで淘汰された多くの企業が市場から去っていった。

インターネットビジネスは，きわめて市場の立ち上がりのスピードが速く，競争が過酷であることが多い。たとえば，インターネット書店は，アマゾンによるサービス開始後，日本でも大手の書店や書籍卸などが主導して，同様の事業が次々と数年のうちに開始された。配送料の安さ，配達までの期日，在庫の豊富さ，書籍以外の商品の充実など，さまざまな差別化を図っても，やがて模倣が起きて，同質化した戦略のなかでの競争が繰り広げられていった。配送料無料などを軸とする厳しい競争が数年続いたが，やがて体力のあるアマゾンが，ほぼ市場を支配するに至っている。

近年もアパレルなどのインターネット通販や，動画の配信事業，スマートフォンのゲームなど多くの市場で，同様に激しい企業間競争が繰り広げられている。このようなインターネットビジネスは，競合企業の商品やサービス体系を容易に見ることができ，実店舗や工場設備など初期投資が大きい固定資産などを使わないことが多く，比較的参入や模倣が容易であることが多い。

では，インターネットビジネスにおいて，いかにすれば，模倣を阻むことができるのだろうか。模倣を阻むことができないならば，いかにすれば，模倣によるデメリットを最小化し，競争優位に立てるのだろうか。

日本のオンライン証券業界は，商品やサービス，ならびにその成果であるパフォーマンスがリアルタイムに公表されるなど，模倣が比較的容易な環境にある。しかし，他社と異なった戦略を一貫してとり続けたある企業が，2年以上もの間他社から模倣されることなく，業界リーダーとしての地位を保ち続けた。

やがて，他社がそのリーダー企業の戦略を模倣したことにより，「同質化した市場」で激しい競争が繰り広げられたが，リーダー企業から他社へと顧客が流れていくなど，模倣によるマイナスの効果が生じる一方で，先行したリーダ

一企業のパフォーマンスは引き続き向上し続けていった。

オンライン証券業界での模倣は，数年間にわたってなぜ行われなかったのだろうか。その後，他社による模倣が進んでも，このようなリーダー企業のパフォーマンスの向上が見られたのはなぜなのだろうか。

本書では，こうした問題意識を背景として，オンライン証券業界の市場黎明期における競争の様相のダイナミックな推移を，文献サーベイと定量的・定性的分析を通じて，理論的・実証的に明らかにしていくことにしたい。

2 日本のオンライン証券業界の競争

日本のオンライン証券業界とは，どのような業界なのだろうか。ここでは，まずはその位置づけを確認した上で，歴史をごく簡単に概観し，本書のリサーチクエスチョンを確認していくことにしたい。

2.1 オンライン証券市場の位置づけ

1990年代の後半から日本でもインターネットの普及が急速に進み，2000年頃にはインターネット利用者数は総人口の約半数に達した。また，このような個人のインターネット利用が広がるにつれて，「インターネット市場」も著しい拡大を遂げた。

なかでも，インターネットビジネスがさまざまな市場で立ち上がりはじめた2000年代前半において，オンライン市場への移行が特に進んだのが証券業界であった。金融全体で見ると，2006年度（平成18年度）のオンライン化比率はわずか1.0％に留まっていたが（図0-1），証券業界のオンライン化比率，すなわちオンライン市場への移行は2006年上期には法人と個人を合わせた全株式取引額の31％に達し（図0-2），その後も波があるものの25％前後を維持している。なかでも，個人の取引に限ってみると，7割を超える規模へと成長を遂げたのである[1]。

2.2 オンライン証券業界の幕開け

日本のオンライン証券の歴史は，1996年4月の大和証券の参入によって始まった。すぐに日興コーディアル証券，翌年早々に野村證券が参入し，業界を

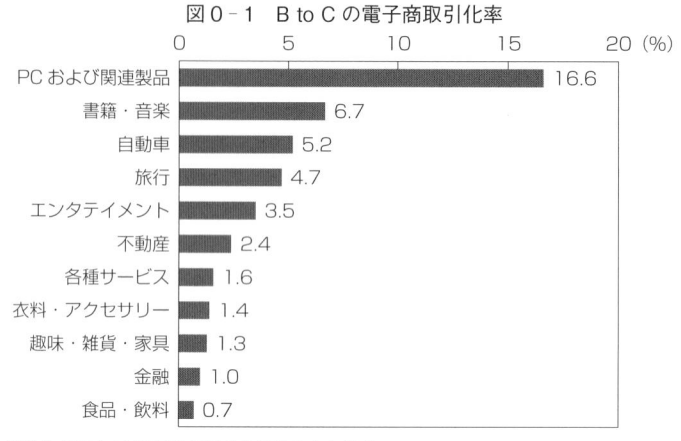

図 0-1　B to C の電子商取引化率

	%
PC および関連製品	16.6
書籍・音楽	6.7
自動車	5.2
旅行	4.7
エンタテイメント	3.5
不動産	2.4
各種サービス	1.6
衣料・アクセサリー	1.4
趣味・雑貨・家具	1.3
金融	1.0
食品・飲料	0.7

出所）　総務省「平成 18 年通信利用動向調査」より作成。

支配してきた三大証券会社が先行した形となった。もともと三大証券会社は，インターネットの普及が始まる前の 1980 年代後半にゲーム用端末を用いた「ファミコントレード」サービスを行っており，1990 年には四大証券合計[2] の口座数は 15 万〜20 万程度に達したとされている。三大証券会社は，この延長として「既存顧客の利便性を増すためのサービス」としてインターネット証券に参入した。こうした流れに，今川，丸三，豊，ウツミ屋といった中堅・地場の証券会社が続き，徐々に市場が立ち上がっていった。オンライン証券業界は，このような既存証券会社の参入によって，1998 年 12 月までに約 20 社からなる市場へと成長した。

2.3　金融ビッグバンとインターネットの普及の後押し

　1990 年代後半は，いわゆる「金融ビッグバン」と呼ばれる一連の規制緩和が行われ，オンライン証券業界をとりまく競争環境が劇的に変わった時期でもあった（高井，2004）。

　大きな変化の 1 つめは，1998 年 12 月に行われた，証券会社の「免許制」から「登録制」への変更であった。かつては，銀行や保険会社は免許制であったのに対し，証券会社では登録制がとられており，比較的自由に設立することができた。しかし 1965 年の証券恐慌をきっかけに，1968 年に免許制が導入されると，外資系証券会社による支店開設を除いて 20 年以上にわたって証券業務

図0-2　インターネットを介した株式取引額（現金・信用）と全取引に占める当該比率の推移

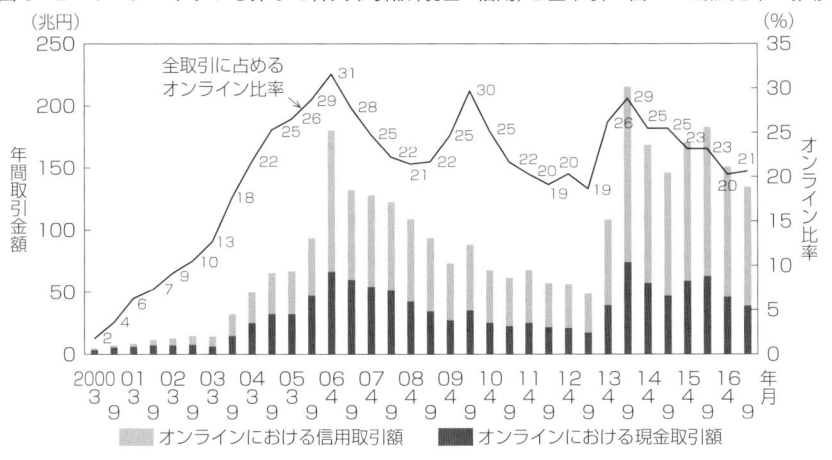

出所）　日本証券業協会「インターネット取引に関する調査結果」より作成。

への新規参入がない状態が続いた。その後，1992年以降の金融制度改革により，徐々に制限が解除されていき，1998年12月に免許制から登録制へ正式に移行することによって，ようやく自由な参入が実現することになった。

　2つめの変化は，1999年10月に行われた，株式委託手数料の完全自由化である。証券会社の収益の大きな部分を占めるのは，有価証券の売買などの媒介・取次・代理を行う業務である「株式ブローカー業務」であるが，かつての証券取引法では，約定金額100万円以下ならば1.15%などと一律に手数料が決められていた。欧米ではその20年以上前から手数料の自由化が進んでいたが，遅れていた日本でも，金融ビッグバンの一環として1999年10月に手数料の完全自由化が実施された。これにより，法律で一律に定められていた手数料を証券会社が自由に決められるようになり，「証券会社の違いは規模だけ」と言われた業界の競争ルールが，根本的に変わることになったのである。

　このような金融制度上の大きな転機に，ちょうどパソコンとインターネットの普及というインフラ面の変革が重なった。1995年のウィンドウズ95の発売により，パソコンは特別な知識がなくても直感的に使える「身近な家電」となった。家庭のパソコン普及率はこの時期，わずか5年の間に10%台から70%へと跳ね上がった（図0-3）。高速デジタル通信の端緒となったISDNのサー

図 0 - 3　パソコン世帯普及率と Windows OS の変遷

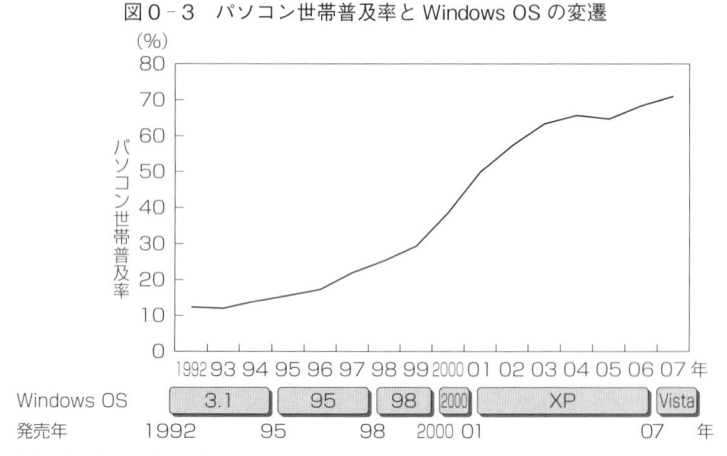

注）　単身世帯を含む世帯が対象。
出所）　総務省情報通信政策局「通信利用動向調査世帯編」，マイクロソフト HP より作成。

ビスも 1996 年に開始され，パソコンを買って自宅でインターネットにつなぐことが当たり前の時代がやってきたのである（図 0 - 4）。

2.4　本格的な競争のはじまりとオンライン証券専業企業の躍進

このような金融ビッグバンのはじまり，家庭へのパソコンやインターネットの普及といった大きな環境変化は，オンライン証券業界への大量の新規参入を招いた。手数料自由化前の 1999 年 9 月には 34 社だったオンライン証券業界の企業数は，半年後の 2000 年 3 月には一気に 51 社にまでに拡大した（図 0 - 5）。参入した企業は，この時期，手数料引き下げや商品ラインアップの拡充，新しい多様な情報サービスの提供などを，毎日のように発表し，熾烈な競争を繰り広げた。オンライン市場への参入はさらに続き，同市場の企業数は，2001 年にはピークの 67 社に達した。その後，合併や撤退などが進んで企業数は徐々に減少したものの，2004 年頃からは 50 台半ば前後の企業数で安定するに至った。

一方，2000 年の IT バブルの崩壊や 2001 年のアメリカ同時多発テロなど，オンライン証券業界の立ち上がり時期は厳しい市況が長く続いたが，そうしたなかでもオンライン証券の口座数は一貫して右肩上がりの急成長を遂げた。オンライン証券の口座数は 2000 年に 100 万口座を超えると，その後も平均で 1

図0‐4　インターネット世帯普及率とインターネット通信技術の変遷

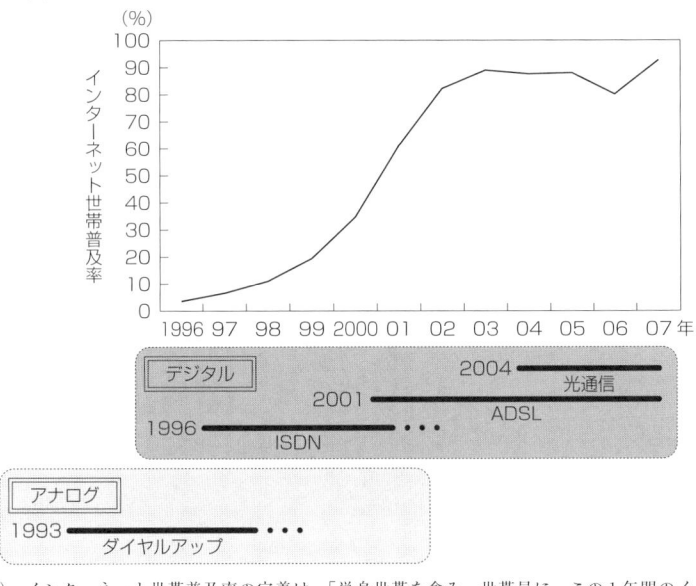

注)　1)　インターネット世帯普及率の定義は，「単身世帯を含み，世帯員に，この1年間のインターネット利用がある世帯の比率」であり，パソコン・携帯電話などの利用機種や利用場所は問わないとしている。
　　　2)　毎年，詳細な定義や条件が異なっているため，数値の比較は厳密にはできない。
出所)　総務省情報通信政策局「通信利用動向調査世帯編」より作成。

年に約100万口座ずつ増加していった（図0‐5）。その結果，インターネットを介したオンライン取引（そのほとんどが個人取引）は，2004年には法人取引（そのほとんどが営業店や専用回線などを介する）をも含んだ全取引の25％を超え，大きな存在感を示すようになった。

　このようにオンライン証券市場という新しい市場が急に誕生したことは，長年変わらなかった証券業界の企業間競争にきわめて大きな影響を与えた。それは「主役」の交代である。黎明期のオンライン証券市場を牽引したのは，長年にわたって証券業界で圧倒的な地位を築いてきた既存の大手証券会社ではなく，松井証券[3]，イー・トレード証券（以下「イー・トレード」），DLJ ディレクトSFG 証券（以下「DLJ」），マネックス証券（以下「マネックス」），カブドットコム証券（以下「カブドットコム」），日興ビーンズ証券（以下「日興ビーンズ」）といった，オンライン専業の証券会社だった。大手証券会社がこれまでの「営業店

図0-5 オンライン証券参入企業数と口座数推移

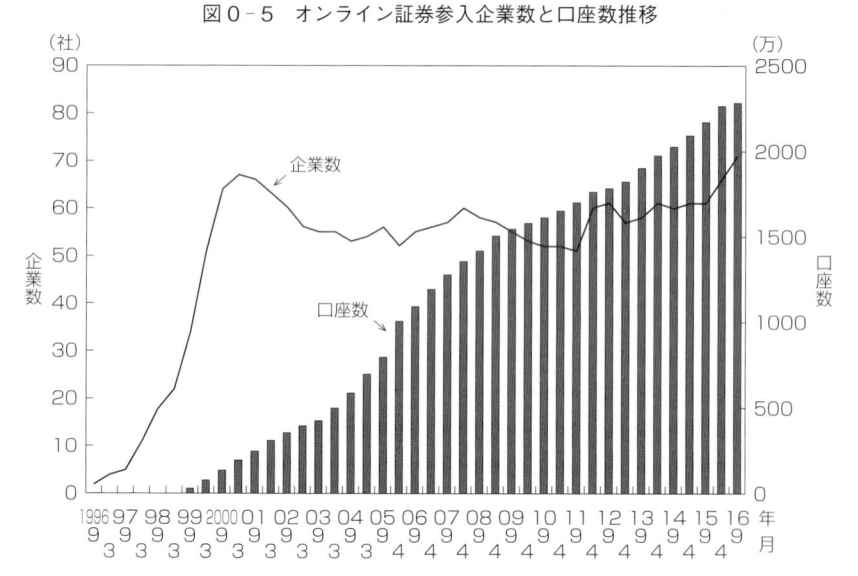

注) オンライン証券参入企業数の1998年3月末以降，口座数の99年10月以降のデータは日本証券業協会のデータ。それ以前は，各社 IR 資料より作成。
出所) 日本証券業協会「インターネット取引に関する調査結果」，各社 IR 資料より作成。

によって稼ぐスタイル」からすぐに脱却ができないなかで，これらオンライン専業証券会社は規制緩和によって可能になった大胆な戦略を打ち出して，瞬く間に個人の株式取引の中心となっていったのである。

　この点を，個人証券取引のシェアの推移で確認しておきたい。2000年4月の時点では，野村・日興・大和の三大証券会社だけで個人の証券取引シェアの，実に50%以上のシェアを占めていた一方で，オンライン専業証券6社のシェアは合計でも10%以下であった。これがわずか3年後の2003年4月には，逆にオンライン専業証券6社のシェア合計は50%を超え，三大証券のシェアは20%程度に落ち込んでしまった。実質的な競争が始まった1999年からわずか4年で，証券企業の中核事業のひとつである個人の証券取引において，日本屈指の大企業でもある三大証券会社を新興企業群が抜いたのである（図0-6）。

2.5 オンライン証券業界の黎明期の競争
　では，この間の競争の様相はどのようなものだったのだろうか。

図0-6 個人株式委託売買代金のシェアの推移

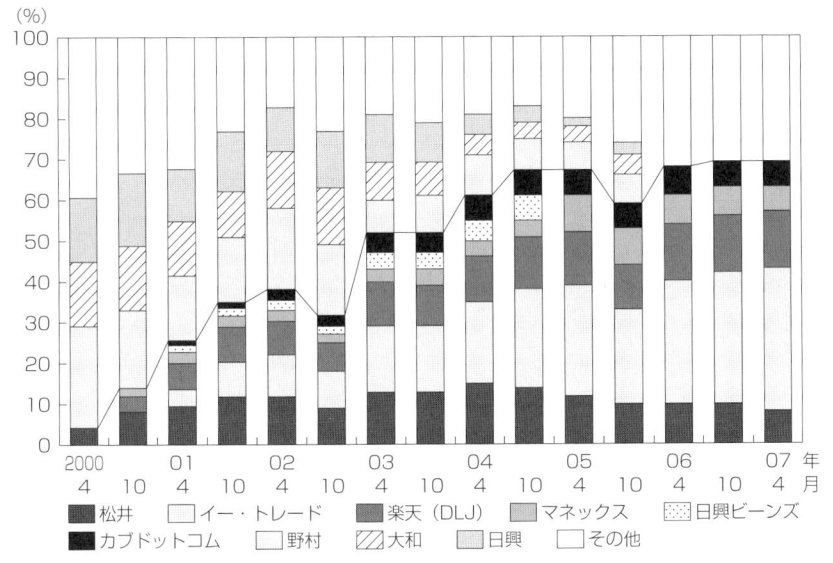

注) 1) 日興ビーンズ証券は，2004年8月にマネックス証券と共同持株会社を設立し，経営統合した。2004年8月以降のデータは，マネックスに統合して表記してある。
2) 2005年10月以降の野村・日興・大和の三大証券のデータは不明であり，その後は「その他」に含まれる。
3) ここでは東京証券取引所3市場の合計値におけるシェアを採用しており，東証統計資料に基づいて算出してある。
出所) 松井証券IR資料，イー・トレード証券IR資料より作成。

　本格的に競争が始まって以降のオンライン証券市場においては，ピーク時で67社もの企業が激しい競争を繰り広げたが，そこで最大の競争の「軸」となったのが，オンライン専業証券会社によるきわめて攻撃的な口座数獲得競争であった（高井，2004）。多くの企業が「新しい顧客が爆発的に伸び，それがメインの顧客になる」と考えて一斉に口座数獲得を目指し，激しい手数料引き下げ競争が生じたのである。たとえば100万円の約定金額であれば1万1500円と法律で一律に定められていた手数料が，2000円程度へと一気に80％以上も下がるなどした。さらに，期間限定で手数料無料キャンペーンを頻繁に行うなど，利益を度外視した消耗戦がしばらく続いた。その結果，当初期待していたほど口座数や収益の増加といった成果を上げられず，後に撤退や合併に追いやられる企業が続出した。また，既存証券会社の一部門として参入した企業の多くは，

図0-7　受入手数料収入の推移

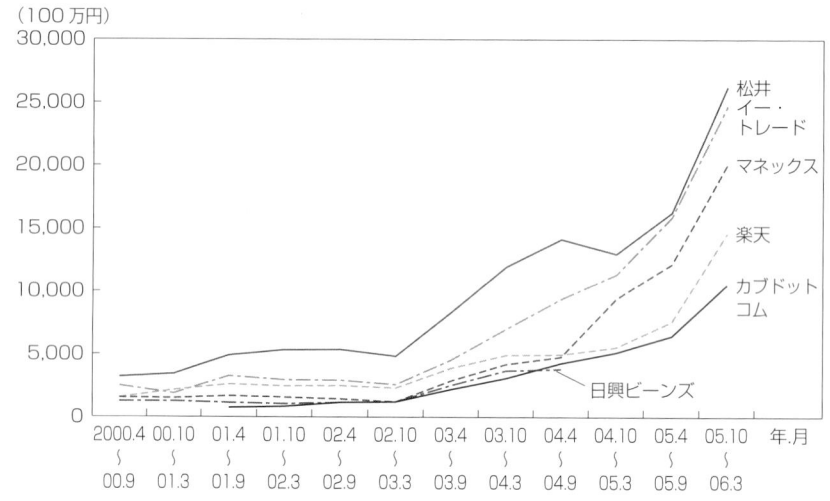

注）　受入手数料とは，株式売買の代理人である証券会社の主たる収入源であり，最も重要な費目と言える。
出所）　各社IR資料より作成。

オンライン証券市場での競争からは早々に脱落し，店舗中心の営業に戻ったものの，ホームページなどは残し，店舗営業の補助的な位置づけで細々とオンラインでの証券サービスを提供し続けた。

　その一方で，松井証券は，こうした価格競争からは距離を置く戦略をとった。後の第6章で詳しく述べるが，「これまで株式投資の経験が豊富で，『いくら少額でも，何回売買を繰り返しても文句を言わないシステム』を通じて取引をすることにメリットを感じるアクティブユーザー（積極的に証券の売買を行う顧客）を対象として，信用取引や定額手数料制を導入し，口座あたりの稼働率を向上させる戦略」を一貫してとり続け，「唯一の勝ち組企業」と称されるまでの成功を収めたのである（図0-7）。

　オンライン証券業界は，サービスがインターネット上で完結し，各社の提供している商品ラインアップや手数料金額・手数料体系などがホームページでリアルタイムに示される。また多くの有力企業は，口座の増加数や約定（取引）件数などのパフォーマンスを公表しているため，各社の戦略が成功したかどうか，といった有効性の分析も容易である。また，ある商品やサービスを導入す

るための情報システムの変更は，一般に数ヶ月で可能で，構築を手がける専門企業も比較的多くある。つまり，「他社で成功した戦略を模倣することが比較的容易な業界」である。また当時，松井証券の戦略は，社長自らその優位性を語るなど，さまざまなメディアで取り上げられたため，他社も松井証券の戦略が有効であることを十分に認識していた。しかし，他社は2年以上もの間，松井証券の戦略を無視し，異なる戦略をとり続けたのである。

　このように，当初は松井証券の戦略を模倣する企業が出なかったのだが，やがて，2001年の後半に入った頃から，他社はようやく松井証券の戦略を真似るようになった。それまでは，「一般の顧客層」をターゲットにして，「1回あたり手数料額の引き下げで口座数を増やす戦略」を追求していた各社が，松井証券に倣って，「アクティブユーザーをターゲットとして，信用取引や定額手数料制を導入し，顧客あたり（あるいは口座あたり）の稼働率を向上させる戦略」を追求するようになったのである。具体的には，2001年9月にイー・トレードが追随したのを皮切りに，2001年12月にDLJ，2002年8月に日興ビーンズ，2002年11月にカブドットコム，2003年4月にマネックスが，それぞれ松井証券の戦略に追随した。しかも各社は，松井証券よりも少し安い手数料を設定したり，品揃えやシステムのユーザーインターフェースを使いやすくするなど，さまざまな小さな差別化を図った。その結果，模倣に走った企業から順に業績は回復していった。

　一方，松井証券の側では，同質化した戦略をとる企業が増えた結果，それら企業と差別化を図ることが難しくなり，一部の顧客が模倣企業に流れていくなど，マイナスの影響を蒙った。しかしその反面，松井証券の業績は，他の有力オンライン専業企業による戦略の模倣が進むにつれて，営業収益（一般企業の売上高），ならびに利益はむしろ増えていった。他社による戦略の模倣のマイナスの影響が明確に見られるようになるのは，ようやく2004年3-6月期に入ってからのことであり，その後もなお，株式市場全体の活況を受けて，松井証券の業績は伸び続けていったのである。（図0-8）

2.6　2005年以降の動向

　その後，2005年頃からは，日本の構造改革への期待による外国人投資家の日本株の買いが徐々に進むようになった。その結果，2005年の東証個人株式

図 0-8 営業収益額（売上高），営業利益額，ならびに営業利益率の推移

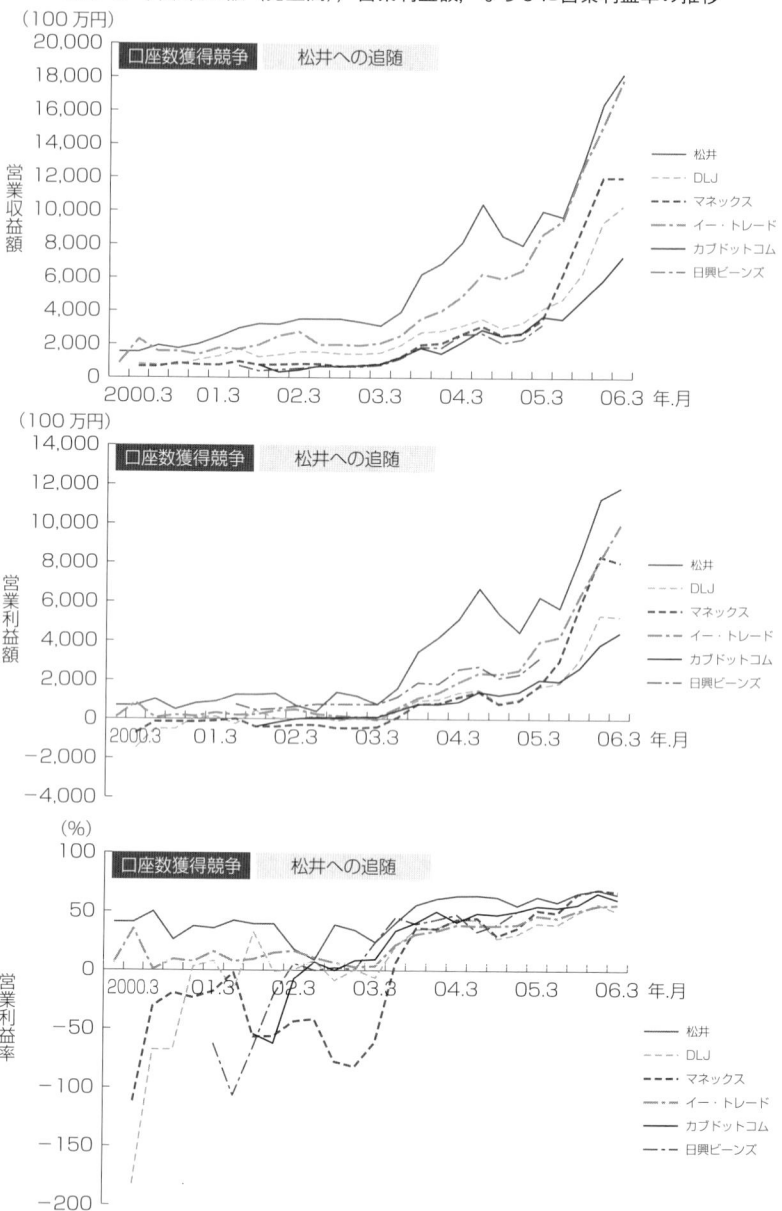

図 0 - 9　日経平均株価の推移

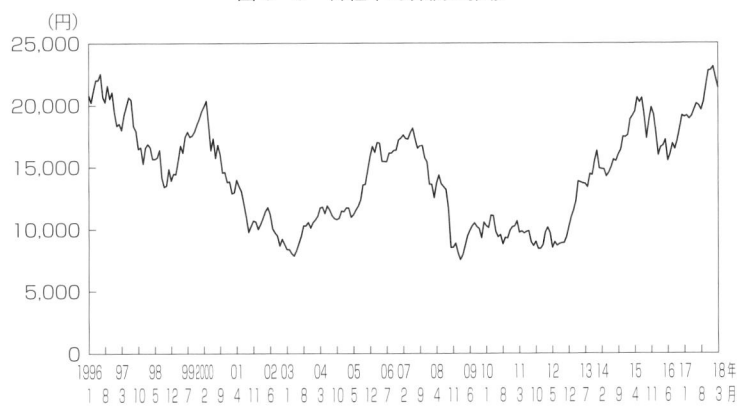

出所）　日本経済新聞社公表資料。

売買代金は 1999 年の約 5 倍となる 350 兆円に迫る規模に膨れあがり，2006 年には IT バブル崩壊以降はじめて，日経平均株価が 1 万 5000 円を回復した（図 0 - 9）。

　このような証券業界にとって追い風のタイミングで，2 社の新興のオンライン専業証券会社が新たに参入した。まず 1 社めは，2006 年に営業開始をした GMO クリック証券である。GMO クリック証券は，インターネット関連事業を展開してきた GMO グループが，一から証券業の免許の取得とシステム構築を行った企業であった。現物株，信用取引，先物や FX など，参入するすべての分野で「玉砕戦法」とも形容される破格の手数料を提示し，急成長を遂げた。もう 1 社は，2007 年に営業を開始した岡三オンライン証券である。三重県の地場の準大手証券である岡三証券グループが，「IT 企業がつくるのではなく，『証券のプロ』が IT を活用してつくる証券会社」というコンセプトのもとに設立したオンライン専業証券会社であり，手数料の安さ，種類豊富で使い勝手の良い取引用のツール（「トレードツール」），豊富な情報提供などで人気を博した。このように成り立ちは対照的な 2 社であったが，大手オンライン専業証券会社 5 社に猛追し，2012 年から日本経済新聞では「大手 7 社」として紹介されるまでに存在感を増した。

　一方，2005～07 年頃の相場上昇傾向は長続きせず，2008 年の金融危機（「リ

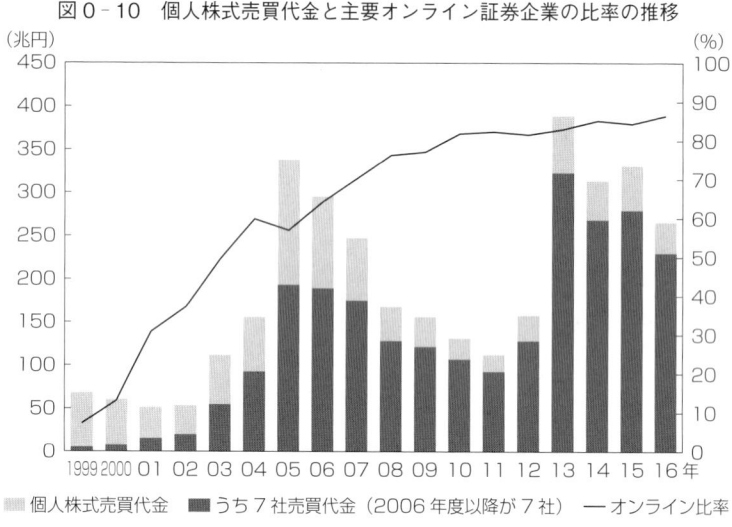

図 0 - 10　個人株式売買代金と主要オンライン証券企業の比率の推移

出所）東証統計資料，各社決算単身，松井証券 IR 資料より作成。

ーマンショック」）は，世界経済ひいては日本の証券業界にも大打撃を与えた。その後，2011 年の東日本大震災によって引き続き市況の冷え込みは続いたが，そのようななかでもオンライン証券市場は成長を続け，主要企業のシェアも高水準を保ち続けた。

　実際，日本のオンライン証券市場が誕生した 1996 年から 20 年経った 2016 年の個人の株式売買代金に占めるシェアは，営業マンと営業店を通じた従来型の取引をも含んだ全取引ベースで，有力オンライン専業証券企業 7 社合計で実に 86% に達している（図 0 - 10）。

　また，個別に見ていくと，首位の SBI 証券（旧イー・トレード）が 35%，2 位の楽天証券（旧 DLJ）が 15%，3 位の松井証券が 13% などとなっており，圧倒的な存在感を示している。その一方で，主要企業の顔ぶれと企業の順位関係を見てみると，2004 年頃とさほど変わっていない（図 0 - 11）。2017 年では新たに GMO クリック証券がシェア 5 位に，岡三オンライン証券がシェア 7 位に，それぞれ食い込んでいるといった違いはあるものの，黎明期の市場を主導した有力なオンライン専業証券 5 社が市場の過半以上を占める状況は，2004 年前後と変わりないのである。

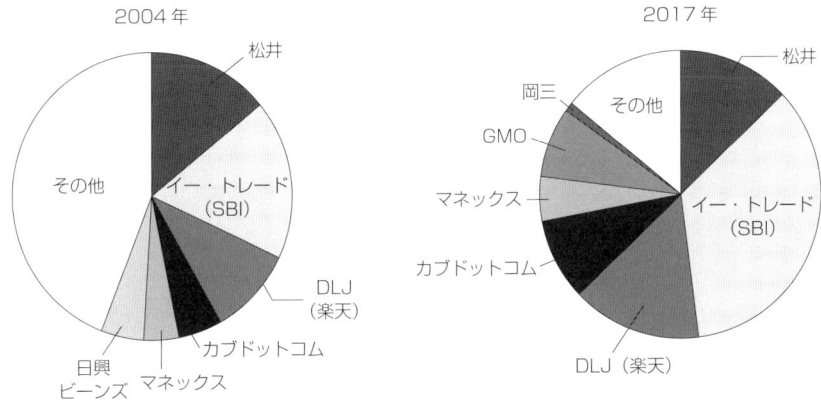

図0-11　主なオンライン証券企業の個人株式売買代金シェアの推移

出所）　松井証券 IR 資料，SBI 証券 IR 資料，ストック・リサーチ社データより作成。

2.7　オンライン証券市場の黎明期の終焉

　このようなオンライン証券業界の立ち上がりから現在までの歴史のなかで，企業間競争の様相に大きな転換点が到来したのはいつだろうか。

　まず，松井証券の戦略に，他の有力オンライン専業証券企業 5 社がすべて追随し終わったのが 2003 年 6 月のことであった。一方，個人株式売買代金に占める主要オンライン証券企業の比率の推移（図 0–6 と図 0–10）を見ると，有力オンライン専業証券企業 6 社の合計シェアがはじめて 50% を超えたのは，2003 年 4 月であった。つまり，有力オンライン専業証券企業 6 社の戦略が同質化され，その集団（グループ）が明らかに市場の支配的存在となったのが，ちょうど 2003 年 6 月頃のことであったと言えよう。

　また，図 0–5 で口座数の推移を見ると，それまではだいたい半年間で 50 万口座のペースで増加していたのが，2004 年 4-9 月期以降 2007 年 4-9 月期くらいまでの時期には，半年間でそれまでの倍の約 100 万口座のペースで増加するようになっていた。さらに，図 0–2 で全取引に占めるインターネットを介した株式取引額（そのほとんどが個人取引）の比率の推移を見ると，それまでは半年に 1～2 ポイントずつしか増加していなかったのが，2002 年 9 月に 10% の壁を越えてからは，2003 年 3 月にかけて ＋3 ポイント，2003 年 9 月にかけては ＋5 ポイント，2004 年 3 月にかけては ＋4 ポイントと，それまでよりも増加

のペースが急になっていた。つまり，この 2003 年前後に，明らかに市場の拡大ペースが切り替わっていたと言えよう。

一方，有力オンライン専業証券企業 6 社の業績の推移（図 0 - 8）を見ると，2003 年 4-6 月期に 6 社のなかで唯一赤字が続いていたマネックスがわずかに黒字転換して以降，6 社の営業収益額（一般企業の売上高に相当）と営業利益額は，それまで以上のペースで増加した。なかでも，2003 年 4-6 月期から 2004 年 4-6 月期までの 15 ヶ月間の松井証券の営業利益額の増加ペースは他社の倍程度と，きわめて急なペースでの増加が見られた。つまり，有力オンライン専業証券企業 6 社の業績で見ても，戦略が完全に同質化された 2003 年 4-6 月期は，ひとつの区切りとなっていたと言えよう。

また，2003 年 11 月には，楽天証券株式会社（以下「楽天証券」）が DLJ の株式の 96.67% を取得し，連結子会社とした[4]。そして 2004 年 8 月には，マネックスと日興ビーンズが経営統合を行った[5]。このようにして，2004 年 8 月に，個人の証券取引において 2017 年現在でも主要プレーヤーである大手オンライン専業証券 5 社の顔ぶれが揃った。

しかし，ちょうどこの頃，オンライン証券市場の競争の様相は再度大きく変化した。2004 年 7-9 月期頃から松井証券の営業収益額と営業利益額が一度減少に転じ，その後に再度増加に転じたものの，その増加ペースは明らかに鈍った。一方，イー・トレードをはじめとする他の有力オンライン専業証券企業の営業収益額と営業利益額の増加ペースは加速し，2006 年 1-3 月期には，遂に松井証券の営業収益額にイー・トレードがほぼ追いつき，営業利益額でも肉薄するに至った。つまり，松井証券の「一人勝ち」状況が終わりを遂げたのが 2006 年 1-3 月期頃であり，その徴候が明確になり出したのは 2004 年 7-9 期頃のことであったと言えよう。

このように，どのタイミングでオンライン証券市場の競争の様相が大きく転換したのかをピンポイントで確定することは難しいが，ひとつの有力な候補として，概ね 2003 年 6 月頃を挙げることができる。この時期に，有力オンライン専業証券企業 6 社の戦略が同質化され，その集団（グループ）が市場の過半数を超える存在となり，業績も急速に向上し，寡占体制への道筋が整ったからである。そしてもうひとつは，概ね 2004 年 7-9 月期頃の時期である。この時期に，他の有力オンライン専業証券会社に対する松井証券の圧倒的な業績の優

位性が崩れはじめ，松井証券の「一人勝ち」状況が終焉へと向かっていく端緒
となっていたからである。

　以上を踏まえて本書では，証券業界への参入が事実上自由化された（免許制
から登録制へと移行した）1998 年 12 月から，有力オンライン専業証券企業 6 社
の戦略が同質化された 2003 年 6 月までの時期を「狭義の日本のオンライン証
券市場の黎明期」とし，新市場に最初の参入のあった 1996 年 4 月から，イ
ー・トレードが松井証券の営業収益額にほぼ追いついた 2006 年 3 月までの時
期を「広義の日本のオンライン証券市場の黎明期」として，取り扱うことにし
たい。

　後の第 7 章で検証するように，この時期は，A-U モデル（Abernathy & Ut-
terback, 1978）において，業界が立ち上がった当初の「流動期」から「移行期」
へと，競争環境が劇的に変化するまでの時期に該当すると考えられる。短い期
間の間にダイナミックに競争環境が変化し，ありとあらゆる要素が不確定で流
動的な状況のなかから，急速に業界の秩序や構造が構築されていく，経営学的
にもきわめて興味深い時期である。そこで本書では，こうしたオンライン証券
市場の黎明期の企業間競争を取り上げて検討していくこととしたい。

2.8　本書のリサーチクエスチョン

　これまで概観してきた日本オンライン証券市場の黎明期の企業間競争のなか
で，経営学の一般的な「常識」からやや外れた，したがって経営学的に興味深
い現象が少なくとも 2 つあった。これをリサーチクエスチョンの形で記すと，
以下のようになる。

(1)　市場黎明期に，競合他社による模倣がなかなか行われず，ある特定企業
　　の競争優位が比較的長期にわたって維持されたのはなぜなのか。当該企業
　　の側に，模倣を阻む何らかの要因があったのだろうか。あるいは，模倣す
　　る側の企業に，容易に模倣できない何らかの理由があったのだろうか。

(2)　市場黎明期に，模倣による戦略同質化が起きた際，同じ戦略をとる企業
　　（戦略グループ）の間での競争が激しさを増したにもかかわらず，模倣され
　　た先行企業のパフォーマンスが比較的長期にわたって伸び続けたのはなぜ
　　なのか。市場黎明期の企業間競争では，経営戦略論で一般的に想定される
　　模倣によるマイナスの効果（デメリット）だけでなく，何かしらプラスの

効果（メリット）が存在しており，競争に影響したのだろうか。

本書では，上記2つのリサーチクエスチョンに答えることを目的として，ダイナミックな視点からこのような事態が生じたメカニズムを明らかにしていきたいと考えている。

3 既存研究の問題点と本書の意義

新市場の誕生やその後の推移，あるいはそれに伴う企業の競争力の問題については，イノベーション研究において数々の議論が行われてきた。なかでも，アバナシーやアッターバックを嚆矢とする，イノベーションのプロセスの推移と，それによって引き起こされる競争構造のダイナミックな変化に注目する一連の研究は，「市場が『確立される』時点を境に，その前の段階と後の段階とでは，製品や技術の発展経路や企業間競争の様相が非連続的に変化する」ということを明らかにしてきた（e. g., Abernathy, 1978; Abernathy & Utterback, 1978; Abernathy, Clark, & Kantrow, 1983; Clark, 1985; Tushman & Anderson, 1986; Utterback, 1994）。しかし，これらの研究では，個別企業の競争優位の問題は分析の射程外となっていた。そのため，市場黎明期の企業間競争を分析する上では必ずしも十分とは言い難い。

一方，競争戦略論の研究では，1980年代以降，「同一産業内で競争する複数の企業が，なぜ競争優位が異なり，なぜ異なるパフォーマンスをあげ続けているのか」という疑問に答えるなかから，企業に競争優位をもたらす源泉として，主として企業の外部要因に着目するアプローチと，主として企業内部要因に着目するアプローチとの，大きく分けて2つの流れが派生していった（e. g., 青島・加藤, 2000）。また，後には両者の統合も図られた。しかし，そのいずれの観点も，結果として何が企業間のパフォーマンスの差異をもたらすのかについては理論的に精緻に説明しているものの，そうした差異が形成された原因やプロセス，メカニズムについてはほとんど説明していなかった。

その後，関心が高まっていった動的な戦略論のひとつである「経時的アプローチ」は，こうした企業間における競争優位の差異が形成されるダイナミックなプロセスに焦点を当てている。たとえば，このアプローチの代表的研究である Noda & Collis（2001）は，競争優位の企業間の差異が形成され維持されるダ

イナミックなプロセスを分析する汎用フレームワークの構築を試みた研究として，本書の問題意識の解決に一歩近づいている。しかしながら，この研究において競争優位の企業間差異の形成・維持要因として挙げられているのは，究極的には各企業の内部で形成される慣性（inertia）と，企業独自の資源や能力が持つ模倣困難な性質の2つだけであり，模倣が比較的容易な業界において企業が長期にわたって競争優位を持続するメカニズムを説明するには大きな限界があった。

このように，イノベーション研究と競争戦略論の研究の議論は，本書の問題意識に深い関わりを持ちながらも，それに十分に答えるものとはなっていなかった。そこで本書では，以上の既存研究の「穴」を埋める新たな試みとして，市場黎明期の，しかも他社による模倣が比較的容易な業界において，なぜ企業間の競争優位の差異が形成・拡大・維持されていったのかというプロセスを明らかにするために，新たなフレームワークを構築して日本のオンライン証券業界の実証研究によってその有効性を実証していくことにした。

また，競争戦略論の研究の議論では，模倣による戦略の同質化は模倣される側の企業にとって忌むべきもの，できる限り避けるべきものとしてとらえられている。ところが，黎明期のオンライン証券市場では，すでに述べたように，先行企業である松井証券の戦略が他社によって模倣され，戦略が同質化していく，すなわち企業間の競争優位の差異が収斂していくとともに，模倣した企業各社だけでなく，模倣された松井証券のパフォーマンスもさらに向上していった。

実は，「組織生態学」と呼ばれる研究分野では，他企業による先行企業の模倣には，2つの効果があると論じられている（e. g., Carroll & Hannan, 1989）。ひとつは「競争効果」であり，競合が増えることによって競争が増し，資源獲得や生き残りが難しくなるというマイナスの効果である。もうひとつは「正当性効果」であり，競合が増えることによって，当該戦略グループが正当性を獲得し，社会的認知や信用が増していくことを通じて，資源獲得や生き残りが容易になるというプラスの効果である。競争戦略分野の研究においては，もっぱら競争効果，すなわちマイナスの側面ばかりがクローズアップされてきたものの，特に市場黎明期の企業にとっては，むしろプラスの側面の方が大きいと考えられる。また，結論を先取りすると，実際に黎明期の日本のオンライン証券市場

では，この後者の正当性効果が強く働いたのではないかと考えられる。そこで本書では，これまであまり議論されてこなかったこうした「模倣の二面性」についても焦点を当て，Aldrich（1999）の進化論アプローチに基礎を置く「四段階の進化プロセス」の新たなフレームワークを構築し，理論と実証の両面から議論を進めていきたいと考えている。

4　本書の構成

本書は，2部より構成される。第Ⅰ部は第1章から第3章，第Ⅱ部は第4章から終章である。

第Ⅰ部は理論的な背景と分析のフレームワークに関する議論，第Ⅱ部は黎明期のオンライン証券市場における企業間競争の定量的・定性的な実証分析，ならびにまとめとディスカッションが収められている。以下では，その内容の概略について紹介していく。

まず第Ⅰ部では，リサーチクエスチョンに関連する既存研究のサーベイと分析のフレームワークに関する議論を行う。

第1章では，市場黎明期の企業間競争に関するヒントを探るべく，イノベーション論に関する文献サーベイを行う。具体的には，A-U モデルを中心に，イノベーションによって引き起こされる競争構造のダイナミックな変化に注目する一連の研究を検討し，市場黎明期には競争環境の不確実性が極めて高いため，一般的な競争戦略論が想定するような競争観に立脚して分析を行うことは困難であることを論じる。

第2章では，競争戦略論に関するサーベイを行う。ここではまず，これまでの競争戦略論が，本書の2つのリサーチクエスチョンに答える上で限界を有していることを指摘する。第一のリサーチクエスチョンに関連し，企業間の競争優位の差異が形成されるダイナミックなプロセスに焦点を当てる「経時的アプローチ」に，その解決の可能性がある一方，こうした経時的アプローチでも，時間を通じて展開していく相互行為の連鎖プロセスが取り込まれていないため，本書が対象とする市場黎明期の企業間競争のような，企業内外の諸変数が真にダイナミックに変化する競争環境における戦略を扱うには不十分であることを論じる。また，第二のリサーチクエスチョンに関連し，既存の競争戦略論研究

では，狭い範囲のプレーヤーだけを視野に入れ，競争の側面のみに焦点をあてる傾向が強かったため，模倣のプラスの側面を扱うことも難しかったことを論じる。その上で最後に，以上の既存の競争戦略論研究が抱える問題点は，「行為システムのアプローチ」の考え方を取り入れることで克服できる可能性があることを論じる。

第3章では，本書の2つのリサーチクエスチョンである「模倣が比較的容易な環境の下で，模倣がなかなか行われず，ある特定企業の競争優位が長期にわたって維持されたのはなぜなのか」と「模倣による戦略同質化が起きた際，同一戦略グループ内での競争が激しさを増したにもかかわらず，模倣された先行企業のパフォーマンスが伸び続けたのはなぜなのか」という問題について分析するための新たなフレームワークを提示する。具体的には，第一のリサーチクエスチョンに答えるために「競争優位の企業間差異の形成・拡大・収斂プロセス」のフレームワークを，第二のリサーチクエスチョンに答えるために「新市場における四段階の進化プロセス」のフレームワークを，それぞれ提示する。ここまでが第Ⅰ部である。

次の第Ⅱ部では，黎明期のオンライン証券市場における企業間競争の定性的・定量的な実証分析を行っていく。

第4章では，「黎明期の日本のオンライン証券業界では，どのような戦略が高いパフォーマンスをあげていたのか」ということについての検証を，オンライン専業の有力新規企業6社を対象にした重回帰分析にて行う。その結果として，この業界の黎明期の競争においては，口座数が増えるとかえってパフォーマンスが悪化するという「規模の不経済」が生じており，つまり単純に口座数の増加を目指す戦略はパフォーマンスの悪化をもたらしたということを示す。また，信用取引と定額手数料制の導入（後者についてはその予告も含む）は，パフォーマンス向上に正の影響を及ぼしており，つまり頻繁に取引を行うアクティブユーザーを獲得して口座あたりの稼働率向上を目指す戦略はパフォーマンスの向上をもたらしたということを示す。

第5章では，「黎明期の日本のオンライン証券業界では，どのような企業が激しい競争を生き残っていたのか」ということについての検証を，同業界に参入した全社を対象にした生存時間分析にて行う。その結果として，アクティブユーザーを獲得しつなぎ止めるのに重要である信用取引や，手数料の低さ，提

供商品の多さといった施策が，生存時間に正の影響を与えていたことを示す。また，「早期に参入していた企業の方がオンライン証券業界から撤退するリスクが低かった」という「先行者の優位性」が見られた一方で，比較的早い段階で参入していても，上で挙げられているようなアクティブユーザーを獲得しつなぎ止めるのに重要である施策を打っていない企業は撤退する可能性が高かった，ということも明らかにする。

　第6章では，本書が対象としているオンライン証券市場の黎明期の企業間競争を，主に定性的なデータに基づいて丹念に追っていく。日本のオンライン証券市場の黎明期では，多くの企業が，「新しい顧客が市場に爆発的に流入する」ことを期待し，そうした新たな顧客を大量に獲得しようと手数料引き下げ競争を繰り広げていったものの，実際には新しい顧客の大量流入は生じず，業績の悪化に苦しんだ。一方，松井証券だけは独自路線を貫き，信用取引や定額手数料制のメニューを導入してアクティブユーザーを獲得し，口座あたりの稼働率（回転率）の向上を図るという戦略を実行し，「唯一の勝ち組企業」と称されるまでの成功を収めた。本章では，こうした事実関係を明らかにしていくとともに，当時から松井証券の戦略が非常に有効であり，各種の客観的指標や松井道夫社長（以下，松井社長）の言動を通じてそのことはよく知られていたにもかかわらず，他社はこの戦略に追随せず，結果的に松井証券のみが2年あまりにわたって利益を出し続けることができたことを確認する。また，2年あまりを経て，遅ればせながら他社も松井証券の戦略の模倣に走り，その結果として多くの顧客が流出するなど，松井証券にとってマイナスの面が見られたものの，反面では他社に模倣されたことによって松井証券のパフォーマンスはかえって向上したことも確認する。

　第7章では，日本のオンライン証券業界を対象として，A-Uモデルが想定するようなイノベーション・プロセスの進行パターンが見られたのかどうかを確認していく。ここでは，企業レベルでのプロダクト・イノベーションとプロセス・イノベーションの採用がどのようなパターンを描きながら進み，その結果として産業や競争の様相，企業の業績にどのような影響が及んだのかという点に特に焦点を当てて，テキストマイニングの手法を用いて実証的な検討を行う。

　次の第8章では，第3章で構築した「競争優位の企業間差異の形成・拡大・

収斂プロセス」のフレームワークをもとに、日本オンライン証券市場の黎明期の競争を再解釈する。結論として、松井証券以外の企業が「新しい顧客が爆発的に流入する」という「支配的通念」にしたがって競争し、相互作用によってそうした行為をさらに強めあったために2年以上にわたって模倣が行われなかったという発見事実を示し、新しいフレームワークの有効性を明らかにする。

第9章では、第3章で構築した「新市場における四段階の進化プロセス」のフレームワークをもとに、オンライン証券業界という新市場のなかで複数の戦略グループが誕生し、ある戦略グループが支配的となっていくプロセスと、そのなかで模倣が果たした2つの役割について、実証的な検証を行う。ここでは、これまで密度依存理論において議論されてきた競争効果と正当性効果との力関係の変化を、実際に計測し比較することで、黎明期の企業間競争で模倣されることのマイナスの効果とプラスの効果との二面性について実証的に示していく。

最後の終章では、各章の結論をまとめ、競争戦略論やイノベーション理論、行為システム理論への貢献や、得られた示唆に触れ、実務的なインプリケーションを論じ、結びとする。

注 ————————

1) 東京証券取引所資料に基づいた、松井証券 IR 資料、日本経済新聞などの記事による。詳細は第4章を参照のこと。

2) 経営破綻した山一證券を含む。

3) 松井証券は、経営者の姓が同一であるため、原則として企業名には証券をつけることとする。

4) 2003 年 11 月 26 日、楽天株式会社が、クレディ・スイス・ファースト・ボストン（CSFB）、三井住友銀行（SMBC）、インターネットイニシアティブ（IIJ）などから株式の 96.67% を取得し、DLJ を連結子会社とした。そして翌 2004 年 7 月 4 日、楽天証券株式会社に商号を変更した。

5) 2004 年 8 月 2 日、日興ビーンズ証券とマネックス証券は持株会社のマネックス・ビーンズ・ホールディングス株式会社を設立。その持株会社に両社の株式移転を行い、経営統合した。ただし、この段階では、それぞれの証券会社はそのまま継続して営業を続けていた。続いて、2005 年 5 月 1 日には、日興ビーンズ証券がマネックス証券を吸収合併。マネックス・ビーンズ証券への商号変更を実施後、同年 12 月 3 日に、消滅法人名であったマネックス証券株式会社に戻した。そのため、2005 年 4 月まで、日興ビーンズ証券はそのまま口座数を維持して存続していた。2005 年 5〜12 月までは、

マネックス・ビーンズ証券として営業。同年 12 月からはマネックス証券として営業ということになる。ただし，表記が煩雑になるため，以下では 2004 年 8 月以降，日興ビーンズ証券とマネックス証券が合併し，マネックス証券として営業を続けたものとして扱うことにする。

第 I 部

本書の理論的背景とフレームワーク

第*1*章　イノベーションのプロセスと産業ダイナミクスに
関する先行研究のサーベイ

　序章で述べたように，本書の 2 つのリサーチクエスチョンは，「模倣が比較的容易な環境の下で，模倣がなかなか行われず，ある特定企業の競争優位が長期にわたって維持されたのはなぜなのか」と「模倣による戦略同質化が起きた際，同一戦略グループ内での競争が激しさを増したにもかかわらず，模倣された先行企業のパフォーマンスが伸び続けたのはなぜなのか」というものである。

　このような 2 つの事象が生じたのは，立ち上がったばかりの新しいオンライン証券市場においてであった。こうした市場黎明期の企業や市場などの問題については，イノベーション・マネジメント論に属する，イノベーションのプロセスの推移と，それによって引き起こされる競争構造のダイナミックな変化に注目する研究分野のなかで主に論じられてきた。こうした問題を中心的な研究課題に据えた研究は，それぞれ異なる学問的基盤を背景として別個に展開されてきた。しかし，「技術のドミナント・デザイン，あるいは技術パラダイム，技術の解釈といったものが確立される時点を境に，その前の段階と後の段階とでは，製品や技術の発展経路や企業間競争の様相が非連続的に変化する」という基本ストーリーを保持している点で，共通性を有している（武石・青島・軽部, 2012）。

　そこで本章では，リサーチクエスチョンに解答を提示するためのヒントを探るべく，アバナシーらの A-U モデル（Abernathy-Utterback model）を中心に，イノベーションのプロセスの推移と，それによって引き起こされる競争構造のダイナミックな変化に注目する研究に関する文献サーベイを行うことにしたい。

1　A-U モデル

　Abernathy（1978）や Abernathy & Utterback（1978）は，イノベーション
の特性が経時的に変化し，それに伴って産業固有のダイナミクスが生み出され
るプロセスを，歴史的な視点を踏まえた事例分析によって明らかにし，イノベー
ションと産業ダイナミクスに関する諸研究の事実上の出発点となった研究で
ある。

　Abernathy & Utterback（1978）は，まずはじめに，イノベーションを「プ
ロダクト・イノベーション（product innovation）」と「プロセス・イノベーショ
ン（process innovation）」の2種類に分けてとらえた。このうちプロダクト・イ
ノベーションとは，製品そのものに関する技術進歩，およびそれを背後で支え
る各種の要素技術に関する技術進歩をもたらすタイプのイノベーションであり，
プロセス・イノベーションとは，そうした製品を生産するための工程（プロセ
ス）に関する技術進歩，およびそれを背後で支える要素技術に関する技術進歩
をもたらすタイプのイノベーションのことを意味している。

　その上で，ある製品分野におけるプロダクト・イノベーションとプロセス・
イノベーションを1セットの組み合わせとして見ていくと，一般に共通した発
展のパターンを観察できることを発見した。彼らは，上記2つの種類のイノベー
ションの発生頻度の変化の組み合わせによって，産業は「流動期（fluid
stage）」→「移行期（transitional stage）」→「固定期（specific stage）」という3
つの段階を経て変化していくと論じた。このプロセスは，提唱者の名前をとっ
て「A-U モデル（Abernathy-Utterback model）」と呼ばれる。各時期の特徴を説
明すると，以下のようになる（図1-1）。

1.1　流 動 期
　流動期とは，産業が新たに立ち上がったばかりの時期である。この段階は，
イノベーションの発生頻度の観点からすると，プロダクト・イノベーションの
発生頻度が非常に高く，プロセス・イノベーションの発生頻度が非常に低いと
いう特徴を有している。

　この段階では，製品がそもそもどういうものであるかについての理解が進ん

図 1‑1　A-U モデル

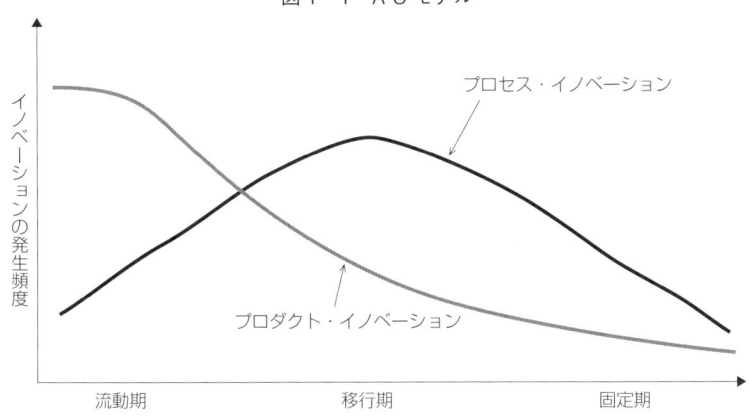

(出所)　Abernathy & Utterback（1978）より作成。

でおらず，製品として重視すべき機能は何か，それを実現する最適な技術は何かが不確定である。顧客も明確な評価基準を持たず，多様な製品を多様な軸で試行錯誤しながら評価する。そのため企業側からは，どのような顧客層に対して（Who），何の価値を（What），どのような技術で提供するのか（How）という，製品のコア・コンセプト（core concept）や技術選択の根幹に関わる部分からして多種多様なラディカルなイノベーションが数多く提起されることになる。

　また，基盤となる製品技術がそもそも不確定であるため，生産工程（プロセス）には柔軟性が不可欠であり，高度に自動化された生産プロセスを導入したり，そのための高価な機械設備の購入に踏み切ることは，あまりにもリスキーなため通常は避けられる。そのため，人の技能に依存した，かなり労働集約的な生産方式が中心となる。結果として，技術開発の主たる努力はプロダクト・イノベーションに向けられ，プロセス・イノベーションはほとんど生まれない。

　ところが，企業の側でも顧客の側でも製品に関する理解が蓄積されていくと，やがて「ドミナント・デザイン（dominant design）」が登場する。このドミナント・デザインとは，「当該産業において確立されるその後の技術的基準となる製品デザイン」のことを意味している。すなわち，この段階ではじめて，製品として持つべき主たる機能と，そのための主要な要素技術，全体としてのデザインが明らかになる。たとえば，後で述べる自動車における T 型フォード，

汎用コンピュータにおける IBM のシステム 360，パソコンにおけるアップル Ⅱなどが，代表的なドミナント・デザインの例である。ドミナント・デザインは，通常，それまでに独立して導入されてきた複数のイノベーションをひとつの製品デザインとしてまとめあげたものとして登場するとされる。

1.2 移 行 期

このドミナント・デザインが登場すると，移行期が始まる。この段階は，プロダクト・イノベーションの発生頻度が中程度にまで落ちて，工程イノベーションの発生頻度が非常に高くなるという特徴を有している。

ドミナント・デザインの確立後には，顧客ニーズが明確になり，研究開発活動における目標の不確実性（target uncertainty）が減少する。そのため，この移行期が始まると，プロダクト・イノベーションの面では，主たる開発努力の焦点が，確立されたドミナント・デザインの下で特定の機能を向上することに移る。実現されるプロダクト・イノベーションも，技術的に小幅なものが中心となる。

一方，製品普及のテンポが速まり，増加する需要に応じられる効率的な生産プロセスを実現していくことが戦略的な課題になるので，プロセス・イノベーションの重要性は飛躍的に増大する。材料はより特化したものになり，高価な専用の機械設備が開発・導入され，生産プロセスの自動化も追求されるようになる。そして，こうした活発なプロセス・イノベーションの結果，大量生産システムが確立されていく。その一方で，生産プロセスの柔軟性は失われていくことになる。

1.3 固 定 期

こうした状態がさらに進むと，3つめの段階である固定期に入ることになる。この段階は，プロダクト・イノベーションの発生頻度もプロセス・イノベーションの発生頻度も，両方とも非常に低くなるという特徴を有している。

この固定期に至ると，すでに確立された大規模で効率的な大量生産システムの維持が大前提となり，この抜本的な変更を伴いかねないような大きなプロダクト・イノベーションやプロセス・イノベーションは，あまりにも大きなコストを伴ってしまうがゆえに避けられるようになる。努力はもっぱら品質とコス

トの改善に向けられ，ますます生産性は向上していくものの，イノベーション
の頻度はますます減っていくことになる。このような，生産性向上とイノベー
ション生起の間に生じるトレードオフの関係（「あちらを立てればこちらが立た
ず」の関係）は，「生産性のジレンマ（productivity dilemma）」と呼ばれる（Aber-
nathy, 1978）。

2　アメリカ自動車産業の事例

　19 世紀末から 1920 年代頃までのアメリカ自動車産業では，こうした A-U
モデルが想定するパターンが典型的に見られたとされる[1]。

2.1　流 動 期
　自動車は，「王侯貴族や金持ちの高価なオモチャ」として，19 世紀後半にな
って開発・実用化されるようになった。最初の自動車の動力源は蒸気であった。
次いで登場した実用車は電気を動力源としており，ガソリンを動力源とする自
動車の試みはその後であった。ガソリン自動車の発明は，1886 年頃，ドイツ
の G. ダイムラーと K. ベンツがほぼ同時に成し遂げたとされる。しかしその後
も，ガソリン自動車だけではなく，電気自動車や蒸気自動車の開発も盛んに行
われていった。
　実際，1900 年までのアメリカでの自動車の売上の大部分は，電気と蒸気の 2
つの方式が占めていたとされる。たとえば，1900 年にアメリカで生産された
自動車のうち約 40％ は電気自動車であり，販売台数でトップシェアを占めて
いた。当時の電気自動車は，静かで振動も少ないため，乗り心地は良かった一
方で，1 回の航続距離は 30 キロほどであった。しかし，当時自動車を所有す
る金持ちは，単に自らの権勢を誇示するための手段として自動車をとらえてお
り，もっぱら自分の邸宅から町中にある議会などの施設に行く際にだけ用いて，
郊外に長距離移動するための手段とは考えていなかった。そのため，そうした
難点は特に問題にはならなかった。
　蒸気自動車は，当時販売台数で第 2 位であった。ジェームズ・ワットによる
発明以来すでに 100 年以上の技術蓄積を有する蒸気機関は，ボイラーで水を熱
して蒸気を発生させる必要があるために発車するまでに相当な時間と手間がか

かるのが難点であったが，いったん発車した後は非常に効率的でパワーがあった。カーレースでは連戦連勝であったし，当時自動車を所有する金持ちは住み込みの運転手を抱えており，出発前の準備や整備を自分で行う必要はなかったため，そうした難点は特に問題にはならなかった。

　一方のガソリン自動車は，長らく電気，蒸気に続く「劣勢の三番手」（a poor third choice）の位置に留まっていた。「静かで振動が少ないので，乗り心地が良い」という点では電気自動車に劣り，「パワーがあってカーレースに有利」という点では蒸気自動車に劣り，「航続距離が長く，（蒸気自動車よりは）出発前の準備や整備の手間がかからず（当時は蒸気自動車ほどではなかったが）相当なスピードを出すことができる」というガソリン自動車ならではの特性が，当時の自動車の主要顧客である金持ちに十分に評価されなかったことが一因であった。

　このように初期段階の自動車産業では，電気自動車，蒸気自動車，ガソリン自動車が並立していた。また，三輪車も四輪車もあり，エンジンの搭載箇所や方式も車によって異なっており，ハンドルも丸いものや船の舵のような形のもの，レバーのような形のものがあったりと，各企業は試行錯誤しながらユニークな製品を市場に投入していた。つまり，「自動車とは一体どういうものであるべきなのか」という根本部分でさえ，企業も消費者も一致した理解を有していたわけではなかったのである。

　一方，自動車に組み込まれる製品技術・部品技術については，今日にまで続く自動車技術の多くは，ガソリン自動車発明以降20年ほどの時期に集中して現れた。現在の自動車では当たり前の，空気入りタイヤ，プロペラシャフト，アクセルペダル，スピードメーター，ショック・アブソーバー，バンパー，ヘッドランプ，電動スターターなどは，いずれもこの時期に開発された。

　生産面では，初期段階の自動車は，少量生産されるに留まっていた。たとえば，1900年にアメリカ全体で生産された自動車は約4000台であり，これでもアメリカは当時世界第2位の自動車生産国であった。その後，1904年にアメリカは台数でフランスを抜いて世界一の自動車生産国になったが，それでもアメリカの生産台数の合計は，1907年当時で約4万台に過ぎなかったとされる。

　初期段階の自動車はほとんど手作りの工芸品ともいうべきものであり，職人が注文を受けてから必要な部品を買い集め，一部は自分たちの機械職場で作り，修理工場のようなところで車台（車体やエンジンを載せるフレームの部分）を1ヶ

所に定置し，そこに部品を運んでは組み付けるというやり方（「定置式生産システム」と呼ばれる）で生産されていた。

　また，当時の自動車産業は参入が比較的容易であった。実際，この時代のアメリカでは，現在では存在しない群小自動車メーカーが全国各地に林立し，それぞれユニークな車を少量生産していた。生産量は概ね年間数百台以下，同一モデルは数十台以下が一般的だったとされる。

2.2　流動期から移行期へ

　以上のような，自動車産業の初期段階の混沌とした状況に終止符を打ったのが，ヘンリー・フォードによる1908年のＴ型フォードの発売と，その後の同モデルの圧倒的な大量生産・大量販売であった。

　Ｔ型フォードは，それまでの「王侯貴族や金持ちのための高価なオモチャ」から，「大衆のための便利な輸送手段」へと，製品のコア・コンセプトを抜本的に転換した車であった。オモチャではなく，大衆が輸送手段として自分で使う車なのだから，使いやすくて頑丈，整備や修理も簡単で，走行距離は長い方が良い。しかも，大衆が購入できるような安い車でなければならない。実際にＴ型フォードは，それまでに積み重ねられてきたイノベーションの成果を製品デザインに結晶させた，価格が安く，使いやすくて頑丈，軽量・高馬力，機構が単純で修理がしやすい車であった。

　Ｔ型フォードは当初からよく売れたため，ヘンリー・フォードは翌年にはその他のモデルの生産を中止して生産を一本化，しかも色を黒一色に限定し，分業を推し進めることで生産効率の向上に努めていった。フォードは1910年にはハイランドパーク工場を建て，生産を既存工場から順次移転し，さらに大量生産による生産効率の向上を推し進めていった。1913年に移動式組立ライン（ベルトコンベア方式）の導入に成功するや，1914年には，移動式組立ライン，部品互換性の徹底，作業の細分化・高度化，専用工作機の使用などから構成される，有名な「フォード生産方式」を確立した。この結果，Ｔ型フォードの1台当たりの組立時間は，定置式生産システム時代の平均12時間27分から，フォード生産方式が一応の完成を見た1914年には1時間33分へと，飛躍的に短縮された。またフォードは，1919年，デトロイト郊外のリバールージュに製鉄所やガラス工場などを含む新しい超一貫生産工場を建設し，鉄鉱石の高炉投

入から自動車組立終了までおよそ 48 時間という驚異的な生産効率を実現した。

一方，フォードは，こうした自動化された生産ラインの活用と単一車種戦略をてこに価格を急速に低下させて，膨大な規模の新たな需要を創造した。フォード社の T 型モデルの年間生産台数は，1914 年の 30 万台からピークの 1923 年には 200 万台以上にまで増加した。1908 年から 27 年にかけて，T 型フォードは実に累計 1500 万台も売れた。その間，T 型フォードの価格は何度も下げられ，1908 年には 850 ドル以上していたモデルが，1913 年に 550 ドル，1916 年には 360 ドル，1922 年には 300 ドルを割る水準まで急激に低下した[2]。こうした生産性向上→コストダウン→販売価格の低下→販売増加の相乗作用により，アメリカの自動車市場は急拡大を遂げたのである。

2.3 移行期から固定期へ

しかし，こうしたフォード方式にも弱点があった。事実上すべての生産設備を T 型フォード専用にしたため，モデルチェンジに対する柔軟性がまったく失われてしまったのである。実際，ヘンリー・フォードは遅ればせながらも T 型フォードをあきらめ，1927 年に次の A 型へのモデルチェンジを行った。ところが，工場の生産設備のほとんどすべてが T 型専用となっていたため，これを A 型用に切り替えるにあたって，約 1 万 5000 台の機械装置を入れ替え，2 万 5000 台以上の機械装置を改修する必要があった。その結果，当時の金額で 2 億ドル以上のコストと，実に半年以上の工場閉鎖を必要としたのである。

2.4 A-U モデルによる説明

以上が，アメリカにおける初期の自動車産業の略史である。こうした歴史的経緯を A-U モデルの観点から説明すると，上で見たように，T 型フォード（1908 年発売）以前の自動車産業創成期が流動期，T 型フォードがドミナント・デザイン，その後のフォード生産方式の確立期が移行期，そして，リバールージュ工場以降の徹底した自動化・量産化・垂直統合化の時期が固定期であったと考えられる。

こうした自動車産業のイノベーションの進行において，決定的に重要なポイントは，T 型フォードの登場＝ドミナント・デザインの登場であったと言えよう。こうしたドミナント・デザインの出現によって，製品デザインは，電気・

蒸気・ガソリン自動車が拮抗したいわば本命なき群雄割拠の時代から脱して，急速に安定化・収斂化へと向かい，これによって企業は安心して効率のよい専用設備に投資できるようになった。これが，フォード生産方式の出現につながった。このようにドミナント・デザインの出現は，プロセス・イノベーションを加速化したのである。

　しかし，プロセス・イノベーションのペースが収まるにつれて，生産設備の専門化と自動化，部品・原材料の専用化と内製化，作業者の単純化と脱熟練化が進み，全体として生産プロセスの効率化が進む一方で，硬直化も進んだ。言い換えれば，T型フォードの末期には，生産プロセスはT型という特定の製品に特化し，その結果，専門化と自動化の進展などによって生産性は極限まで高まっていたが，同時に製品デザインの変化に対するフレキシビリティ（柔軟性）を完全に失ってしまっており，正に「生産性のジレンマ」が発生していたと考えられるのである。

3　ドミナント・デザインの確立とシェイクアウトの発生

3.1　ドミナント・デザインの確立以前

　以上からわかるように，競争環境の非連続的な変化をもたらす最も重要な出来事（イベント）は，ドミナント・デザインの確立である。すでに簡単に触れたが，ドミナント・デザインが確立するまでの段階では，そもそも製品の評価基準が定まっておらず，どのような技術によってどのような製品を具現化していけばよいか不明であり，顧客の側でも，その製品はどのような場面でどのように使用すべきものなのか，どのような機能を持っているべきなのかという，当該製品の本質的価値や使用文脈を理解していない。そのため企業の側では，製品において重視すべき機能は何であるのか，それを実現する最適な技術や方法が何であるのかといった根本部分でさえも，試行錯誤を繰り返しながら探っていく必要がある。一方，顧客の側でも，さまざまな企業が提供する多種多様な製品を試行して消費経験を積み重ねていくなかから，その製品はどのような場面でどのように使用すべきものなのか，そのためどのような機能を備えているべきなのかといった部分で，次第に評価基準を確立していくことになる。そして，こうした試行錯誤が繰り返されていく混沌としたプロセスを経て，企業

の側でも，顧客の側でも，製品のコア・コンセプトがひとつに定まり，ドミナント・デザインが確立していく。ここまでの段階の競争環境はきわめて流動的であり，不確実性に満ちている。

このように，ドミナント・デザインが確立する以前の段階では，製品がどのようなものであるべきなのかという解釈が未だ固定化されていない。これは，ひとつには，解釈を異にするさまざまな社会集団が並立しているからである（e. g., Pinch & Bijker, 1987; Bijker, 1995；加藤，2011）。この段階では，技術者は所属する学問分野や学会の動向など，企業はそれまで属していた既存産業での経験など，消費者は自らの属する社会的階層の問題関心など，それぞれ自らに関連する社会集団の影響を受けながら，新市場での製品がどのようなものであるべきなのかという解釈を行っていく。さまざまな社会集団が並立し，製品に多様な解釈が与えられ，それによって「解決されなければならない」として提起される問題も異なり，提示される「解」も異なり，それゆえに製品は多様な方向に発展する可能性を有している。

たとえば，自動車の歴史の初期においては，アメリカ人が自動車を「馬のない馬車」だと考えていたのに対して，フランス人は自動車を「道路を走る機関車」と考えており，こうした解釈の違いが，製品のデザイン，特性，利用される技術に反映されていたとされる（Langlois & Robertson, 1989）。また，市場黎明期（1990 年頃）の日本のインクジェット・プリンター市場では，各社の当該製品に対する解釈が，フルカラー印刷を主用途とするもの，印字速度が比較的速いモノクロ印刷をターゲットとするもの，低速モノクロ印刷だが当時出回りはじめたノートパソコンに向けて小型・携帯性を強調するものなど，非常に多様であり，そうした解釈の違いは開発される機種の違いとなって現れ，やがてこの差が企業の明暗を分けたとされる（加藤，2000）。

こうした異なる社会集団の間での解釈の多様性は，時間の経過にしたがって収束し，やがてはドミナント・デザインの確立を迎えることになるのであるが，そのプロセスは，経済合理性の原則に従って選択が行われる目的合理的なプロセスではなく，むしろ社会的な諸要因の影響を受けながら淘汰が進む進化論的（evolutionary）なプロセスだとされる（e. g., Pinch & Bijker, 1987; Bijker, 1995）。

たとえば自転車の市場黎明期のケースでは，当初支配的だった解釈は「富裕層の若い男性の遊び道具であり，主にレースにおいて走るスピードを競い，男

らしさ（macho）を誇示する手段」であったが，一方では，「女性や年配の男性を含め，より広い利用者層が，遠くまで楽に移動するための手段」という解釈も存在していた。また，自転車の性能向上に非連続的な変化をもたらした「空気入りタイヤ」の技術は，開発した J. B. ダンロップらは振動問題を解決するものとしてとらえていた一方で，スポーツの道具として自転車をとらえていた人々にとっては，振動は問題とは考えられていなかった。両者の見解は対立していたが，最終的には空気入りタイヤは広く受け入れられることになった。その理由は，スポーツ以外の利用者が支配的になったからでもなければ，ダンロップらが振動問題を自転車利用者に広く訴えたからでもなかった。実際には，自転車レースにおいて，空気入りタイヤを用いることで従来のタイヤよりも高速に走行できるという特性が偶然明らかになったからであった。この特性は，開発者の側でも，顧客の側でも，事前には認識されていなかった。つまり，空気入りタイヤの意味づけが「振動問題の解決法」から「高速走行用道具」に移行したことが，自転車に空気タイヤが搭載されるのが当然視されるようになった契機だったのである（Bijker, 1987：一橋大学イノベーション研究センター編, 2001）。

　このように，ドミナント・デザインが確立するまでの製品や技術の進化プロセスは，偶然に左右されがちな，非常に不確実性の高いプロセスとなるのである。

3.2 ドミナント・デザインの確立以後

　一方，ドミナント・デザインが確立すると，不確実性は一気に晴れ，製品や技術を評価するための明確な次元が形成されて，これらの次元に沿った形で製品や技術が進化していくことになる。それは，確立した「技術パラダイム（technological paradigm）」の下での「技術トラジェクトリー（technological traiec-tories）」（Dosi, 1982），あるいは「デザインの階層（design hierarchy）」（Clark, 1985）と表現されるような，きわめて整然とした進化の軌跡を描くことになる。

　たとえば，自動車のエンジン開発において，最も重要な機能上の問題は，燃料とエネルギー転換方式を，電気，蒸気，ガソリンのどれから選択するかにあった。しかし，この3つのなかでどの方式が最も望ましいのかは，「車は，（王侯貴族や金持ちなどではない）一般大衆が，移動を目的として，自分で運転する

ものである」という自動車のコア・コンセプトが確立しなければ決まってこなかった。他方，いったんガソリンによる内燃機関が前提になると，今度はこれに適合する形で，シリンダーの形状，カムシャフトとシリンダーの位置，変速機の機構などの選択が行われるようになった。さまざまな技術的解決案が企業側から提示される（製品が市場に導入される）のを受けて，顧客の側が，「都市内，都市間で長い時間運転するのであれば，スムーズに速度を切り替えられるような変速機の機構が望ましい」といった選択を行い，その結果として技術選択は進んでいくことになったのである。ここでもし仮に，ガソリンではなく電気によるエンジンの開発が前提とされたならば，その他の技術的選択の焦点は，たとえば電池についての物理的・化学的特性や，電気モーターの性能の特徴など別のものになったであろう（加藤，2011）。

つまり，コア・コンセプトが確立されると，それを与件として最も優先順位の高い構成要素についての技術的選択が行われ，それを与件として他の下位構成要素の技術的選択が行われ，さらにはそれを与件として他のもっと下位構成要素の技術的選択が行われ……といった具合に，より下位の要素へと順次，技術的選択の対象となる問題が移っていく。その結果として，時間の経過と共にデザインの階層構造が現れてくるのである（Clark, 1985）。

このようにして，ドミナント・デザインが登場した後は，プロダクト・イノベーションは次第に小幅なものだけになっていくことになる。もちろん差別化も図られるのであるが，それはあくまでも確立したドミナント・デザインの範疇内の，デザイン階層の下位レベルでの話であり，製品コンセプトそのものを変えてしまうような大きな変化は，ほとんど生じなくなってしまう。一方，製品間の違いが小幅になるにつれて，顧客の関心はコストへと移行していく。その結果，競争の焦点は，いかに効率的に，大量かつ安価に生産するのかに向けられることとなり，工場や生産設備への多大な投資が求められるようになる。

3.3 シェイクアウトの発生

このように，ドミナント・デザインの確立の前後で競争環境が非連続的に変化することを受けて，新しく立ち上がった産業においては，当初の段階で大量の新規企業が参入し，途中でそのほとんどが撤退を余儀なくされる「シェイクアウト（shakeout）」と呼ばれる現象が，しばしば生じることになる（e. g.,

Faflick, Johnson, & Murphy, 1983）。たとえば Klepper & Graddy（1990）は，アメリカの主要な 46 の産業を分析したところ，大半の産業でこうしたシェイクアウトが生じており，実に参入企業の 9 割以上が撤退した事例もあったと報告している。

　上で述べたように，ドミナント・デザインが確立する以前の段階では，コア・コンセプトの変更を伴うような製品デザインの大幅な変更が頻繁に行われるので，生産工程は柔軟かつ労働集約的であって，専用の機械装置などもほとんど利用されることなく，概ね非効率な生産に留まることになる。一方，ドミナント・デザインが確立すると，製品デザインの変更は小幅なものに留まることになるので，競争の焦点は，いかに効率的に，大量かつ安価に生産するのかに向けられることになる（e. g., Utterback & Suárez, 1993）。工場や各種生産設備への投資コストは跳ね上がり，投資リスクを恐れて新規参入企業の数が急速に減少する。また，規模の経済や経験曲線効果が強く作用するようになるので，大量生産が可能な比較的規模の大きな企業が優勢になる一方，比較的規模が劣り非効率な運営に留まる企業は振るい落とされ，それまで増加傾向にあった企業数は一気に減少しはじめる。この結果，シェイクアウトが生じるというのである（e. g., Klepper, 1996; Klepper & Simons, 1997）。

　たとえばアメリカ自動車産業では，商業生産が開始された 1896 年以降，新規企業の参入が相次いで総企業数は増加の一途を辿ったものの，ドミナント・デザインが確立した後は一気に退出企業数が増え，激しいシェイクアウトが起きた。産業が立ち上がった 1896 年から，日本企業がアメリカに進出を開始する直前の 1967 年までの間に，参入企業の実に 98.7% が退出したとされる（Utterback, 1994）。また他にも，19 世紀のタイプライターから，20 世紀後半の電子計算機に至るさまざまな業種においても，同様に，ドミナント・デザインの出現前後に企業数がピークを迎え，その後に大量の企業が急速に撤退していったとされる（e. g., Suárez & Utterback, 1995）。このように多くの業界で起きるシェイクアウトであるが，特に「大きな技術的変化」が起きる業種において，より顕著に起きるとされる（Agarwal, 1998）。

　このように，新しく立ち上がったばかりの市場では，ドミナント・デザインが形成され競争環境が激変した後に，企業は存亡の危機にさらされることになるのである。

4 日本のオンライン証券業界における イノベーション・プロセス

4.1 サービス産業における逆 A-U モデル

以上説明してきた A-U モデルは，産業進化のプロセスと産業内競争の様相の推移を包括的に把握し，イノベーションを企業戦略と関連づけて考える上で多大なる貢献を果たしてきた。しかし過去の実証的研究は，もっぱら製造分野のみを対象とし，サービス産業におけるイノベーション・プロセスは，そもそもほとんど扱ってこなかった[3]（e. g., Cusumano, Suárez, & Kahl, 2006）。たとえば，Murmann & Frenken (2006) によるドミナント・デザインに関する包括的なサーベイ論文で紹介されている 23 本の論文は，すべて製造分野のイノベーション・プロセスを扱ったものである。サービス分野の企業の成功にとってもイノベーションは同じように大切であるにもかかわらず，この分野の研究はほとんど手つかずのまま残されているのである。

そうしたなかで，サービス産業におけるイノベーション・プロセスを扱った数少ない例外が，Barras (1986) と Barras (1990) である。彼は，いくつかのサービス産業（銀行，保険，会計，行政）における先端的な情報通信技術の導入プロセスを観察し，製造業におけるものとは反対方向のイノベーション・プロセスのパターンを観察した。これを彼は，「逆製品サイクル (reverse product cycle)」と名づけたが，以下では「逆 A-U モデル」と呼ぶことにする。

逆 A-U モデルが提唱するサービス産業におけるイノベーション・プロセスは，A-U モデルと同様に 3 つの段階を経て進行する。第一段階では，もっぱら既存のサービス生産（実施・提供）のコストを削減するために新技術が用いられる。この段階での主たる焦点は，インクリメンタル（漸進的）なプロセス・イノベーションの導入であり，顧客に提供するサービスは基本的に従来のままで，その実施・提供のやり方のうちで労働集約的な作業が新技術によって代替されることになる。第二段階では，コストを削減するためよりも，むしろ顧客に提供するサービスの質と効果を高めるために新技術が用いられる。この段階での主たる焦点は，ラディカル（急進的）なプロセス・イノベーションの導入へと移る。サービスの中身自体は，これまでの延長線上で改善されるだけ

に留まり，抜本的に変えられることはない。一方，その実施・提供のやり方は，コスト削減を主たる目的とするこれまでのやり方から，顧客満足の向上を志向した新しいやり方へと抜本的に変更されることになる。第三段階では，新技術の支援を得て，（新市場を生み出しうるような）全面的に刷新されたサービスまたは新規のサービスが創出される。この段階での主たる焦点は，ラディカル（急進的）なプロダクト・イノベーションへと移る。

こうしたバラスの逆 A-U モデルは，伝統的なサービス産業に先端的な情報通信技術が導入されることによって，どのように産業のあり方が変化し，そしてどのようにして新しい産業が生み出されていくのか，そのプロセスを理解する上ではきわめて有用である。しかしながら，そうして新しく生み出された産業がどのようなプロセスを経て進化を遂げるのかについては，議論の射程外となっている。

この点についてバラスは，逆 A-U モデルの第三段階で生み出されたラディカルなプロダクト・イノベーションの結果として，（既存の市場とは別の）新たな市場が立ち上がり，一定の地位を占めるようになると，プロダクト・イノベーションの生起率は下がり，競争の焦点はプロセス・イノベーションによる効率性の向上に移り，次第にそのプロセス・イノベーションの生起率も下がっていき，やがて新市場は成熟していくことになるだろうと論じている。つまり，第三段階以降のプロセスは，製造業における通常の A-U モデルと同様の道を辿ることになるだろうというのである（Barras, 1986）。

このようにバラスは，サービス産業においては，ラディカルなプロダクト・イノベーションが出現するまでは A-U モデルと逆のパターンで，それによって新市場が立ち上がって以降は A-U モデルと同様のパターンで，それぞれイノベーション・プロセスが進行するという，二段階のプロダクト／プロセス・イノベーション採用のパターンが見られると論じたのである。

4.2 日本のオンライン証券業界と逆 A-U モデル

Barras（1990）におけるイギリスのリテールバンクの事例分析では，第一段階の例として，メインフレーム・コンピュータの導入による金融取引のリアルタイム化と記録の自動化などを，第二段階の例として，個人の全金融取引を統合的に管理するシステムの構築を通じたプライベートバンキング・サービスの

提供などを，第三段階の例として，高速・大容量で汎用のオンラインネットワークを通じたホームバンキング・サービスの提供などを，それぞれ挙げている。

　これを日本の証券業界に当てはめてみると，第一段階の例としてはメインフレーム・コンピュータの導入による顧客取引や残高のオンライン管理の実現などが，第二段階の例としては証券共同オンラインシステムの稼働による業務の大幅な合理化などが，第三段階の例としてはホストオンラインのサーバー化や垂直分散化によるインターネット取引などの多チャネル管理の実現などが，それぞれ該当するであろう。つまり，本書の分析対象とする日本のオンライン証券市場は，バラスの逆 A-U モデルの第三段階において生起したラディカルなプロダクト・イノベーションの結果として生まれた新市場であり，それゆえに，新市場の誕生以降のイノベーション・プロセスは A-U モデルと同様のパターンで進行すると考えられるのである。

4.3　ディスカッション：日本のオンライン証券市場の黎明期の競争環境

　このように，日本のオンライン証券市場が A-U モデルと同様のパターンで進行したとするならば，ドミナント・デザインが登場する以前の黎明期の競争環境は，一体いかなるものであったのだろうか。

　本章の第1〜3節で見てきたように，新市場の黎明期では，そもそも製品の評価基準が定まっておらず，どのような要素技術によってどのような製品を具現化していけばよいか不明であり，顧客の側でも，当該製品はどのような場面でどのように使用すべきものなのか，どのような機能を備えているべきなのかといった，その製品の本質的価値や使用文脈を理解していない。そのため企業側からは，多種多様な技術的アプローチに基づいた，製品コンセプトそのものの変更を伴うようなラディカルなイノベーションが数多く提起され，それが顧客の購買行動によって評価・選択されることになる。

　こうした市場黎明期の不確実な競争環境の下では，業界の構造的特性も，企業の強みも弱みも，所与の条件として考えることはできないので，一般的な競争戦略論が想定するような競争観に立脚して分析を行うことは困難である（この点については，次の第2章で詳しく説明していく）。

　企業側がラディカルなイノベーションを数多く提起し，その有効性を競い合うような競争環境の下では，どのアプローチがどのくらい顧客の支持を得るの

かによって，企業の外部要因および内部要因の持つ意味合いは劇的に変わってくる。しかし，顧客ニーズの不確実性がきわめて高いため，どのアプローチがどのくらい顧客の支持を得るのかは，事前には誰もわからない。そのため各企業は，合理的計算に基づいてというよりはむしろ，自らの信念や，他社の動向，あるいは社会的な通念などに従って，顧客の支持を求めて行動することになる。

一方この段階では，競争企業同士は，顧客の反応を媒介とした学習プロセスを繰り広げていくことになる。すなわち企業同士は，互いが互いの優れていると思われる点や劣っていると思われる点（必ずしも事後的に見て優れていたり劣っているとは限らない）を，競争を通じて学んでいくことになる（沼上・淺羽・新宅・網倉，1992）。

このような競争環境の下では，ある企業の行為が他の企業や顧客の行為に影響し，これら他の企業や顧客の行為がさらに他の企業や顧客に影響し，それが再び当該企業の行為に影響するといった，時間を通じて展開される相互行為の連鎖プロセスを無視することはできない。すなわち，互いが互いの行為を観察し，そこから学び合っているような環境の下では，ある特定の企業にとって環境として描かれる他の企業や顧客の行為は，当該企業の行為によってダイナミックに変貌するがゆえに，短期的にであっても客観的・固定的な要素とみなすことはできない。

そのため，市場黎明期の企業間競争のプロセスを分析するためには，次の第2章で詳しく論じるように，自社と他社，あるいは顧客の行為が相互に作用し合いながら競争環境がダイナミックに変貌するプロセスを記述することに主眼を置く，「行為システムのアプローチ」を採用することが不可欠だと考えられるのである。

5 小 括

本章では，イノベーションによって引き起こされる競争構造のダイナミックな変化に注目する一連の研究について検討した。その結果，本書が対象とする市場黎明期では，ドミナント・デザインの確立を契機に競争環境が非連続的に変化することがわかった。

ドミナント・デザインが確立する以前の段階はきわめて不確実性が高く，そ

の製品が，どのような顧客層に対して（Who），何の価値を（What），どのような技術でもって提供するのか（How）という，製品のコア・コンセプトが明らかではないため，軸が明確に定まらないなかでの混沌とした競争が繰り広げられることになる。一方，ドミナント・デザインが確立して以降は，不確実性は一気に晴れ，製品や技術を評価するための明確な軸が形成されて，これらの軸に沿った形で競争が展開されていくことになる。

　また，このような競争環境の非連続的な変化を受けて，当初の段階に大量の新規企業が参入し，そのほとんどが途中で撤退する，シェイクアウトと呼ばれる現象がしばしば生じることになる。ドミナント・デザインが確立し，製品や技術を評価するための明確な軸が形成され，次第に競争の焦点がコスト面に絞られるようになると，規模の経済や経験曲線効果といったものが重要となり，規模が比較的劣る企業が次々に振り落とされ，産業の寡占化が進むことになるからである。

　一方，本書が対象とする市場黎明期では，競争環境の不確実性がきわめて高いため，一般的な競争戦略論が想定するような競争観に立脚して分析を行うことは困難であることも論じた。業界の構造的特性も，企業の強みも弱みも，所与の条件として考えることはできないからである。

　では，こういった特徴を有した市場黎明期の企業間競争は，どのような視点でとらえればよいのだろうか。この点について，次の第2章で検討していくことにしたい。

注 ─────

1）　以下の記述は，Abernathy（1978），Abernathy, Clark, & Kantrow（1983）藤本（2001），榊原（2005）などを再構成したものである。

2）　1926年にはなんと50ドルにまで価格が下げられたが，これは売れ行き不振を打開するための原価割れのキャンペーン価格だったとされる。

3）　近年，フランス・リール大学のGallouj，イギリス・マンチェスター大学のMiles，デンマーク・ロスキルデ大学のSundobo など，ヨーロッパの研究者たちを中心として「サービス・イノベーション」が盛んに議論されているが，そもそもの問題意識が本書とは相当に離れているため，ここでは取り上げない。

第*2*章　競争戦略論に関する研究のサーベイ：
競争優位の企業間差異の形成・拡大・持続・収斂プロセス

1　はじめに

　序章で述べたように，本書の2つのリサーチクエスチョンは，「模倣が比較的容易な環境の下で，模倣がなかなか行われず，ある特定企業の競争優位が長期にわたって維持されたのはなぜなのか」と「模倣による戦略同質化が起きた際，同一戦略グループ内での競争が激しさを増したにもかかわらず，模倣された先行企業のパフォーマンスが伸び続けたのはなぜなのか」というものである。

　このような企業の競争優位とパフォーマンスの問題については，競争戦略論の分野で主に論じられてきた。すなわち競争戦略論の分野では，「同一産業内で競争する複数の企業が，なぜ異なる競争力を持ち，なぜ異なる業績をあげ続けているのか」という問題意識の下に，1980年代以降，研究の蓄積が進んできた。そこで本章では，リサーチクエスチョンに解答を提示するためのヒントを探るべく，競争戦略論に関する既存研究の文献サーベイを行うことにしたい。

2　静的な戦略論

　競争戦略論の分野では，1980年代以降，企業に競争優位をもたらす源泉として，主として企業の外部要因に着目する「ポジショニング・アプローチ」と，主として企業内部要因に着目する「資源・能力アプローチ」の，大きく分けて2つの流れが存在してきた (e.g., 淺羽, 2002)。また，その後に両者の統合も図

られている。こうした3つのアプローチは，それぞれ内容的な違いはあるもの
の，すべて基本的には「静学的なモデル」であるという点で共通している。

　以下では，こうした静的な3つの競争戦略論のアプローチのそれぞれについ
て，もう少し詳しく見ていくことにしたい。

2.1 ポジショニング・アプローチ

　競争優位の源泉に関する最も支配的な戦略論のアプローチのひとつはPorter
(1980; 1985) らによって提示された「ポジショニング・アプローチ」である。
それは，「企業の行動やその成果は市場構造によって規定される」とする伝統
的な産業組織論の「構造・行動・成果パラダイム（SCPパラダイム）」と呼ばれ
る枠組み (e. g., Bain, 1959) に依拠するものであり，「企業が競争上の圧力に抗
して競争優位を獲得していくためには，市場における最も望ましい場所 (posi-
tion) を発見し，そこに自らを位置づけ，そこでの有利な地位を防御していく
ことが重要である」ということを強調し，そのための思考枠組を提供するも
のであった。また，そのための代表的ツールとして，「新規参入の脅威」「代替
製品の脅威」「顧客の交渉力」「供給業者の交渉力」「ライバル企業との敵対関
係の強さ」という5つの競争要因に着目する「ファイブ・フォース・モデル
(five-force model)」が提唱された。

　さらに，Porter (1980) では，同一業界内で企業間に業績の差異が見られる
ことを説明するためのロジックとして，「戦略グループ (strategic group)」と
「移動障壁 (mobility barriers)」の概念が提出された。彼は，同一産業内におい
て，市場がセグメント化されていたり，企業の側にも製品ラインの広さや垂直
統合の程度などの内部要因の差異が見られる場合に，相互に似通った戦略を追
求している企業群を指して戦略グループと呼んだ。ポーターは，同一産業内部
においても，一般にどのセグメントをターゲットとし，どのような戦略・組織
を採用するかについて，比較的類似した戦略パターンを採用するいくつかの戦
略グループが形成されることになるとした。

　ここでポーターは，各戦略グループに属する企業は，自社の戦略・組織につ
いてある程度の選択は可能であるが，完全に自由な選択は不可能であり，戦略
グループ間の移動は難しいと考えた。たとえば，狭い製品ラインに特化して，
低い垂直統合度の組織で競争している企業が，広い製品ラインを持ち，高い垂

直統合度の組織で競争しようとしても，その移動はかなり困難だと考えられる。こうした戦略グループ間の移動を妨げる要因こそが，移動障壁と呼ばれる構造的要因である。ポーターは，この移動障壁の存在ゆえに，同一産業内のある企業がなぜ他の企業よりも長期的に高い利益率を享受することができるのかを説明することができるとした。すなわち，高い移動障壁によって保護された戦略グループに属している企業は，新規参入の困難あるいは戦略グループ間の移動の困難によって，潜在的に高い収益性を得ることができるというのである。

　こうしたポジショニング・アプローチの考え方の特徴は，企業の「持続的な競争優位（sustainable competitive advantage）」は，その企業が参加する市場の持っている「他市場からの参入やその市場内での移動を妨げるような構造的な特徴」からもたらされると想定されている点にある。もちろん，企業の利益・成長といった成果に影響を与えるものとして，企業間の差異はまったく無視されているわけではない。しかしながら，多くの場合，その差異は単に企業規模の差としてとらえられ，企業の資源や能力といった中身の差は議論の中心に置かれない。企業の利益や競争力の源泉は市場にあり，企業独自の資源・能力の存在を仮定したとしても，それは最も相応しい市場セグメントを発見するにあたって考慮すべき副次的な役割を持つものに過ぎないと理解されるのである。

　しかしながら，こうしたポジショニング・アプローチは，いくつかの実証研究によって，有効性に疑問が投げかけられることになった。たとえば，Rumelt（1991）は，「企業の利益率の差異は，産業間よりもむしろ産業内においてより大きい」ことを明らかにし，「産業における構造要因の影響は相対的に限定されたものである」ことを指摘した。あるいは，Cool & Schendel（1988）は，アメリカの製薬産業の調査を通して，「同じ戦略グループに属する企業の間にも一貫して大きな業績の差異が確認される」ことを示した。これらの研究は，市場構造の要素よりも企業固有の要素の重要性を示唆するものとして，次の「資源・能力アプローチ」への展開につながった。

2.2 資源・能力アプローチ

　競争優位の源泉に関するもうひとつの支配的なフレームワークである「資源・能力アプローチ」（一般には「RBV〔resource-based view of the firm：リソースベースドビュー〕」と呼ばれる）は，当初，ポジショニング・アプローチへのアン

チテーゼとして発展していった（e. g., Black & Boal, 1994）。

　資源・能力アプローチにおいては，企業の利益や競争優位の本質的な源泉を，企業内で独自に蓄積された「資源（resources）」や「能力（capability）」に求める。すなわち，このアプローチでは，個々の企業は保有する資源や能力の面で異なっており，それが産業内での企業間の競争力の差異の源泉になると考えたのである（e. g., Wernerfelt, 1984; Rumelt, 1984; Dierickx & Cool, 1989; Peteraf, 1993; Amit & Schoemaker, 1993）。ここでは，ポジショニング・アプローチが十分に説明することができなかった「同じ産業内において企業に異質性（heterogeneity）が見られるのはなぜか」「ある企業が他の企業より継続的に高いパフォーマンスを達成することができるのはなぜか」という問題に，企業ごとに固有な資源や能力の存在を想定することで直接的に答えようとした。

　ここで，資源・能力アプローチで言う「資源」とは，事業活動に必要とされるあらゆる有形・無形の資産を総称したものであり，具体例としては，経営者・従業員，資本設備，金融資産，技術・経営ノウハウ，顧客の信用やブランドイメージ，流通チャネルやサプライヤーとの信頼関係，従業員のモラルの高さ，などが挙げられる。一方の「能力」とは，「資源を，組織的なプロセスを利用しながら組み合わせ，上手に使いこなして，望ましい結果を生み出す力のこと」である（Amit & Schoemaker, 1993）。この能力という概念は，「企業内外の資源を結びつけ，それらを特定の活動（たとえば製品開発活動など）に向かって動員していくプロセス」をとらえることに，主眼が置かれている。

　もちろん，こうした「企業の独自資源や能力が戦略活動において重要である」という指摘は，必ずしも新しいものではない（e. g., Selznick, 1957; Learned, Christensen, Andrews, & Guth, 1969; Andrews, 1971）。しかしながら，1980年代後半に至るまで，「こうした企業の独自資源や能力がどのようにして競争優位に結びつくのか」というロジックが明確に示されることはほとんどなかった。初期の資源・能力アプローチは，この点を主として経済学に基づいた一貫したロジックで説明することで，新しい理論としての体系を築くこととなった。この点について，次に説明しておきたい。

　初期の資源・能力アプローチの最も根本にある考え方は，「企業にとって，自社が提供する製品と自社が保有する経営資源とは，ちょうどコインの裏表のようなものである」というものであった（Wernerfelt, 1984）。つまり，あらゆる

製品は開発・生産・販売などにあたってさまざまな経営資源の活用を必要とするが，その逆に，ほとんどの経営資源は開発・生産・販売などにあたってさまざまな製品に活用されうる。そこで Wernerfelt（1984）は，ポジショニング・アプローチの戦略論では，企業が超過利潤を獲得するためには何らかの意味で製品市場が非競争的でなければならないと考えるが，コインの裏側である経営資源に注目すれば，企業が超過利潤を獲得するための条件は経営資源の市場（以後は「生産要素市場」と呼ぶことにする）が非競争的であることだと考え，後者の側面からも戦略分析を加えることの重要性を主張したのである。

　これ以降，1980 年代後半から 90 年代前半にかけて，このアプローチでは，企業が有する資源や能力が非競争的状態を確保しレント（超過利潤）を生み出すための条件を探る方向に議論が展開し，その結果として，企業が有する独自の資源や能力は，それらに①経済価値（value）があり，②稀少性（rareness）があり，③移転および模倣の困難性（immobility & inimitability）がある，という 3 つの条件を満たしている場合に限り，レントを継続的に生み出しうることを，したがって持続可能な競争優位の源泉となりうることを，明らかにしていったのである（e. g., Barney, 1986a; 1997）。

　第一の経済価値の条件とは，ある特定の企業が蓄積した資源や能力は，当該企業が展開している事業領域や，満たそうと考えている顧客価値と一致しているときにのみ，すなわち経済価値を持つ場合にのみ，競争上の意味を持ってくるということである。逆に言えば，企業が保有する資源や能力は，当該企業がそれらを保有していなかった場合と比較して，自社に利益をもたらす上で役に立つのでなければ，競争上の価値はないということである。つまり，経済価値を有していることが，持続的な競争優位をもたらす資源や能力の最低限の条件となるのである。

　第二の稀少性の条件とは，ある特定の企業が蓄積した資源や能力は，多くの競合企業に広く保有されていない（稀少である）限りにおいて，それを保有している企業に平均以上の利益をもたらすということである。逆に言うと，多くの競合企業に広く保有されている（稀少でない）資源や能力は，生産要素市場で「供給＜需要」という状況をもたらさないがゆえに，それを保有する企業に平均以上の利益をもたらさないので，競争優位の源泉になりえないのである。

　第三の移転および模倣の困難性の条件とは，ある特定の企業が蓄積した資源

や能力は，それが市場で容易には取引することができず（したがって競合企業が容易に外部から調達できず），また多くの競合企業にとって模倣が難しい（模倣困難である）限りにおいて，それを保有している企業に平均以上の利益をもたらすということである。逆に言うと，企業が保有する資源や能力は，競合相手がそれらを市場で入手することが容易であるか，あるいは模倣することが容易であれば，稀少性が瞬く間に失われてしまい，生産要素市場で「供給＜需要」という状況が長続きせず，それを保有する企業に平均以上の利益をもたらし続けることはできないのである。

このように，企業が保有している資源や能力が，①経済的な価値をもたらすものであり，②稀少で，③移転および模倣が困難である場合，そうした資源や能力は供給の弾力性が低い（需要の方が大きくてもすぐには供給量を増やせない）ので，生産要素市場で「供給＜需要」という状況が長期にわたって維持され，「リカード・レント（Ricardian rent）」と呼ばれる超過利潤が持続することになる。これが，初期の資源・能力アプローチの理論的背景となった経済学による説明ロジックである。

さて，以上の3つの条件のうち，③の移転と模倣の困難性が満たされるかどうかが，競争優位が持続的なものとなるか否かの分かれ目となる条件である。この点に関して，資源・能力アプローチでは以下のように考える。

個々の企業が一定の時間をかけて構築した固有の独自資源は，少なくとも短期的にはその企業自身への粘着性が強く（sticky），市場で簡単に取引することはできない。そのため，そうした資源を手に入れようとする企業は，自ら作り上げていく以外に方法はない（e. g., Dierickx & Cool, 1989）。しかも，そうした企業の独自資源は，ほとんどの場合に他社による模倣が難しい。なぜなら，一般的に言って，資源の蓄積には「時間圧縮の不経済（time compression diseconomies）」「規模の効果（mass efficiencies）」「相互補完性（interconnectedness）」といったさまざまな「先行者の優位性（first-mover's advantage）」が存在するため，競合他社が後からそうした資源を模倣しようとしても，非常に時間とコストがかかる場合が多いからである（e. g., Amit & Schoemaker, 1993）。また，企業が一定の時間をかけて構築した資源は，しばしば，それを保有する企業自身も，「自社の独自資源が何であるのか」，あるいは「それがどのように自社の競争力に結びついているのか」ということを十分に把握できない場合がある。こうし

た「因果関係の曖昧さ（causal ambiguity）」も，他社による模倣を困難にする（Lippman & Rumelt, 1982）。さらに，そうした資源は，多くの場合に当該企業が成立・発展してきた歴史的プロセスのなかで育まれたものであることから，そうした歴史的プロセスを他社がそのまま繰り返すことは不可能である以上，そもそも他社がそうした資源を模倣することができない場合もありうる（Teece, Pisano, & Shuen, 1997）。こうした特徴を持った独自資源は，企業間の異質性を持続させるメカニズム（＝「隔離メカニズム：isolating mechanism」）を内包している（Rumelt, 1984）。そのため，特定企業の競争優位は，長期的に持続することが可能となるのである。

　中期以降の資源・能力アプローチでは，こうした企業間の異質性を持続させるような企業独自の資源や能力として，「ルーティン（routine）」の役割を強調している。企業のなかではさまざまな活動が行われており，その多くは繰り返し実行され，一定の活動のパターンを形成している。そして，こうした繰り返し継続的に行われる活動は，次第に望ましい結果をもたらすものだけが選別され，標準作業手順，コンピュータ・プログラム，（安定的な）コミュニケーションのパターン，各種ノウハウ，などの形でルーティンとして蓄積されていく（e. g., Nelson & Winter, 1982; Levitt & March, 1988）。企業内で形成・蓄積されるこのようなルーティンは，非常に複雑なシステムを構成しており，暗黙知的な要素を含み，さまざまな社会的関係のなかに埋め込まれており，経路依存的（path-dependent）な存在である。そのため，ルーティンの体系は移転することも模倣することも困難であり，したがって企業の持続的な競争優位の源泉となりうるのである（e. g., Grant, 1991; Nelson, 1991）。

2.3　統合アプローチ

　以上述べてきたポジショニング・アプローチと資源・能力アプローチは，Porter（2001）や Barney（2001a; 2001b）などで繰り広げられた華やかな論争とは裏腹に，本来的には補完的関係にあるということが，次第に認識されるようになってきた。すなわち，どちらのアプローチに立脚するにしても，暗黙的な仮定を明示化してみれば，企業の内部要因によって規定される実行可能な戦略と，その企業を取り巻く外部諸要因との適合（フィット）レベルが他の競争相手を上回っている場合にのみ，当該企業に競争優位がもたらされると考えられ

ており，いわゆる「適合仮説」とでも呼べるフレームワークに準拠している点で共通性を有していると考えられるようになったのである（e. g., 新宅・網倉，2001）。

　実際，詳細に検討してみると，ポジショニング・アプローチと資源・能力アプローチは，それ単体では，企業間の持続的な利益率格差を説明するロジックとして完結していない。たとえばポジショニング・アプローチの場合，企業間の利益率に差がある状態が続けば，利益率の低い企業はより高い利益率を確保しうる戦略を模倣するはずである。したがって，企業間の利益率格差が維持されるためには，企業間に「模倣したくても模倣できない理由」が存在する必要がある。Porter（1980）の場合，参入障壁や移動障壁がこれに該当した。しかしこれでは，たとえば同一戦略グループ内における企業間の利益率格差が説明できない。

　そのため後のPorter（1996）では，企業の業務活動体系全体におけるシステムとしての適合（フィット）が「模倣したくても模倣できない理由」に該当すると論じた。すなわち，企業内のあらゆる業務活動の全体系が一体となり，個々の業務活動が相互に影響し合うことによって競争優位が生み出される場合，ひとつの活動のコストは他の活動のやり方次第で決まってくるし，ひとつの活動が顧客に対して持つ価値はその会社の他の活動のやり方次第で決まってくるといった具合に，無数の業務活動の間で相互依存関係の網の目が張り巡らされるので，他社がそうしたシステムの一部分だけを取り入れて模倣しても同等の成果をあげることはできない。しかも，他社がそうしたシステムの全体を模倣しようとしても，複雑すぎて理解不能だというのである。こうしたPorter（1996）の説明は，個々の企業の内部に他社による模倣が困難となるような要素が存在することが，当該企業の戦略的ポジションを維持するための条件であると考える点で，本質的に，ポジショニング・アプローチのなかに資源・能力アプローチの考え方を取り込んだものだと考えられる。

　一方，たとえばAmit & Schoemaker（1993）やCollis & Montgomery（1995）では，企業が有する独自の資源や能力は，それらが外部環境の諸条件と適合している場合に限り，競争優位の源泉となりうると論じている。こうした適合条件を満たすか否かの検討を行う際には，当然ながら外部環境の分析を行うことが必要不可欠である。すなわち，主要な資源・能力のリストアップを行い，そ

うした資源・能力が市場での競争に貢献するかどうかを判断するためには，その製品を顧客がどう使うか，ライバルの製品やサービスの内容，顧客がライバルの製品やサービスと（顕在的・潜在的に）比較する項目は何か，といったことを理解している必要があると考えられる。この点で，Amit & Schoemaker (1993) や Collis & Montgomery (1995) らの考え方は，本質的に，資源・能力アプローチの考え方のなかにポジショニング・アプローチの考え方を取り込んだものだと考えられるのである。

このような共通理解が醸成されたことを受け，1990 年代後半以降の戦略論の教科書では，ポジショニング・アプローチと資源・能力アプローチを統合した，「統合アプローチ」とでも呼びうる折衷的アプローチが一般的に紹介されるようになった。

たとえば Barney (1997) は，企業内部の要因と外部環境の要因とのフィットというフレームワークは，SWOT 分析の昔から戦略分析の基本となっており，ポジショニング・アプローチは企業外部の要因（＝機会と脅威）をより詳細に分析するための思考枠組みを提供し，「資源・能力アプローチ」は企業内部の要因（＝強みと弱み）をより詳細に分析するための思考枠組みを提供するので，両者は補完的に用いなければならないと主張する。

また，Saloner, Shepard, & Podolny (2001) も，競争市場でのポジショニングがもたらす優位性と，企業に固有な資源・能力がもたらす優位性とは独立ではなく，2 つの競争優位はいずれも内外両方の要素に起因すると主張する。すなわち，企業独自の資源や能力は，顧客がそれを評価し，他社がその組織能力を模倣できない場合にのみ，企業にとって意味を持つ。ここで顧客がそれを評価するか否かは，企業内部のロジックだけでは決まらず，企業外部のコンテクストのなかでとらえなくてはならない。一方，企業の戦略ポジション上の優位な地位も，それを維持し続けるためには，提供するサービスの質を継続的に向上させるか，価格を継続的に下げるかなどの方策で，企業内部の資源や能力を駆使しながら他社との競争に打ち勝たねばならない。つまり，企業の戦略ポジション上の優位な地位を維持できるか否かは，企業外部のロジックだけでは決まらず，企業内部のコンテキストのなかでとらえなくてはならない。このように，企業が持続可能な競争優位を確立していくためには，両者が補完的に働き合い，あるいは相互に強化し合っていくことが重要だというのである。

3 動的な戦略論

　以上見てきたように，Porter（1980）を嚆矢とするポジショニング・アプローチと，Wernerfelt（1984）以降に急速な発展を遂げた資源・能力アプローチとは，長い論争を経て合体し，統一的なフレームワークが出現することになった。しかし，そうなると次に，2つのアプローチおよび統合アプローチが有していた，基本的には「静学的なモデル」であるという欠点が，クローズアップされるようになった（e. g., Nelson, 1991; Foss, 1997）。

　すなわち，ポジショニング・アプローチでは業界構造およびそれを規定する5つの競争要因を固定されたものとして見る傾向があり，資源・能力アプローチでは持続的競争優位の源泉としての稀少な資源・能力を固定されたものとして見る傾向があり，時間を通じて両者が変化していくという側面には，注意が払われていない。

　それに対して，戦略論研究における動学的な観点の必要性を訴え，外部環境の変化に合わせて企業の資源や能力を適切に組み替えていくことの重要性を指摘する研究の流れが，1990年代半ば頃から注目を集めるようになった。これが，動的な戦略論である。動的な戦略論の研究には，これまでのところ，大きく分けて2つの流れがある。以下では，そのそれぞれについて説明していきたい。

3.1 動的能力アプローチ

　動的な戦略論の第一は，外部環境の変化に合わせて企業の資源や能力を適切に組み替えていくという側面を強調する，「動的能力アプローチ（dynamic capability approach）」の研究の流れである。このアプローチでは，変化のスピードが著しく速まった現代のほとんどの産業では，持続的競争優位というものは本質的に存在せず，企業が競争優位を保つための唯一の方法は，すでにある資源や能力の束を常に作り変えたり組み替えたりしながら，新たな競争優位を絶えず生み出していくことだと考える（e. g., Eisenhardt & Martin, 2000; Zollo & Winter, 2002; Helfat et al., 2007）。

　実際，企業の持つ技術やノウハウは，その模倣困難性にもかかわらず，時間

の経過とともに他社に流出していく。たとえば Mansfield (1985) は，ある企業が開発した新製品の 70% について，競合他社は 1 年以内に詳細な情報を入手可能であり，平均すると模倣は完全な新規開発より 1/3 のコストで 3 倍速くできることを明らかにしている。また，ノウハウやスキルの複雑な体系としての組織能力も，自動車産業において重量級プロダクト・マネージャー制やリーン生産システムが急速に欧米企業に普及していったことからわかるように，ベンチマーキングを通じて他社に模倣されていく。さらに，多くの企業は，他社製品のエミュレーション（emulation）を通じて，そのノウハウやスキルが生み出す成果と同じような成果を生み出すものを，違った形で作り出している。加えて，現代の企業は，特定の能力やその延長線上で改善・進化した能力が，外部からのまったく新しい能力の導入によって陳腐化される危険性に常に直面している（e. g., Tushman & Anderson, 1986; Anderson & Tushman, 1990; Henderson & Clark, 1990; Christensen, 1997）。

このように，他社による模倣や，あるいはその能力を陳腐化させるような技術的な不連続性の出現が頻繁に生じる「シュンペーター的な競争環境」のなかでは，いかに企業の能力を変革していくことができるかが，決定的に重要になる。というのも，もし仮にある企業が，こうした意味でのダイナミックな変革能力を持っている場合には，競合企業によってある時点での個々の資源や能力が模倣されても，すぐに新しい段階へと進化を遂げることが可能だからである（e. g., Teece, Pisano, & Shuen, 1997）。企業が絶えず変革していく限り，またその変革のスピードを緩めない限り，模倣企業は決してその企業と同じ資源や能力を獲得することはできない。この意味で，ダイナミックな変革能力が生み出す持続的な競争優位とは，絶えず新しい資源や能力を構築していくことを通じて，他社が追いつくことができない地位を維持していくことに他ならないのである（e. g., D'Aveni, 1994）。

こうしたダイナミックな変革能力とは，「組織学習（organizational learning）」のプロセスそのものである。ただし，よく知られている通り，組織学習には，変革を促進する側面と，変革を阻害する側面の両方がある。すでに述べたように，企業のなかで繰り返し継続的に行われる活動は，次第に望ましい結果をもたらすものだけが選別され，ルーティンとして蓄積されていく。こうしたルーティンの存在は業務遂行の効率性を向上させるが，その一方で，逆にそのこと

がさらにそのルーティンの使用頻度を高めてしまい，結果として，他のよりよいルーティンへの転換が困難になってしまう恐れがある（e. g., Levitt & March, 1988; March, 1991; Levinthal & March, 1993）。こうした結果として，いったん確立された企業の強みとしての独自資源や能力が，外部環境が変化した際に逆機能的に作用する場合がある。これが，Leonard-Barton（1992）が「コア・リジディティ（core rigidities）」として定式化したジレンマである。こうしたジレンマを乗り越えて，企業がある時点で有していた資源や能力を，いかに諸要因の変化に合わせて適切に組み替えていくことができるかは，いわゆる「ダブル・ループ学習（double-loop learning）」（Argyris & Schon, 1978）や「高次学習（higher-level learning）」（Fiol & Lyles, 1985）と呼ばれるような，メタ学習のプロセスをうまく回すことができるか否かにかかわってくることになる。

　このアプローチに立脚した研究は数が多いものの，各研究者の着目する視点，定義が異なっており，統一した見解がない「ジャングル状態」にある（e. g., 黄, 2011；福澤, 2013；和田, 2013）。実際，どの程度の環境変化に耐えられるものを動的能力と呼ぶのかという，概念の定義にかかわる最も基本的な点についてさえ，必ずしも合意が得られているとは言えない状況にある（Helfat & Winter, 2011）。また，実証的にも，環境変化へのダイナミックな適応やメタ学習の重要性を指摘する研究は過去から数多く存在するものの，操作化が難しく，企業横断的なデータを収集することはさらに難しいということもあり，研究の蓄積はほとんど進んでいないのが実情である。

　加えて，このアプローチに属する既存研究のほとんどは，動的能力そのものの特徴について明らかにすることに終始しており，実際にそれがどのように構築され，発揮されるものであるかというプロセスについての議論や実証が不十分である（e. g., 福澤, 2013）という点も，問題点として指摘しうるであろう。

3.2　経時的アプローチ

　動的な戦略論の第二は，戦略が形成されるプロセスに焦点を当てる研究である。こうした研究は，本章でこれまで説明してきた，ポジショニング・アプローチ，資源・能力アプローチ，動的能力アプローチといった，採用された戦略の中身とその結果としての成果との関係に焦点を当てる「戦略の内容研究」に対比して，一般に「戦略のプロセス研究」と呼ばれることが多い（e. g.,

Chakravarthy & Doz, 1992; Mintzberg, Ahlstrand, & Lampel, 1998)。

　一口に戦略のプロセス研究といっても，研究者によってプロセスのどの段階に焦点を当てるのかが異なり，また拠って立つ理論や視点（パースペクティブ）も異なり，それゆえに議論の性質にも違いが生じている。大まかに言えば，初期には戦略の構想と実行の乖離に焦点が当てられ，「計画的戦略（deliberate strategy）」に対するアンチテーゼとしての「創発的戦略（emergent strategy）」が盛んに論じられた（e. g., Quinn, 1978; Mintzberg, 1978; Mintzberg & Waters, 1985; Burgelman, 1983; 1991）。一方，1990 年代に入ると，戦略のプロセス研究が全体として下火になる一方，戦略の内容研究の理論的発展を受けて，Noda & Bower（1996）や藤本（1997）などを代表とする，企業の競争優位の源泉となるポジションや資源・能力がいかに形成されていくのか，そのプロセスを探る研究が現れるようになった。こうした研究では，1 社ないし比較的少数の企業に焦点を絞り，ケース分析の手法を用いて厚い歴史記述を積み重ね，「企業の独自資源や能力の形成過程」や「競争優位の企業間差異の形成過程」を追う傾向が強い。そのためここでは，「経時的アプローチ（longitudinal approach）」と呼ぶことにする。

　前節で説明したポジショニング・アプローチにしても資源・能力アプローチにしても，何が結果としての企業間のパフォーマンスの差異をもたらす要因なのかを理論的に精緻に説明してはいるが，あくまでも静学的なモデルに留まっているため，こうした差異が形成された原因，プロセス，メカニズムについてはほとんど何も説明していない。

　たとえば，ポジショニング・アプローチの創始者であるポーター自身，1991年の論文では，「産業構造分析の立場から，企業の競争ポジションによって同社の好業績が説明されたとしても，そうした有利な競争ポジションをもたらした真の原因はそれでは説明できない。戦略理論の完成度を高めると同時に，実務に携わる経営者にとってより有用な枠組みを提示するためには，過去にまで遡り，現時点での企業間の異なる競争ポジションを生み出した究極の原因を分析し，競争優位確立に至るダイナミックなプロセスを扱うことが必要である」と述べている（Porter, 1991）。

　一方，たとえば Foss, Knudsen, & Montgomery（1995）では，資源・能力アプローチの戦略論は，「結局は企業間の差異を『事後的に』説明しうるに過ぎ

ない」と批判している。つまり，仮に企業独自の資源や能力が競争優位の源泉であったとしても，当該企業がなぜ，そしてどのようにして，これらの資源や能力を蓄積できたのかというダイナミックなプロセスやメカニズムが明らかにされない限り，資源・能力アプローチの戦略論は理論として不完全であるのみならず，実務に携わる経営者にも有用な指針を提示しえないと言うのである。

　こうした「既存研究の穴」を埋めようと試みるのが，ここで言う経時的アプローチの研究である。たとえば，このアプローチに属する研究のなかで，競争優位の企業間差異が形成され収斂されていくプロセスに焦点を当て，企業内部の要因と外部の要因の双方に目配りをした最も包括的なフレームワークを提示している Noda & Collis（2001）では，①企業間での競争優位の差異の「種」を生む「初期条件」と「初期体験」，②企業間での競争優位の差異を拡大する「分岐作用力」，③企業間での競争優位の差異の収斂をもたらす「収斂作用力」およびそれを妨げて持続させる「持続条件」の，大きく3つの構成要素の強弱と相互関係に焦点を当てた思考のための枠組みを示している。そして，同一産業内における競争優位の企業間差異の形成・拡大・持続・収斂プロセスについての戦略理論構築を試みている。

　この Noda & Collis（2001）の研究は，企業間でポジションや資源・能力に差異が生じ，各企業の内部要因によってそうした差異が拡大する一方で，他企業による模倣を通じてそうした差異が次第に収斂していくメカニズムを包括的に説明するフレームワークを提示しており，本書の問題関心に相当程度応えるものとなっている。しかし第一に，後の第3章で詳しく論じるように，このフレームワークでは，競争優位の企業間差異を拡大させる要因としては，初期条件の差によって規定される企業間の初期体験の微妙な差が雪だるま的に拡大していくという，企業内部の慣性（inertia）[1] だけしか挙げられていない点を問題点として指摘することができる。ここで，Noda & Collis（2001）のケース分析では，明言こそしていないものの，企業にとっての初期体験は，基本的にはローカルな環境条件や偶然の事象によって規定されてしまうとの立場に立っている。そうなると，極端な言い方をすれば，彼らのフレームワークでは，ローカルな環境条件や偶然の事象という外部要因だけが企業間の競争優位の違いを生み出すという，甚だしく環境決定論的なインプリケーションしか有しないことになる。

　また第二に，競争優位の企業間差異を持続させる要因としては，他社が慣性に陥ってしまうという点と，特許や情報の粘着性の存在，因果関係の曖昧さなど，企業内部で形成された独自の資源や能力が持つ性質の，2つだけしか挙げられていない点も問題点として指摘することができる。このフレームワークに従う限り，本書が対象とするオンライン証券業界のように模倣が比較的容易な業界では，企業間の競争優位の差異を持続させる要因は，唯一，他社の慣性だけとなってしまうことになる。

　結論を先取りすると，本書の分析対象となる（序章で簡単に紹介した）オンライン証券業界の事例を見る限りでは，Noda & Collis（2001）のフレームワークに関するこの2つの問題点は，改善されるべきだと考えられる。すなわち，外部要因だけが企業間の競争優位の違いを生み出すのではなく，そこに当該企業という行為者の主体性が取り込まれるべきであるし，企業間の競争優位の差異を持続させる要因として，資源・能力の模倣困難性や他社の慣性の存在以外の要因も取り込まれるべきだと考える。

　しかし，このアプローチに立脚した研究は，ケース分析の手法が現在の欧米の戦略論研究の主流ではないこともあり，未だ研究の蓄積が乏しい。Noda & Collis（2001）が提示したモデルには上で述べたような不十分な点があるが，こうした問題点を克服した研究は未だ見られない。

　このように，動的な戦略論のなかの経時的アプローチは，従来の戦略論研究の弱点を克服し，新たな飛躍をもたらす十分なポテンシャリティを有している。しかしながら，「市場黎明期の模倣が比較的容易な環境の下で，競争優位の企業間差異が形成されるメカニズム」を分析するためのフレームワーク確立という本書の問題関心からすると，非常に大きな問題が残されたままだと言える。

4　ディスカッション：既存の競争戦略論研究の問題点と行為システムのアプローチ導入の必要性

　この節では，序章で述べた本書の2つのリサーチクエスチョンに照らした場合の既存の競争戦略論研究の問題点について論じていきたい。

4.1 静的な戦略論の問題点

既存の静的な戦略論の最大の問題点は，ポジショニング・アプローチにしても資源・能力アプローチにしても，または統合アプローチにしても，市場の構造が企業行動や成果の違いを生む，あるいは企業の資源・能力が企業行動や成果の違いを生むという因果関係が強調される一方で，市場構造や制度的要因に代表される外部の競争環境と企業内部の資源・能力との相互依存関係については，十分に考慮されているとは言い難いという点である (e. g., 軽部, 2001)。

もちろん，統合アプローチは，市場の構造と企業の資源・能力との間の適合関係を論じている。しかしここで扱われているのは，端的には企業の資源・能力の経済的価値を規定するものとしての市場の構造と，特権的な市場の構造を維持可能とするための要因としての企業の資源・能力という，一時点における静的な適合関係を論じるためのロジックに過ぎない。すなわち，ポジショニング・アプローチにしても資源・能力アプローチにしても統合アプローチにしても，静的な戦略論の議論が注目してきたのは，固定的な変数としてとらえられる市場の構造や企業の資源・能力と企業行動や成果の違いとの間の適合（フィット）関係だったのである。

こうした変数間の固定的な適合関係の仮定は，すでに確立された産業においては問題なく成立するものと考えられる。実際に既存産業のほとんどでは市場特性が確定し，市場構造も安定している。あるいは，そうした産業では，ほとんどの企業で当該企業の独自の強みが何であるのか，企業の構成員の間でも，より広く一般的な社会全体でも認識が収斂している。

しかしながら，グローバルに激しい競争が展開され，技術進歩のスピードも著しく速いような現代の主要産業においては，上記変数の安定性はまったく保証されない。また，前章の文献サーベイで明らかにしたように，本書が対象とする新市場立ち上がりの時期（市場黎明期）においては，市場特性や市場構造はきわめて流動的であり，それゆえに企業の強み弱みを判断するための基準も確立しえない。つまり，「変数間の固定的な適合関係の仮定が成り立つ」という条件を外さざるをえない。

すなわち，市場黎明期の企業間競争では，当事者たちのその時点での特定の戦略的意思決定は，非常に高い不確実性の下で，市場の特性や構造，あるいは企業独自の資源や能力がもたらす強みや弱みについて，当事者たちのそれぞれ

が必ずしも一定ではない解釈を行い，その結果として行われている。そしてこうした戦略的意思決定は，互いが互いの行動から学び合うような環境の下で進行する。言い換えると，各戦略的意思決定の当事者たちは，互いの戦略的意思決定とそれがもたらす成果とを注視し，それを受けて自らの行動を変えていく。そのため，あたかも諸変数が（少なくとも短期的には）固定的であるかのようなフィクションに基づいたフレームワークで分析することには問題が多い。

　一方，「変数間の固定的な適合関係の仮定が成り立つ」という条件を外すとなれば，市場構造や制度的要因といった外部の競争環境に関する変数と，資源・能力といった企業内部の要因に関する変数が，時間経過のなかで相互にどのような影響を与え合っていくのかといった点についても問題にせざるをえない。たとえば，ある企業の行為が他の企業や顧客といった（外部環境に属する）行為者の行為に影響し，これら（外部環境に属する）行為者の行為がさらに他の企業や顧客に影響し，それが再び当該企業の行為に影響するといった，時間を通じて展開される行為の相互作用の連鎖プロセスと，そうした連鎖プロセスが企業の外部要因と内部要因に与える影響を考慮に入れていくことが必要となる。しかし，静的モデルに立脚した戦略論の諸アプローチは，この点に関してほとんど何も語っていないのである。

4.2　動的な戦略論の問題点

　以上の問題点については，動的な戦略論によっても，基本的には解消されていない。

　まず，動的能力アプローチについてであるが，このアプローチでは確かにダイナミックな観点が取り入れられてはいるものの，市場環境が何らかの理由で外的に変化した場合に，企業がその新たな市場環境に適合するように，自社の資源や能力を開発したり組み替えたりできるか否かを問題としているだけである。そのため，上で述べたような行為の経時的な相互作用の連鎖プロセスには，まったくと言っていいほど注目していない。

　また，経時的アプローチも同じ状況と言える。このアプローチでは，確かにダイナミックな観点が取り入れられており，企業内部の独自資源・能力の構築プロセスや，企業間での競争優位の差異の形成・拡大・持続・収斂のプロセスが視野に入れられている。その意味で，「市場黎明期の，模倣が比較的容易な

環境の下で，競争優位の企業間差異が形成されるメカニズムを解明する」という，本書の第一のリサーチクエスチョンに相当程度答えるものとなっている。しかし，上で述べたような行為の経時的な相互作用の連鎖プロセスには，まったくと言っていいほど注目していない。

たとえば，代表的研究である Noda & Bower（1996）や Noda & Collis（2001）では，同じ時期に同じような条件で AT&T の分割により誕生した携帯電話会社7社のケースを取り上げ，企業内部で資源・能力構築プロセスに慣性（inertia）が生じ，それが企業間の戦略的模倣を妨げるひとつの大きな要因となったことが論じられているものの，この7社間の（模倣活動以外の）相互作用についてはほとんど触れられていない。すなわち，これらの研究では，携帯電話の市場が立ち上がるに際しての各社のローカルマーケットの性質の違いが初期体験の違いを生み，それがさらにその後の慣性を生み，他社による成功した戦略の模倣を拒む要因として働くという側面に光が当てられるだけで，（各社にとっての）外部要因としての他社は，自らの慣性によって妨げられながらも成功した戦略を模倣する，あたかも不完全な自動装置のような存在でしかない。ここでは，外部要因としての他社同士の相互関係は，まったくと言っていいほど捨象されている。言い換えると，ある企業の行為が（外部環境に属する）他の企業や顧客の行為に影響し，これら（外部環境に属する）他の企業や顧客の行為がさらに他の企業や顧客に影響し，それが再び当該企業の行為に影響するといった，行為の経時的な相互作用の連鎖プロセスが企業内外の要因をダイナミックに変化させていくという側面は，まったくと言っていいほど注目されていないのである。

4.3 既存の戦略論に共通の問題点

さらに，静的な戦略論と動的な戦略論にかかわらず，既存の戦略論のすべてに共通する問題点としては，狭い範囲のプレーヤー（行為者）だけを視野に入れ，なおかつ競争のみに焦点を当てる傾向が強すぎる点が挙げられる。またそれゆえに，既存の戦略論では，明言こそされていないものの，競争の結果として企業間で模倣が進むことは，模倣される企業にとって，独自の競争優位の喪失を意味する「忌むべき出来事（イベント）」としてとらえられていると言える。しかし，競争の直接の当事者以外のプレーヤーも視野に入れれば，企業間で模

倣が進むという事態に対し，異なる意味づけを見出すことも可能である。

詳しくは第3章で述べるが，市場黎明期の，何が「正解」であるのかが未だ判然としない段階の競争においては，戦略を同じくする企業が増えるという事態は，競争を激化させるという側面よりも，むしろ当該戦略の「正しさ」を（潜在的な）顧客やその他のステークホルダー（利害関係者）といったさまざまな行為者にアピールするという側面が強く，それゆえに模倣された企業が必要とされる資源を外部から獲得していく上で有利に働く可能性が高い。すなわち，市場黎明期においては，競争の結果として企業間で模倣が進むという事態は，模倣される企業にとって，自社の戦略の「正しさ」にお墨付きを与えるという意味で，むしろ「祝うべき出来事」としてとらえる方が適当だと考えられるのである。しかし，狭い範囲のプレーヤーだけを視野に入れ，競争の側面のみに焦点を当てる傾向が強い既存の競争戦略論では，こうした模倣のプラスの側面を扱うことは難しい（e. g., 高井，2017a）。

4.4 行為システムのアプローチ導入の必要性

以上をまとめると，既存の競争戦略論の研究では，ダイナミックな視点を取り入れることを志向した研究でさえ，ある企業の行為が他の企業や顧客の行為に影響し，これら他の企業や顧客の行為がさらに他の企業や顧客に影響し，それが再び当該企業の行為に影響するといった，行為の経時的な相互作用の連鎖プロセスを考慮する傾向は弱かった。また，静的な戦略論であるか動的な戦略論であるかを問わず，既存の競争戦略論のすべてにおいて，視野に入れる行為者の範囲が狭く，また行為者間で繰り広げられる相互作用のうち，競争のみに焦点を当てる傾向が強すぎたと言える。その意味で，市場黎明期の企業間競争のような，幅広い多種多様な行為者が複雑に関与し，競争の直接の当事者のなかでも互いが互いの行為から学び合いながら「正解」の戦略を見つけ出していく，言い換えると，ある行為者（企業や顧客）の行為が，当該行為者を含めた全行為者のその後の行為を劇的に変えていく，そうした真にダイナミックに変化する環境下における競争優位確立メカニズムを扱うには，既存の競争戦略論の議論は不十分であると言える。

こうした既存の競争戦略論の問題点を埋めるものとして，本書が依拠するのが「行為システムのアプローチ」である。このアプローチに基づく代表的な研

究である沼上（2000）によれば，理念型としての行為システムのアプローチでは，以下の3つの要素が重要な役割を果たすことになる。その第一は，「意図を持った行為主体」である。これは，個人や組織など，何らかの意図を持ち，あるいは目標を共有し，ある程度一貫した行為を組み立て，遂行することのできる行為主体が環境には存在し，これらの行為主体の行為が環境の形成・維持・変化の主要な原動力となる，ということである。

　第二が，「行為主体間の相互依存関係」である。これは，環境を構成する多様な行為主体が行う行為は，相互に依存し合っているということである。ある行為主体の行為が他の行為主体の行為と相互補完的であったり，競合的であったり，といった主体間の相互依存性が存在するだけでなく，行為主体自身の行為も，前の行為が後の行為に影響を及ぼすとか，ある局面で行っていることと他の局面で行っていることが連関している，という意味で相互依存性が存在する。しかも，対象としてとらえる行為主体は，一般に他のアプローチに比べて範囲が広い。

　第三が，「意図せざる結果」である。これは，上の2つの条件を備えている「行為のシステム」としての環境は，なかなか思い通りにコントロールできない他者の意図が数多く存在するとともに，すべてを理解するにはあまりにも複雑な相互依存関係が存在する複雑なシステムであるがゆえに，自分を含めたすべての行為主体たちが意図しなかった結果，あるいは予期しなかった結果が形成されることが多い，ということである。

　以上を簡潔にまとめると，理念型としての行為システムのアプローチでは，①他者の意図と行為というコントロールの難しい要素と，②その総体を認識することが困難な多様で複雑な相互依存関係が含まれており，この両者のもたらす結果として，③意図せざる結果や予期せざる結果が生み出されると考え，客観的・固定的要素としてとらえられるような環境の存在を否定する。また研究方法論としては，以上の3要素を含んだ，なるべく厚みのある（thick な）記述を行うことが目指されることになる。

　本書が対象とする市場黎明期の企業間競争は，正に上記の①〜③を満たす，非常に複雑な，多様な変数間の関係を含み，変数自体の重要性も時間経過を伴って変化してしまうタイプの，真にダイナミックなプロセスとして展開される。それゆえ，行為システムのアプローチに基づいて分析することが望ましいと考

えられるのである。

　そこで次の第3章では，行為システムのアプローチの議論をベースに，本書のリサーチクエスチョンを分析するにあたっての新たな概念枠組み（フレームワーク）を構築したいと考える。

5　小　　括

　本章では，競争戦略論に関する文献サーベイを行うことを通じて，既存の競争戦略論の議論には本書の2つのリサーチクエスチョンを解明していくにあたって不十分な点があり，行為システムのアプローチの議論をベースにすることでそうした弱点を補完しうるということについて論じた。

　競争戦略論の研究は，1980年代以降，「同一産業内で競争する複数の企業が，なぜ異なる競争力を持ち，なぜ異なる業績をあげ続けているのか」という問題意識の下に研究が進められてきた。しかしながら，ポジショニング・アプローチにおいても，資源・能力アプローチにおいても，あるいは両者の統合アプローチにおいても，そうした企業間の差異が形成された原因やプロセス，メカニズムについてはほとんど何も説明されてこなかった。

　近年になって関心が高まってきた動的な戦略論のなかの経時的アプローチは，こうした企業間の差異が形成されるダイナミックなプロセスに焦点を当てる研究として，本書のリサーチクエスチョンの解決に一歩近づいている。しかしながら，「企業間における行為の経時的な相互作用の連鎖プロセス」を考慮する傾向は弱かった。一般に，「正解」がまったく見えないなかで企業同士が互いの行為を観察し，そこから学び合っているような環境の下では，ある企業の行為が他の企業や顧客の行為に影響し，これら他の企業や顧客の行為がさらに他の企業や顧客に影響し，それが再び当該企業の行為に影響するといった，経時的な相互行為の連鎖プロセスのなかで企業内外の諸変数がダイナミックに変化する。そのため，こうした経時的な相互行為の連鎖プロセスを取り込んでいない経時的アプローチは，本書が対象とする市場黎明期の企業間競争のような，企業内外の諸変数が真にダイナミックに変化する競争環境における戦略を扱うには不十分だったと言える。

　さらには，既存の競争戦略論研究では，狭い範囲のプレーヤーだけを視野に

入れ，競争の側面のみに焦点を当てる傾向が強かったため，模倣のプラスの側面を扱うことも難しかった。

　そこで次章では，行為システムのアプローチの議論をベースに，本書のリサーチクエスチョンを分析するにあたっての新たな概念枠組み（フレームワーク）を構築したいと考える。

注 ————————

1) Noda & Collis（2001）の文中では，同じ現象を指すにあたって，「組織モーメンタム」との用語がもっぱら使用されている。

第3章　本書の分析フレームワーク

1　はじめに

第1章では，イノベーション論に関する文献サーベイを行った。イノベーションによって引き起こされる競争構造のダイナミックな変化に注目する一連の研究を検討し，市場黎明期には競争環境の不確実性がきわめて高いため，一般的な競争戦略論が想定するような競争観に立脚して分析を行うことは困難であることを論じた。つまり，業界の構造的特性も，企業の強みも弱みも所与の条件として考えることはできないため，市場黎明期の企業間競争を明らかにしていくためには，「企業の外部要因も内部要因も，時間経過のなかで相互に影響を与え合いながらダイナミックに変貌していく」との視点を取り入れていくことが必要となることを明らかにした。

第2章では競争戦略論の文献サーベイを行い，既存の競争戦略論の議論では，市場黎明期の何が「正解」であるのかが未だ判然としない段階で，ある企業の行為が他の企業や顧客といった行為者の行為に影響し，これらの行為がさらに他の企業や顧客に影響し，それが再び当該企業の行為に影響するといった，時間を通じて展開される行為の相互作用の連鎖プロセスをうまく扱うことは難しいということを論じた。また，既存の競争戦略論は，狭い範囲の行為者だけを視野に入れ，なおかつ競争のみに焦点を当てる傾向が強すぎるため，企業間での模倣がもたらすプラスの側面を扱うことが難しいということも論じた。そして，①意図を持った多様な行為主体が，②互いに，しかも時間を通じて相互作

用し合い，③その結果として意図せざる結果や予期せざる結果が生み出される，という側面を重視する行為システムのアプローチの議論を援用することで，こうした既存の競争戦略論の問題点をうまく解決することができるのではないかということを論じた。

そこで本章では，行為システムのアプローチの議論をベースに，「模倣が比較的容易な環境の下で，模倣がなかなか行われず，ある特定企業の競争優位が長期にわたって維持されたのはなぜなのか」と「模倣による戦略同質化が起きた際，同一戦略グループ内での競争が激しさを増したにもかかわらず，模倣された先行企業のパフォーマンスが伸び続けたのはなぜなのか」という本書の2つのリサーチクエスチョンを分析するための，新たなフレームワーク（概念枠組み）を提示していきたい。

2 本書のフレームワーク(1)：
競争優位の企業間差異の形成・拡大・持続・収斂プロセス

市場黎明期に生き残りを果たし，有力なプレーヤーへと成長していく企業は，いかにして自らの競争優位を確立していくのであろうか。本節では，この点を分析するための新たなフレームワークを，企業間のポジションや資源・能力の差異，あるいはそれらに起因する競争優位の差異が，いかなるプロセスを経て形成され，拡大・持続し，収斂していくのかを描き出す Noda & Collis (2001) のモデルを援用し，行為システムのアプローチの議論を加えることによって構築していくことにしたい。

2.1 Noda & Collis (2001) のモデル

第2章で述べたように，Noda & Collis (2001) は，本書が経時的アプローチと呼ぶ，企業に持続可能な競争優位をもたらすような独自のポジションや資源・能力が形成されるプロセスを探る一連の研究のなかで，企業内部の要因と外部の要因の双方に目配りした，現在までのところ最も包括的なフレームワークを提示している研究である。

Noda & Collis (2001) のフレームワークの概略については，すでに説明している。しかし，本節で提示するフレームワークも，基本部分は彼らのフレーム

ワークをそのまま踏襲しているので，以下では議論の細部に立ち入って，彼ら
の議論をほぼそのまま引用しつつ，フレームワークの中身を詳細に説明してい
くことにしたい。

　競争優位の企業間差異の形成・拡大・持続・収斂プロセスを理解するために
彼らが提唱するフレームワークは，3つの要素から構成されている。第一の要
素は，各企業の事業における「初期体験 (initial business experiences)」と，そ
の初期体験をもたらす「初期条件 (initial conditions)」である。初期体験が同一
産業内における企業間の競争優位の差異の「起源」となり，いわば，企業間の
競争優位の差異の「種」を播く。初期条件は，こうした起源を形づくる「起源
の起源」にあたる。第二の要素は，主として企業組織内の資源配分プロセスの
なかで生み出されていく「分岐作用力 (divergence forces)」であり，初期体験
によって播かれた企業間の競争優位の初期の小さな差異という種を，増幅し拡
大する役割を果たす。第三の要素は，戦略的模倣によってもたらされる，企業
間の競争優位の差異を縮小する役割を果たす「収斂作用力 (convergence forc-
es)」と，逆に企業間の戦略的模倣を妨げる役割を果たす「持続条件 (sustain-
ability conditions)」である。

　以下では，この各要素について詳しく見た上で，彼らのフレームワークの全
体像を説明することにしたい。

(1)　初期条件と初期体験

　競争優位の企業間差異の形成・拡大・持続・収斂プロセスを理解するために
彼らが提唱するフレームワークの出発点は，各企業の事業における初期体験に
ある。初期体験が，各企業の当該事業に対するその後の戦略行動のあり方を決
定し，企業間の競争優位の差異を生み出す (e.g., Stinchcombe, 1965)。つまり，
ある同一事業において各企業が異なる初期体験を経ることが，企業間の競争優
位の差異の「起源」となるのである。

　先行研究では，こうした企業間の競争優位の差異の起源となる初期体験の違
いをもたらす要因として，企業内外の非常に幅広い要因が挙げられてきた。た
だし，そのなかでも企業内部の要因としては，「運 (luck)」ないし「非対称期
待 (asymmetrical expectation)」によってもたらされる各企業独自の戦略的意思
決定が，企業外部の要因としては，各企業が属する「ローカルマーケットの独
自の特性」が，それぞれ特に重要な要因だとされている。

　前者に関して，競争優位の源泉として企業内部の要因を重視するバーニーは，運ないし非対称期待こそが，経営資源獲得競争における各企業独自の戦略的意思決定をもたらすことになると主張している（Barney, 1986b）。経営資源が取引される「生産要素市場」を考えた場合に，仮にすべての企業が資源の生み出す価値について同じ期待を保有しているとすれば，同市場における企業間の経営資源獲得競争は，その資源の入札価格を余剰レントが消滅する水準まで吊り上げるはずである。したがって，ある時点において，ある企業が他社より優位な資源ポジションを獲得するためには，その企業が当該経営資源の真の価値を知らず偶然に手に入れたのか（つまり運がよかった），あるいは，企業内のトップないし一部のマネージャーが特別な情報を有しているか，個人的な信念や優れた洞察力を有しているなどの理由から，当該経営資源の価値についてライバル企業が持っていない期待を持っていたのか（つまり非対称期待を持っていたのか）の，2つのケースに限られるというのである。

　後者に関して，競争優位の源泉として企業外部の要因を重視するポーターは，国の競争優位の比較研究の結果を国内における企業競争の分析に類推適用して，各ローカルマーケットに特有のいくつかの初期条件が，企業が事業活動をどう構成するか，どのような革新を行うのか，さらにはその後どのように経営資源を蓄積していくのかを決定づけていくと主張している（Porter, 1991）。ポーターは，バーニーらが企業間の競争優位の差異の前提だと考える非対称期待は，トップや一部マネージャーの信念や洞察力から生まれるというよりはむしろ，ローカルマーケットの独自の特性に由来するのだとの立場をとっている。

　このように，運ないし非対称期待によってもたらされる各企業独自の戦略的意思決定，および各企業が事業を営むローカルマーケットの独自の特性の2つ，およびその2つの要因の相互作用は，初期体験の違いを生み出す初期条件として，競争優位の企業間差異の起源の起源としての役割を果たすことになるのである。

(2)　分岐作用力

　初期条件と初期体験の違いにより播かれた競争優位の企業間差異の種を拡大するのが，組織内で生み出される分岐作用力である。これは，より一般的には「組織モーメンタム（organizational momentum）」，あるいは「組織慣性（organizational inertia）」と呼ばれる力のことを意味している。

　俗に「成功は成功を呼ぶ（失敗は失敗につながる）」と言われるように，初期の好ましい事業体験（つまり成功体験）は，当該事業へのその後の傾斜的資源配分・戦略投資をもたらし，企業の当該事業への戦略コミットメントを強化し，戦略ポジションを向上させる。逆に初期の失望的な事業体験は，その後の当該事業への戦略投資を萎縮させ，他の事業機会への経営資源の配分を加速させることになる（e. g., Noda & Bower, 1996）。

　こうした分岐作用力は，主として企業内の資源配分・戦略策定プロセスのなかで生じる経済的（economic），政治的（sociopolitical），認知的（cognitive）な3つのポジティブ・フィードバック，ならびにその相互作用によって生じる（e. g., Levinthal & March, 1993; Noda & Bower, 1996）。

　第一の経済的なポジティブ・フィードバックとは，事業運営における規模の経済，学習効果，ネットワーク外部性など，規模の拡大に応じてリターンが増加する「収穫逓増（increasing returns to scale）現象」（Arthur, 1990）が生じる場合に，事業規模の拡大に伴って加速度的に事業の経済性が向上することを指している。こうした経済上のポジティブ・フィードバックが存在する場合，初期の成功体験を受けていち早く事業展開を図った企業においては，出遅れた企業に比較して，その後の当該事業への追加投資が相対的に有利となり，当該事業に対する傾斜資源配分が行われることとなる。

　第二の政治的なポジティブ・フィードバックは，企業内の資源配分プロセスにおける，トップ経営者とミドル以下のマネージャーとの相互作用のなかで生じる。ある程度の規模の企業においては，全社的な資源配分を決定する権限を持つトップ経営者は，情報不足から各個別事業の経済性について的確な評価を事前に行うことは難しい（的確な評価のために必要とされる技術・市場・顧客についての情報や知識を，すべて詳細に検討する余裕は通常持たない）。そのため，新規事業への資源配分を判断するにあたっては，プロジェクトを提案したマネージャーの過去の行動の記録をもとに判断を行う傾向が強い（e. g., Bower, 1970）。つまり，事前に判断可能な事業担当マネージャーの過去の成績（野球の打者で言うそれまでの「平均打率」）を，事後的にだけしか本当にはわからない新規事業の経済性を推測する上での代替指標として用いる傾向が強いのである。

　しかし，こうした平均打率に依存する資源配分ルールは，成功した事業へのその後の傾斜的資源配分・戦略投資をもたらし，逆に失敗した事業へのその後

の資源配分・戦略投資を萎縮させることになる。というのも，事業における初期の成功体験は，当該事業を担当するマネージャーの平均打率を向上させ，このマネージャーが提案するその後の事業への追加投資がトップ経営者により承認されやすくなるからである。また，成功は当該事業を担当するマネージャーの威信を高めるので，非公式に社内の資源を集める上でも有利に働く。一方，初期の失敗体験は，当該事業を担当するマネージャーの平均打率を低下させ，トップによる当該事業へのその後の追加投資の承認を困難にし，非公式に社内の資源を集める上でも不利に働くので，結果として事業の縮小を生む可能性を高めることになる。

　第三の認知的なフィードバックは，第一線のマネージャーの事業への信念や情熱が，社内の資源配分の繰り返しのなかで，トップ経営者の事業に対する認知上のバイアス，そしてさらには戦略コミットメントへと昇華されていくプロセスのなかで生み出される。初期の戦略行動とその成功は，トップ経営者の当該新規事業に対する肯定的な認知上のバイアスをもたらし，経営者がさらなる成功体験を積み重ねていくと，過去の自らの意思決定と行動に対する自己肯定プロセスを通じて，戦略コミットメントへとエスカレートしていくことになる（e. g., Staw, 1981）。こうした経営者の戦略コミットメントは，その後，企業戦略として明示されることで，事業への戦略投資を一段と加速することになる（e. g., Burgelman, 1983）。

　(3)　収斂作用力と持続条件

　このように，組織内の戦略策定・資源配分プロセスに内在する分岐作用力は，初期条件と初期体験によって形づくられた競争優位の企業間差異を増幅していく。しかし，その一方で，ある企業の成功は他企業の模倣を呼び，企業間の競争優位の差異は時間を追って減少していくことになる。これが，彼らが収斂作用力と呼ぶ力である。

　この収斂作用力の働き自体はきわめて自明なのだが，問題はむしろこうした収斂作用力の働きを「妨げる条件」にある。この妨げる条件は，従来の戦略論の議論においても企業間の競争優位の差異の「持続条件」としてしばしば論じられており，収斂作用力とコインの表裏の関係にある。

　こうした持続条件としては，事業を取り巻く不確実性が最も重要である。新たな産業の形成・発展の初期においては，事業の将来性（潜在成長力およびその

生み出すレントの評価）には不確実性が伴うのが常であるし，不確実であるから
こそ，ある企業の行動は他企業の模倣をすぐにはもたらさない（e. g., Winter,
1988）。

　また，（分岐作用力をもたらす）組織慣性が非常に強い場合には，当該企業に
おいて認知される戦略的オプションが比較的狭い範囲に限定されてしまい，他
企業の行動から学ぶ姿勢を失わせてしまう可能性が高くなる（e. g., Hannan &
Freeman, 1984; Levitt & March, 1988; Levinthal & March, 1993）。こうした局所的
（local）な組織学習へのバイアスは，明白に良好なパフォーマンスをあげてい
る他社の模倣を拒む重要な一因となる。

　この他の持続条件として，経営資源に関わるいくつかの要件を挙げることが
できる。まず第一に，新技術など，競争優位の源泉としての経営資源が特許制
度などで守られている場合，他社による戦略的模倣は困難になる（e. g., Teece,
1986）。また，こうした法制度による保護がなくとも，戦略的模倣に必要な経
営資源が稀少であり，しかもきわめて企業固有の「粘着性のある（sticky な）」
もので，市場を通じて即座に手に入れることができない場合にも，他社による
戦略的模倣は困難になる（e. g., Dierickx & Cool, 1989）。あるいは，経営資源自体
は市場で取引可能であっても，模倣しようとする企業が過去に獲得・蓄積した
他の経営資源が「サンク化（埋没化）」しており（資源の価値を減価させることな
く他用途に再利用することが困難な状態になっており），したがって新たな経営資源
に投資してまで真似することが経済上合理的な選択肢とならない場合にも，や
はり他社による戦略的模倣は生じにくい（e. g., Teece, Pisano & Shuen, 1997）。さ
らには，そもそも競争優位の源泉が何であるのかが当の企業自身にとっても曖
昧で，ましてや他社がそれを真似ることができない場合（「因果関係の曖昧さ」
が存在する場合）にも，やはり他社による戦略的模倣は困難である（e. g.,
Lippman & Rumelt, 1982）。

　(4)　フレームワークの全体像

　図 3-1 は，既存研究によって産業内における企業間の競争優位の差異をもた
らす最も重要な要素として取り上げられてきた「戦略ポジションと戦略コミッ
トメント」を縦軸に，「時間」を横軸にとって，以上の 3 つの要素がどのよう
な方向に働くのか，企業間の競争優位の差異がどのようにして生まれ，拡大・
維持・収斂していくのかを概念的に表したものである。

図3-1　Noda & Collis（2001）のフレームワーク

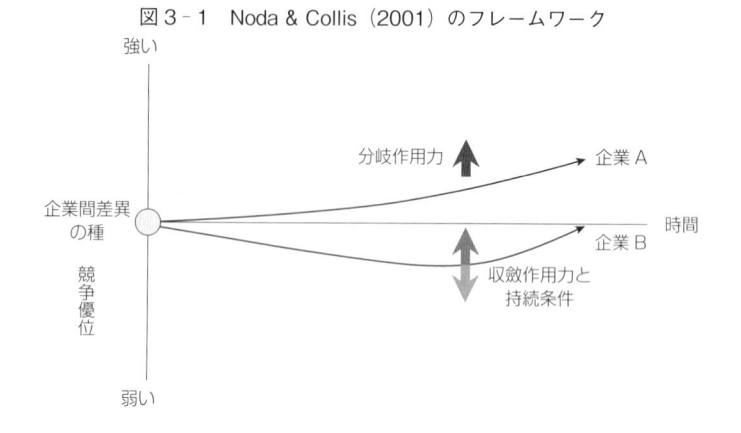

Noda & Collis（2001）は，縦軸を構成する戦略ポジションと戦略コミットメントの2つの概念を明確に定義しているわけではないが，関連する箇所をつなぎ合わせて解釈する限りでは，戦略ポジションとは，同一産業内における各社の競争上の相対的な位置づけ（優位性）を，ポジショニング・アプローチと資源・能力アプローチの両面からとらえた概念のことだと考えられる（主たる該当箇所は，Noda & Collis〔2001〕の p. 899）。すなわち，市場のなかで競争圧力が比較的弱い場所（position）に自らを位置づけ，なおかつ経済的価値があって稀少性があり，取引することも模倣することも困難な資源・能力を兼ね備えた企業は，それだけ戦略ポジションが強く，したがって競争優位もそれだけ大きい，との関係が想定されている。

　一方の戦略コミットメントとは，単純に言えば，企業が当該事業に対してどのような姿勢をとり，戦略の実行にどのくらい力を注いでいたのか，という観点からとらえた概念のことだと考えられる。すなわち，（事後的に見た「正解」の）戦略に強くコミットしている企業は，競争優位もそれだけ大きい，との関係が想定されている。Noda & Collis（2001）においては，分析対象であるベビーベルのセルラー事業が，当該企業の事業ポートフォリオの一部を占めるに過ぎなかったため，その事業への文字通りの「コミットメント（注力の割合）」が戦略コミットメントの内容に含まれており，具体的には「セルラー事業にどれだけ重点を置くのか」ということに関する年次報告書の記述内容を用いて操作化されている。

　ただし，いずれにしても Noda & Collis（2001）では，この２つの変数を厳密には定義をしていない。むしろ，この２つの変数が各時点における企業（事業）のパフォーマンスを規定するとの立場に立脚し，この２つの変数を各時点における企業（事業）の競争優位の代理変数として扱っていると言える。したがって，以下では，戦略ポジションと戦略コミットメントの軸を，（企業の）競争優位と読み替えることにしたい。

　この図3-1が示唆する競争優位の企業間差異の形成・拡大・持続・収斂メカニズムを一言で述べると，まずはじめに競争優位の企業間差異の起源の起源としての初期条件が，起源としての初期体験を規定し，初期体験の結果として生まれたごく小さな競争優位の企業間差異が分岐作用力によって拡大されていく。その後は，企業間差異を縮小させる方向に収斂作用力が働く一方，それを妨げる持続条件も働き，そうしたせめぎ合いのなかで競争優位の企業間差異が維持される，ということになる。

　各企業の戦略の経路，そしてその集合として形成される競争優位の企業間差異の形成・拡大・持続・収斂プロセスは，上の３つの要素がそれぞれどのくらい強く働くかによって決定されることになる。つまり，初期体験と初期条件，分岐作用力，収斂作用力と持続条件の３つの構成要素の強弱と相互作用は，それぞれの業界，技術の進展，ライバル企業のプロフィールによってケースごとに異なるが，正にその結果として，個別ケースごとに異なる競争優位の企業間差異の形成・拡大・持続・収斂プロセスが形づくられることになるのである。

2.2　Noda & Collis（2001）のフレームワークの修正

　以上で説明してきたモデルは，厳密な意味での理論モデルではなく，業界構造を分析する際に一般に用いられる「ファイブ・フォース・モデル」（Porter, 1980）と同様に，個別ケースごとに産業内競争優位の企業間差異の形成・拡大・持続・収斂プロセスを分析するにあたって考慮すべき重要な変数と，そのベクトルの方向性を，思考のための枠組みとして提示したものである。企業間の競争優位の差異のダイナミックな形成過程を扱う経時的アプローチの研究群のなかで，現在までのところ最も包括的なフレームワークを提示しており，その意義は大きいと考えられる。

　とはいえ，本書の第一のリサーチクエスチョンに答える上では，彼らの提示

したフレームワークに，主に3つの点で追加・修正を行う必要があるように思われる。

(1) 解釈の違い

第一の点は，必ずしも彼らのフームワークのなかで欠けている要素とは言えないが，トップ経営者や一部マネージャーの技術や市場ニーズに対する解釈の違いが，企業間に「非対称期待」をもたらし，それが初期体験の違いをもたらす初期条件として働く，という因果関係の明示的な追加である。

Noda & Collis（2001），および Noda & Bower（1996）のケース分析では，明言こそしていないものの，「企業にとっての初期体験は，多くの場合にローカルな環境条件や偶然の事象に規定される」との立場に立っているように思われる。つまり，極端に言えば，初期条件を構成する最重要の2要因のうち，もっぱら企業外部の客観的な諸条件だけを取り上げ，非対称期待という企業内部の要因については，まったくと言っていいほど触れられていないのである。こうした立場に立つ限り，日本のオンライン証券市場のような同質性の高いマーケットを相手にする新規企業同士の競争を分析する上では，客観的に見た場合のローカルマーケットの条件は等しいと考えられるので，初期体験も同じになり，結果として企業間の競争優位の差異は生じないことになってしまい不都合である。

その一方で，第1章の文献サーベイの結果を踏まえると，市場黎明期の企業間の戦略的意思決定の違いを生み出す最も重要な要因は，客観的な企業外部の要件というよりはむしろ，各企業のトップ経営者や一部マネージャーの技術や顧客ニーズに対する主観的な解釈の違いだと考えられる。むろん，技術や顧客ニーズに対する解釈の違いや，あるいはアプローチの仕方の違いは，多くの場合に企業外の諸条件の違いによって生み出されることは確かであろう。しかし，仮に企業外部の客観的な要件がまったく同じ企業であったとしても，その上さらに，仮に客観的な指標で見た場合の企業プロフィール（資本金，従業員数，設立からの年数，特許数で見た技術力など）さえも同じような企業であったとしても，まったく同じ経験を有した同じような人間の集合体として構成されるわけではないので，市場黎明期のようにきわめて不確実性の高い状況のもとでは，技術や顧客ニーズに対する解釈やアプローチの仕方に違いが生じることは，比較的頻繁に生じうる。

　そして，こうした技術や顧客ニーズに対する解釈の違いやアプローチの仕方の違いは，その後の初期体験の違いを生み，企業間の競争優位の差異の種となると同時に，企業が今後向かうベクトルの方向づけと大きさに影響を与えることを通じて，企業間の競争優位の差異を増幅し拡大する分岐作用力としても作用することになると考えられる。

　(2)　行為システムのアプローチの視点と「正当性」の果たす役割

　第二の，そして最も重要な修正点は，フレームワーク内の「他社」を，「意図を持った行為主体」であるととらえ直し，自社と他社，および他社間の相互作用にも着目する，ということである。Noda & Collis (2001) のフレームワークのなかでの「他社」は，完全な外部要因として，自らの慣性によって妨げられながらも成功した戦略を模倣する，あたかも不完全な自動装置のような存在でしかない。しかし，こうした単純化のための仮定は，イノベーションによる新市場立ち上がりの時期においては，往々にして不適切である。

　第1章の文献サーベイの結果を踏まえると，市場黎明期では特に顧客ニーズの不確実性がきわめて高く，技術に対するさまざまな解釈やさまざまな技術的アプローチのうちで何が「正解」なのかまったく見えない状態にあるため，各企業は互いが互いの行為を観察し，そこから学び合っていくことになる。ここでは，他社の行為が連鎖し合って外部環境をダイナミックに変貌させ，それゆえに自社の行為もまた変更するといった，行為の経時的な相互作用の連鎖プロセスが，企業内外の要因をダイナミックに変化させていくという側面に注目した行為システムのアプローチの視点を取り入れることが不可欠になる。

　一方，こうした行為システムのアプローチに立脚する研究の多くが，意図せざる結果をもたらすメカニズムとして重視するのが，「制度的同型化 (institutional isomorphism)」と，それをもたらす源泉としての「正当性」(legitimacy) である。この2つは，本書が提示する2つの新たなフレームワークにおいて最も重要な役割を果たすことになる。

　まず正当性とは，「社会的に構成された規範，価値観，信念，定義のシステムにおいて，ある主体の行為が望ましい，正しい，適切である，という一般的な認識や想定のこと」(Suchman, 1995) を意味する。簡単に言えば，正当性とは「社会的に『正しい』と認識されること」を意味しており，この正当性が高まるほど資源を獲得することが容易になり，組織の生存に有利になると考えら

れる（e. g., DiMaggio & Powell, 1983；佐藤，2010）。

　一方，制度的同型化の議論を最初に行った DiMaggio & Powell（1983）は，個々の組織は制度的な文脈（法的規制，規範，価値観など）のなかに埋め込まれているとする立場から，組織の形態や行動パターンが同質化するメカニズムを論じた。この論文のなかで彼らは，組織の同質化がもたらされる原因として，効率化を目指した組織の合理的行動や，競争圧力ではなく，むしろ正当性の獲得に向けた制度的圧力が重要であると主張した。すなわち，組織は，自らが属する環境において当然であると受け入れられている制度（いわゆる法的規制だけでなく，規範や価値観なども含んだ，広い意味での「制度」のこと）に同調することを通じて，正当性を獲得することができ，ひいては組織の生存に有利になる。こうした制度への同調による，生存を目指した組織の適応行動が，本来的には多様であってしかるべき組織間で同質化をもたらすことになるというのである（安田・高橋，2007）。

　DiMaggio & Powell（1983）は，同質化をもたらす制度的メカニズムとして，次の3つを挙げている。第一は，「強制的同型化（coercive isomorphism）」である。これは，組織が依存している，より上位に位置する他組織やシステムからの非公式な圧力や，法的制裁力などの公式の圧力によってもたらされる同型化メカニズムである。第二は，「模倣的同型化（mimetic isomorphism）」である。これは，不確実性を回避するために，組織が他の組織をモデルとして模倣することによって生じる同型化メカニズムである。第三は，「規範的同型化（normative isomorphism）」である。これは，プロフェッショナル化と結びついた同型化メカニズムであり，専門家集団のなかで基本的なものの見方が共有され，そうした専門家のネットワークが組織を越えて形成されることによって，規範をベースとする同型化がもたらされるというものである。

　この3つのなかで，本節が重視するのが，2番目の模倣的同型化のメカニズムである。DiMaggio & Powell（1983）は，この模倣的同型化のメカニズムから導かれる命題として，「不確実性が高いほど，組織は成功している他の組織を模倣する傾向が強くなる」との仮説を提示している。ただし，本書が対象とするようなイノベーションによって，新市場が立ち上がったばかりの技術や顧客ニーズについての不確実性がきわめて高い状況のもとでは，どの組織が「成功」して，どの組織が「失敗」しているのかさえ，後になってみないと判然と

しない場合がありうる。そうなると，事後的に正しいかどうかはともかくとして，何らかの理由で，その時点の社会において「当然である」と受け入れられるに至った信念や価値観に照らして「成功」していると判断される企業を模倣することが，正当性を獲得するための手段となる可能性がある。

この場合，ある時点の社会において「当然である」と受け入れられるに至った信念や価値観が，もし仮に事後的に見れば「誤った」ものであるならば，一時的にせよ，事後的に見れば「誤った」方向へと模倣的同型化が進むことになる。つまり，共同幻想としての「支配的通念」(dominant perception) の形成が，事後的に見れば「誤った」方向へと模倣的同型化のプロセスを推し進めてしまい，合理的たらんと欲する行為者たちが事前に意図しなかったような結果をもたらしうるというのが，ディマジオとパウエルの議論を受けて本書が提示する第一の仮説である。

この支配的通念の形成を通じた，事後的に「誤った」方向への模倣的同型化プロセスは，詳しくは以下のように進行すると考えられる。

そもそも企業のなかでは，数多くの戦略的代替案が，限られた資源の配分を巡って互いに競争し合っている (e. g., Bower, 1970; Burgelman, 1991)。そのため，ある戦略案に沿って資源を投入するためには，社内で他の戦略案ではなく，当該戦略案を選択することが望ましいのだという正当性を認められることが必要不可欠となる (e. g., Hannan & Freeman, 1984；加護野，1988)。こうした正当性を得るための規準にはさまざまなものがありうるが，市場の黎明期のように，きわめて不確実性が高く，どのような評価基準で技術やサービスを採用すべきかが明らかとなっていない状況の下では，どの企業も確信が持てない手探り状態にあるがゆえに，法律や上位組織，好調に経営を行っているように見える他社，あるいは学者や専門家の意見といったものに同調することによって，社内に対して少なくとも手続き的に合理的な行動をとったと主張し，正当性を得るという事態が生じやすい。これが，DiMaggio & Powell (1983) が制度的同型化と呼んだプロセスである。

こうした制度的同型化のプロセスは，Levitt & March (1988) が「学習のエコロジー (ecologies of learning)」と称したような，互いが互いの行動を模倣し合う環境の下で進行する。そのため，ある戦略が何らかの理由で有力企業や複数の企業で採用されると，仮にそれが事後的に見て合理的なものではなかった

としても，「有力企業が採用した戦略だから」「多くの企業が採用した戦略だから」という理由だけで，模倣的同型化プロセスによって広く普及し，やがては支配的通念へと転化していく可能性がある。そうなると個々の企業では，そうした支配的通念に反する戦略案は内部で正当性を獲得することがますます難しくなり，ひいては独自の戦略の実行が阻害されることになる (e. g., 福島，1999)。

　さらに，模倣的同型化プロセスによってひとたび支配的通念に沿った戦略が採用されてしまうと，今度は，企業内部のさまざまな要因が戦略の変更を阻むこととなる。組織学習には，旧来の確実なルーティンの利用を重視する「活用 (exploitation)」と，可能性を秘めた新しいルーティンの探索を重視する「探索 (exploration)」との2つがあるが，通常の場合であれば前者の方が高いパフォーマンスをもたらすため，活用の方が優先される傾向にある (March, 1991)。一方，市場黎明期のように外部環境の変化が激しい時期には，本来ならば組織学習のモードを活用ではなく探索に設定し，絶えず新たな望ましいルーティンを探していくことを優先するべきである。しかし，いったん定着したルーティンがさまざまな企業内の慣習と結びつき，「ドミナント・ロジック」(Prahalad & Bettis, 1986)，「企業パラダイム」(加護野，1988)，「戦略スキーマ」(沼上・淺羽・新宅・網倉，1992) といった，「企業行動の基盤となるものの考え方」として確立されていると，外部環境の変化にかかわらず，企業内の人々はそうした慣れ親しんでいる旧来からのルーティンを使い続けてしまい，活用が探索を駆逐する傾向が強くなってしまう (e. g., Nelson & Winter, 1982; Levitt & March, 1988)。また，そうした旧来からのルーティンが企業の競争力の源泉とみなされていたり，経営者や管理者たちの政治的な権力とつながっている場合には，なおさら変化への抵抗は大きくなり，環境への適応が困難となる (e. g., Leonard-Barton, 1992)。

　このようにして，ある時点の社会において「当然である」と受け入れられるに至った信念や価値観が，もし仮に事後的に見れば「誤った」ものであるならば，ある程度の期間にわたって，事後的に見れば「誤った」方向へと模倣的同型化が進み続けることになる。実際，いくつかの実証研究は，コングロマリット経営の採用，事業部制の採用，大病院におけるマトリックス組織の採用，買収を行う企業による投資銀行の選択などで，そうした慣行に経済合理性がある

かどうかではなく，他の多くの企業によってすでに採用されているかどうか，あるいは業界の大企業によってすでに採用されているかどうかを基準に，そうした慣行の採用が広がっていったことを明らかにしている（e.g., Davis, Diekmann, & Tinsley, 1994; Fligstein, 1990; Burns & Wholey, 1993; Amburgey & Miner, 1992; Haunschild, 1993; Miner & Haunschild, 1995）。

　同様に，もし仮に事後的に見た「正解」が（出現当時の）強固な支配的通念に照らして「正当的ではない」と判断されるようなものであった場合には，それが明らかに優れたパフォーマンスをもたらすものであったとしても，他社による模倣は容易には進まないことになる。「プレーヤー A がプレーヤー B の戦略を模倣する」という現象が起きるためには，そもそも「プレーヤー A がプレーヤー B の戦略を模倣したいと思う」ことが必要となる（e.g., MacMillan, McCaffery, & Wijk, 1985）のだが，この点で支配的通念とは整合的でない戦略は「模倣したい」と思われないので，そうでない戦略よりも採用のペースが遅れると考えられるからである。実際，Jonsson & Regnér（2009）は，スウェーデンのミューチュアルファンド産業における金融商品の模倣パターンを対象とした実証研究を行い，業界の規範を破るような新商品の模倣は大きく遅れ，競争の中断状態が生じたことを示している[1]。

　つまり，共同幻想としての支配的通念の形成は，事後的に見れば誤った方向へと模倣的同型化のプロセスを推し進めてしまい，「不正解」への逸脱が相当程度の期間にわたって持続するという，合理的たらんと欲する行為者たちが事前に意図しなかったような結果をもたらしうるのである。

　(3)　企業間での競争優位の差異の収斂が持つ意義

　第三の修正点は，競争優位の企業間差異の収斂の意義づけに関するものである。Noda & Collis（2001）では，他の既存競争戦略論の研究と同様に明言こそされていないものの，模倣の進行と競争優位の企業間差異の収斂は，焦点となる企業独自の競争優位の喪失を意味する「忌むべき出来事（イベント）」としてとらえられている。しかし，正当性の獲得という観点からすると，黎明期の新市場における有力企業間での模倣の進行と競争優位の差異の収斂は，当該有力企業グループの戦略の「正しさ」が証明されたということを意味しており，むしろ「祝うべき出来事」としてとらえる方が適当である。

　次の節で詳しく論じるように，市場黎明期の企業が初期段階から順調に成長

できることは稀である。特に新規企業はほとんどの場合，当初は社会的認知も信用も低く，そのため資金も設備も人材も，必要とされる諸資源のすべてが不足することになる。しかし，ある企業の戦略への他企業の模倣が進むにつれて，当該企業の戦略は次第にさまざまな行為者から「正しい」と目されるようになり，正当性を獲得していくことになる。その結果として当該企業は，社会的な認知度や信用が高まり，たとえば顧客の支持や金融機関からの資金調達，労働市場からの優秀な人材の確保など，さまざまなステークホルダーからの諸資源の獲得が容易になるので，ひいては成長もますます加速する可能性が高くなる。その結果として，戦略の模倣が進むにつれて，模倣された企業と模倣した企業の間の競争優位の差異の幅は縮小していくものの，その他の模倣しない企業との間では競争優位の差異の幅は拡大し，したがって模倣された企業と模倣した企業の競争優位のレベルは，むしろ一時的に急激に上昇していくことになると考えられるのである。

(4) 修正された，競争優位の企業間差異の形成・拡大・持続・収斂プロセス

以上のように，Noda & Collis (2001) のフレームワークに，初期体験の違いをもたらす要因としての「技術や顧客ニーズに対する解釈の違い」と，「持続条件」の強さを規定する要因としての「支配的通念の形成」の2つを取り入れ，模倣の進行と競争優位の企業間差異の収斂の結果として有力企業たちの競争優位のレベルはむしろ一時的に急上昇するという要因を取り込むことで，競争優位の企業間差異の形成・拡大・持続・収斂プロセスは，より包括的に記述できるようになると考えられる（図3-2)[2]。

この修正されたフレームワークでは，各企業の戦略の経路，そしてその集合として形成される競争優位の企業間差異の持続性は，各要素がそれぞれどのくらい強く働くかによって決定される。

この際，もし仮に，たとえば「事後的に見た正解」と同一の支配的通念が形成されることによって収斂作用力がきわめて強くなれば，特定企業独自の競争優位は通常よりはるかに短い間で消滅し，代わりに早い段階から追随した複数企業を含めた戦略グループ全体での競争優位が早期に確立する可能性が高くなると考えられる。一方，その逆に，たとえば技術や顧客ニーズに対する解釈の違いが初期体験の大きな違いを生み出したり，あるいは「事後的に見た正解」とは異なる支配的通念が形成されることによって持続条件がきわめて強くなれ

図3-2　本書のフレームワーク：競争優位の企業間差異の形成・拡大・維持・収斂メカニズム

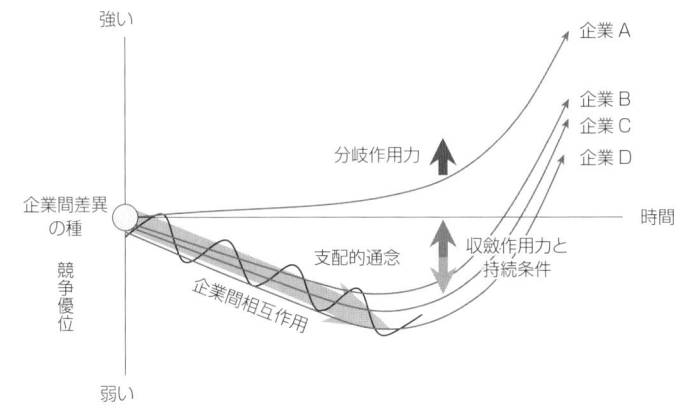

ば，特定企業独自の競争優位が通常よりはるかに長い間にわたって持続される可能性が高くなると考えられる。ちなみに本書では，黎明期の日本のオンライン証券市場の競争において，後者のプロセスが生じたと考えている。

　また，模倣の進行に伴って競争優位の企業間差異が収斂していくにつれて，戦略を同じくする有力企業間の競争は激しさを増していく一方，それ以外の企業に対する優位性はむしろ高まり，戦略を模倣された企業および戦略を模倣した企業は，一時的にそれまで以上の急成長を遂げていくことになると考えられる。ちなみに本書では，黎明期の日本のオンライン証券市場の競争において，このプロセスも生じたと考えている。

3　本書のフレームワーク(2)：四段階の進化プロセス

　第2節で説明した本書の第一のフレームワークで大きな役割を果たした「正当性の獲得を巡る行為システムのアプローチの視点」は，本節で説明する第二のフレームワークでも大きな役割を果たすことになる。以下で，詳しく説明していくことにしたい。

3.1　Aldrich（1999）の進化論アプローチ
　第二のフレームワークは，基本的な視点（パースペクティブ）として，Al-

drich（1999）の進化論アプローチを基礎に置く。Aldrich（1999）の進化論アプローチでは，イノベーションによる新しい市場や産業の形成・発展プロセスを，変異（variation）→淘汰（selection）→保持（retention）のプロセスとして記述する[3]。すなわち，企業が新規創業し，その周辺に類似した企業が群生しながら成長し，組織個体群や（複数の組織個体群から構成される）組織コミュニティへ，やがてひとつの産業へと発展していく過程を，①これまでとは異なる革新的な取り組みを行うイノベーター組織（innovator organization）が出現する（変異），②しかし，そうしたイノベーター組織は，その革新性ゆえに必要とされる各種資源を動員することは難しく，その大半が死滅する（淘汰），③ごくわずかに生き残りを果たしたイノベーター組織と，その取り組みを模倣する再生産者組織とが，新たな組織個体群を形成し発展する（保持），という進化論の三段階のプロセスで描き出している。また，特に淘汰と保持の段階において，④稀少な資源の確保を巡り，イノベーター組織同士，イノベーター組織と再生産者組織，再生産者組織同士，既存の組織個体群と新たな組織個体群といったさまざまなレベルで，生き残りをかけた厳しい生存競争が繰り広げられることになる（闘争）としている。

　こうした進化論アプローチを用いて議論を展開することのメリットとしては，ある特定の分析対象の集合が形成され発展してきたプロセスを，シンプルでわかりやすい論理に収斂させて説明できることが挙げられる（黒澤，2008）。進化論アプローチは，きわめて汎用性が高く，個人，作業集団，部門，組織，組織個体群，組織コミュニティのように，幅広いさまざまな異なる分析対象を扱うことが可能である（Aldrich, 1999）。また，進化モデルは，現在時点での結果を見て，その形成過程を決定論的に（あるいは目的合理的に）説明するやり方をとらない（藤本，1997）。つまり，決定論的な説明を避け，むしろ進化過程での不確定性や，個別の歴史的文脈や経路依存性を重視する。そのため，競争戦略論の経時的アプローチや，行為システムのアプローチとも相性がよい。

　一方，進化論アプローチは，なぜ変異が生じたのかという「発生の論理」と，何が淘汰されるものと保持されるものを分けたのかという「存続の論理」については，特定の論理を有しているわけではないので，他のアプローチで用いられている概念と結びつけて答えることになる（藤本，1997；黒澤，2008）。これは欠点である一方，他の複数のアプローチと融合することが比較的容易である

という意味できわめて柔軟であり，長所だととらえることも可能である。

　このような特徴に鑑みて，本書では，全体としての枠組みとして進化論アプローチを採用する一方で，発生の論理と存続の論理については，経時的アプローチの Noda & Collis（2001）のモデルをベースに，行為システムのアプローチや稀少資源の確保を巡る正当性の確立の議論を組み入れることによって，市場黎明期の企業間競争の全体像を描き出すことにした（第一のフレームワークとして，第2節のなかで説明済み）。

3.2　本書の進化論モデル

　第二のフレームワークでは，分析のレベルを，個別の企業と戦略をほぼ同じくする企業によって形成される組織個体群に置く。また本書では，この後者の，戦略をほぼ同じくする企業によって形成される組織個体群のことを，供給サイド（企業側）に着目する際には「戦略グループ」，需要サイド（市場側）に着目する際には「ニッチ（市場）」と，それぞれ呼ぶことにする。

　第二のフレームワークが想定する進化論モデルは，一般的な進化論のモデルと同様に，基本的には「変異」→「淘汰」→「保持」の3つのステップから構成される。第一段階の「変異」とは，不確実性が高い環境で市場が立ち上がり，企業が手探りでさまざまな新しい製品やサービスを提案していくなかで，複数の戦略グループが誕生しはじめる段階である。第二段階の「淘汰」とは，誕生した大多数の戦略グループおよびその構成企業が死滅していく一方，ある特定の戦略グループおよびその構成企業が次第に顧客の支持を集めながら生き残っていく段階である。第三段階の「保持」とは，生き残った戦略グループのなかでも，特に成長が著しい戦略グループに，模倣する企業が相次いで参入し，個別企業の成長と模倣企業の参入とが相まって，その戦略グループは拡大を続け，やがて新市場の支配的な存在となっていく段階である。最終的には，当該戦略グループ内での競争に勝ち残った少数の企業によって，市場は寡占化することになる。

　以上の三段階のうち，淘汰と保持の段階では，必要とされる資源を確保し，淘汰圧力を回避し，生き延びていくことが至上命題となる。これが，「闘争段階」である。この段階でカギとなるのが正当性の獲得である。

　また，淘汰と保持の段階，すなわち闘争段階をさらに細かく見ていくと，淘

汰圧力に抗して戦略グループおよびその構成企業がどうにか生き残っていく段階（生き残るのがやっとの段階）と，当該戦略グループおよびその構成企業が成長し，市場の有力な存在としての地位を確立していく段階とに分けることが可能である。このように本節では，「四段階の進化プロセス」を考えていくことにしたい。

　以下では，それぞれのステップについて詳しく説明していくことにする。

　(1)　変　　　異

　第1章で述べたように，黎明期の新市場に参入する企業は，非常に不確実性の高い状況に直面することになる。まず顧客側は，新しい製品やサービスに関してほとんど知識を持っていないため，その製品やサービスを，どのような場面でどのように使用すればよいのか，それを用いることでどのようなベネフィットが得られるのか，という根本的な部分についてさえ理解していない（沼上・淺羽・新宅・網倉，1992）。一方，企業側も，その製品がどのような機能を備えているべきなのか，その機能をどのような要素技術によって実現していけばよいかといった，技術選択の根幹に関わる部分についてよくわかっていない。そのため企業側からは，どのような顧客層に対して（Who），何の価値を（What），どのような技術でもって提供するのか（How）という，製品コンセプトそのものの変更を伴うような，多種多様な技術的アプローチに基づいたラディカルなイノベーションが数多く提起されることになる。

　そして多くの場合，こうした競合する複数の選択肢が，顧客の購買行動によって評価・選択されていくプロセスを経るなかから，次第にいくつかの戦略グループ，およびニッチ市場が形成されていくことになる。

　(2)　淘　　　汰

　誕生した戦略グループの間，および各戦略グループ内の構成企業の間では，稀少な資源の獲得を巡って生存競争が繰り広げられていく。このプロセスでは，誕生した戦略グループおよびその構成企業の大多数が，十分な資源を獲得することができずに死滅していく（松嶋・水越，2008）。

　実際，ある戦略グループおよびその構成企業が，初期段階から順調に成長できることは稀である。多くの場合，当初は社会的認知も信用も低く，そのため資金や人材など必要とされる諸資源の獲得に苦労することになる。そのため，戦略グループおよびその構成企業は，正当性の獲得を通じて必要とされる諸資

源の確保を図っていくことになる。

　具体的には，市場に導入した製品やサービスが顧客に支持されることで，正当性が確立され，十分な売上が確保できるのが最善の途である。しかし，その段階まで未だ至らない場合には，自らの戦略の「正しさ」や，自らの有する資源・能力の優位性（たとえば経営チームの経歴）などをアピールして，何とか正当性を確立し，必要とされる諸資源を確保しようと努める。その際には，自らの戦略の「正しさ」の根拠として，先行事例や他国の事例，有名な経営者や学者，評論家などの「お墨付き」などを示すことが多い。あるいは，公的な研究機関（たとえば科学技術振興機構や産業技術総合研究所など）や大学などとの共同研究の実績，国や地方自治体などからの補助金の獲得，何らかの賞の受賞（たとえば中小企業庁の「ビジネスプランコンテスト」で「経済産業大臣賞」を受賞するなど），有力な支援者（スポンサー）や提携先を見つけ出したりすることを通じて，何とか正当性を確立し，必要とされる諸資源を確保しようと努めることも多い。

　このようにして，一部の企業および戦略グループは，正当性を確立し，顧客やその他のステークホルダーの支持を集め，資源を確保することによって，生存競争を生き延びることに成功する。

(3)　戦略グループ内の競争と戦略グループ間の競争

　こうした淘汰過程が進むなかで，次第にある特定の戦略グループおよびその構成企業が，顧客の支持を集めながら成長していく。また，それとともに，その戦略グループには，他企業の模倣によって参入が増加していく。

　このように他企業の模倣によって多数の企業が参入した戦略グループでは，競争の激化によって先行企業の取り分が他の競合企業に奪われてしまう割合が増えていく。しかし他方で，企業数の増加によって当該戦略グループの社会的認知・信用が高まり，戦略グループ全体としての成長はむしろ加速していく。

　こうした相反する2つの力学は，「組織生態学」(organizational ecology) の「密度依存理論」(density dependence theory) の考え方を援用することによって説明することができる。密度依存理論では，他企業による模倣には2つの効果があると主張する (e. g., Carroll & Hannan, 1989)。ひとつは「競争効果」(competition effect) であり，競合が増えることによって競争が増し，資源獲得や生き残りが難しくなるというマイナスの効果である。もうひとつは「正当性効果」(legitimation effect) であり，競合が増えることによって，当該戦略グループが

図3-3 模倣から受ける影響の二面性とトータルの効果

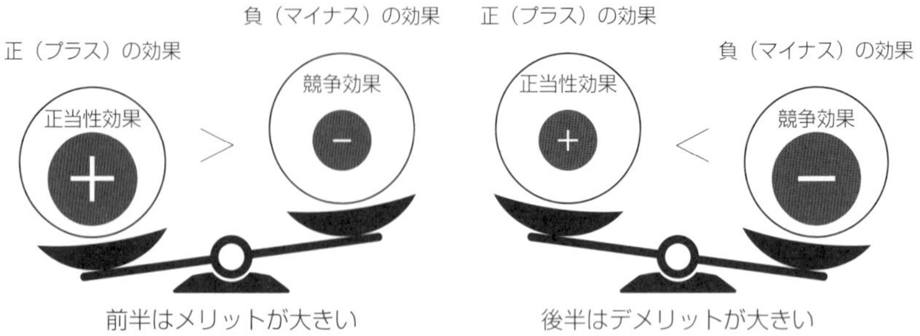

負（マイナス）の効果　　正（プラス）の効果

正（プラス）の効果　　　　　　　　　　　　　　　　　　負（マイナス）の効果

前半はメリットが大きい　　　　　　　　　後半はデメリットが大きい

正当性を獲得し，社会的認知や信用が増していくことを通じて，資源獲得や生き残りが容易になるというプラスの効果である。この2つの効果の大小関係は市場のライフサイクルを通じて変化するが，先行企業が他企業の模倣から受ける影響は，市場の確立前後を境にして，前半は競争効果＜正当性効果，後半は競争効果＞正当性効果と，大きく2つの局面に分けることができると考えられる（図3-3）。

　こうした上記2つの効果のうち，プラス面の効果については普段言及されることは少ないが，黎明期の新市場ではきわめて重要な役割を果たすことになる。すでに述べたように，ある戦略グループが，形成された初期段階から順調に成長できることは稀である。多くの場合，当初は社会的認知も信用も低く，そのため資金や人材など必要とされる諸資源の獲得に苦労することになる。しかし，模倣を通じた参入によって企業数が増えてくると，当該戦略グループは次第に社会的認知も信用も高くなってくる。たとえば，模倣によって参入する企業数が増え，複数の商品やサービスのなかから購買するものを比較・検討・選択できるようになると，顧客は納得して購入の意思決定を行うことができるようになる（e. g., Moore, 1991）。また，ニッチ市場や戦略グループ内での競争が激しさを増せば，各社は商品やサービスの魅力や知名度を高めるためにより一層努力を重ねるので，露出が増える効果と合わせて，他のニッチ市場や，あるいは既存の市場からの需要シフトが増える可能性も高い（e. g., 淺羽，2002）。さらには，そうした結果として，当該戦略グループや彼らが属するニッチ市場に新たなラベルが付与され，各種メディアで言及される頻度が増えることも多い（e. g., Navis & Glynn, 2010）。このようにして，次第に企業数が増えてくるにつれ

て，当該戦略グループは社会的な認知度や信用が高まり，たとえば顧客の支持
や，金融機関からの資金調達，労働市場からの優秀な人材の確保など，さまざ
まなステークホルダーからの諸資源の獲得が容易になり，ひいては成長が加速
する可能性が高くなるのである。

(4) 保　　持

当該戦略グループがさらに拡大を続けると，やがて新市場の支配的な存在と
なっていく。またこの過程で，その戦略グループが提供している製品やサービ
スが，ドミナント・デザインとして確立していくことになる。

このドミナント・デザインの確立をもって，新市場の黎明期は終了する。第
1章の文献サーベイで明らかにしたように，ドミナント・デザインの確立とと
もに，製品の中核的なコンセプトや，それを実現するための主要な技術の選択
に関わる不確実性は，一気に解消される。解釈の柔軟性は失われ，製品や技術
を評価するための明確な次元が形成されて，その後はこれらの次元に沿った形
で製品や技術が進化していくことになる。プロダクト・イノベーションは次第
に差別化を目指した小幅なものだけになる一方，顧客の関心がコストへと移行
していく結果，プロセス・イノベーションの頻度は高まる。競争の焦点は，い
かに効率的に，大量かつ安価に生産し顧客に届けるのかに向けられることとな
り，各種設備に多大な投資が求められるようになるため，投資リスクを恐れて
新規参入企業の数が急速に減少する。また，規模の経済や経験曲線効果が強く
作用するようになるので，大規模なオペレーションが可能な比較的規模の大き
な企業が優勢になる一方，比較的規模が劣る企業は次々に市場から振るい落と
されていく。この結果，競争に勝ち残った少数の企業が寡占市場の主要プレー
ヤーとなる。

以上を簡潔にまとめると，新市場における有力な戦略グループと，その構成
企業の成長プロセスは，次のような4つの段階を経るものと予想される。まず
はじめに，次第にいくつかの戦略グループ，およびニッチ市場が形成されてい
くことになる（第一段階）。大多数の戦略グループが淘汰されていくなかで，あ
る特定の戦略グループおよびその先行企業が次第に顧客の支持を集めながら成
長していく（第二段階）。

当該戦略グループおよびその先行企業が成長していくのに伴い，他企業の模
倣を通じた参入も増加していく。これによって当該戦略グループ内の企業数が

図3-4 新市場における四段階の進化プロセスと模倣の効果

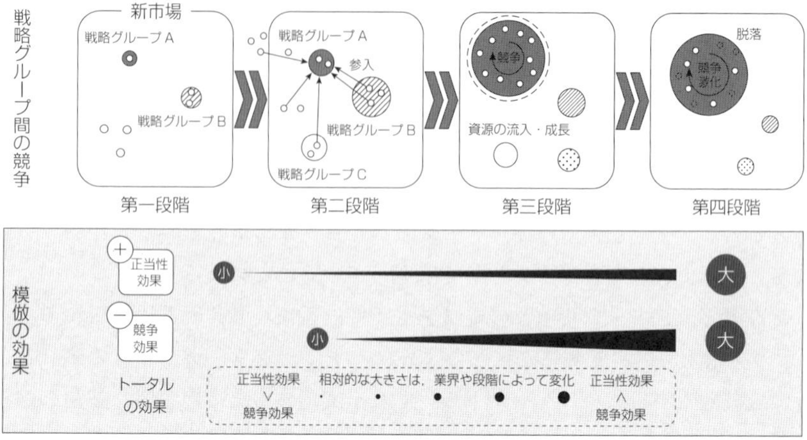

増え，一方では，競争の激化によって先行企業の取り分が他の競合企業に奪われてしまう割合が増えていく。しかし他方で，企業数の増加によって当該戦略グループの社会的認知・信用が高まり，パイの総量が増大する。黎明期の新市場では，こうしたプラス効果の方がマイナス効果よりも大きいので，結局のところ，先行企業の最終的な取り分も増えていくと予想される（第三段階）。

　しかし，当該戦略グループが拡大を続け，やがて新市場の支配的な存在となっていくのに伴って，今度は企業数の増加によるプラス効果よりもマイナス効果の方が大きくなる。こうなると，当該戦略グループからの企業退出が増加するようになる。そして，こうした厳しい淘汰の時代を生き延びることができれば，その時点での当該戦略グループの構成メンバーは，最終的に寡占化された市場のなかでの主要プレーヤーとなる（第四段階）。

　以上の四段階の進化プロセスのイメージを図示したものが，図3-4である。

　なお，第一のフレームワークで記述される「競争優位の企業間差異の形成・拡大・持続・収斂プロセス」は，上記第二のフレームワークの主に第二段階で展開され，この進化論的プロセスのなかでの発生の論理と存続の論理として機能することになる。

4　フレームワークと本書のリサーチクエスチョン

　本節では，第2節と第3節で提示した本書の2つのフレームワーク，すなわち「競争優位の企業間差異の形成・拡大・持続・収斂プロセス」と「黎明期の市場における四段階の進化プロセス」に，オンライン証券業界で実際に起きた状況を当てはめながら，本書のリサーチクエスチョンを整理していくことにしたい。

4.1　リサーチクエスチョン(1)とフレームワークの(1)

　本書が対象とするオンライン証券業界は，模倣が比較的容易な業界である。そのためある特定企業の戦略が顧客の支持を得ているということが明らかとなった段階で，他企業は競争優位の向上を求めて戦略の模倣を急ぐと予想される。しかしオンライン証券業界では，数年にわたって模倣は起きず，1社だけが勝ち組として利益をあげ続けた。

　ここで，リサーチクエスチョン(1)，「模倣が比較的容易な環境の下で，模倣がなかなか行われず，ある特定企業の競争優位が長期にわたって維持されたのはなぜなのか」という疑問が生じることになる。

　本書が想定するこの問いへの解答は，共同幻想としての支配的通念の形成が，事後的に見れば誤った方向へと模倣的同型化のプロセスを推し進めてしまい，「不正解」への逸脱が相当程度の期間にわたって持続するという結果をもたらした，ということになる。本書では，このロジックを，第一のフレームワークである競争優位の企業間差異の形成・維持・収斂メカニズムにしたがって論じ，その確からしさを主に第8章で検証していく予定である。

4.2　リサーチクエスチョン(2)とフレームワークの(2)

　数年後，ようやく勝ち組企業の戦略を模倣し，戦略グループ A へと参入する企業が相次ぎ，同じ戦略グループ A 内での競争は激しさを増した。先行企業の戦略は，新規参入企業によって模倣され，しかも安い手数料で顧客に提供されるようになった。このように，一見すると先行企業の業績にマイナスの影響が及びそうな状況のなかで，実際には先行企業の業績は向上し続けた。また，

模倣した新規参入企業の業績も改善していった。つまり，戦略グループ A の全体としての業績は向上し続けたのである。

　ここで，リサーチクエスチョン(2)，「模倣による戦略同質化が起きた際，同一戦略グループ内での競争が激しさを増したにもかかわらず，模倣された先行企業のパフォーマンスが伸び続けたのはなぜなのか」という疑問が生じることになる。

　本書が想定するこの問いへの解答は，模倣を通じた参入が増加していくことによって，戦略グループ A 内の企業数が増え，確かに競争が厳しさを増して先行企業の取り分が他の競合企業に奪われてしまう割合は増えていった。しかし他方で，企業数の増加によって戦略グループ A の社会的認知・信用は高まり，パイの総量は増大した。黎明期の新市場では，こうしたプラス効果の方がマイナス効果よりも大きかったので，結局のところ，模倣した追随企業の最終的な取り分も，先行企業の最終的な取り分も両方とも増えていくことになった，というものである。本書では，このロジックを，第二のフレームワークである新市場における四段階の進化プロセスにしたがって論じ，その確からしさを主に第 9 章で検証していく予定である。

　以上の関係を見取り図として示したものが，図 3-5 となる。

5　小　　括

　本章では，本書の 2 つのリサーチクエスチョン，すなわち「模倣が比較的容易な環境の下で，模倣がなかなか行われず，ある特定企業独自の競争優位が長期にわたって維持されたのはなぜなのか」と「やがて模倣による戦略同質化が起きた際，激しい競争が起きたにもかかわらず，模倣された先行企業，および模倣した追随企業の両方のパフォーマンスが伸び続けたのはなぜなのか」という問題を分析するためのフレームワークを提示していった。

　まず，Noda & Collis (2001) のモデルに行為システムのアプローチの視点を取り入れることで，競争優位の企業間差異の形成・拡大・持続・収斂プロセスをより包括的に記述できるような新たなフレームワークを提示した。ここでは，もし仮に技術や顧客ニーズに対する解釈の違いが初期条件や初期体験の大きな違いを生み出したり，あるいは支配的通念が形成されることによって持続条件

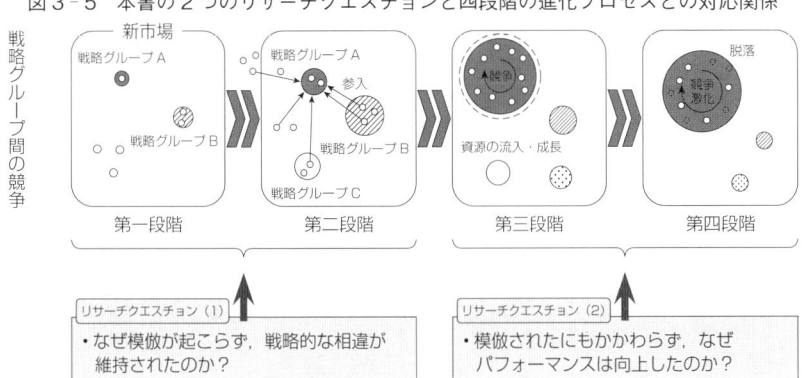

図 3-5　本書の２つのリサーチクエスチョンと四段階の進化プロセスとの対応関係

がきわめて強くなれば，競争優位の企業間差異が通常より大きくなり，はるか
に長い間にわたって持続される可能性が高くなることを論じた。

　続いて，「新市場における四段階の進化プロセス」の新たなフレームワーク
を提示し，市場黎明期における戦略グループの誕生と，その後に起きる模倣の
影響について検討した。ここでは，模倣の影響には２つの側面，すなわちマイ
ナスの効果とプラスの効果があること，そして進化のプロセスを経るごとに，
それらの差し引きであるトータルの効果が変化していくことを論じた。

　以上を踏まえて，次の第Ⅱ部の各章では，日本の黎明期のオンライン証券市
場を対象とした実証分析を行っていくことにしたい。

注 ———————

　1)　彼らによれば，スウェーデンのミューチュアルファンド産業では，ある企業が導
　　　入した評判のよい新しい金融商品は，すぐに他社によって模倣されるのが通例であっ
　　　たにもかかわらず，たとえば「専門家によるアクティブな資産運用が長期的に付加価
　　　値を生む」という（当時の業界の）強固な通念と思想的に相容れないパッシブ運用の
　　　商品であった「インデックスファンド」の模倣は，アメリカ企業によって導入されて
　　　から他社による模倣が進むまでに，無視できないほど長い時間がかかったと論じられ
　　　ている。

　2)　なお，この図 3-2 は，初期時点における戦略ポジションが同一であったと仮定し
　　　た場合の図である。具体的なケースを分析していく上で，仮に戦略ポジションが異な

っていると判断される場合には，ケースに対応して初期時点における各社の戦略ポジションの相対的な位置が変えられることになる。

3) Aldrich（1999）の記述は難解であり，彼の提唱する進化論アプローチの全体像がどのようなものであるのかについては，多様な解釈がありうる。ここに記した解釈は，主に稲垣・高橋（2010）と山田・高橋・松嶋（2011）に依拠している。

第**II**部

黎明期のオンライン証券市場における
企業間競争の定性的・定量的な実証分析

第4章　高いパフォーマンスをあげる要因は何か

1　はじめに

　第Ⅰ部の序章から第3章にかけて，研究のテーマ，分析対象，分析のフレームワーク（枠組み），リサーチクエスチョンなどを示した。第Ⅱ部は，これを受けての実証研究のセクションとなる。本章と次章では，定量的なデータを用いて行った統計分析の内容と結果を説明していく。統計分析を通じて，第6章以下の章で本書が検討していく議論の骨子を示すことが目的である。

　日本の黎明期のオンライン証券業界の成功要因については，実務的にも学術的にも非常に関心が高かったものの，もっぱら逸話的な議論が繰り広げられるだけであり，データ的な根拠に基づいた検証はほとんど行われてこなかった。そこで本章では，「どのような企業が高いパフォーマンスをあげていたのか」という点について，黎明期のオンライン証券業界をリードした有力新規企業6社を対象として，ごく簡単な仮説検証を行い，同業界での成功要因を明らかにしていくことにしたい。

2　仮説導出

　ここでは，黎明期のオンライン証券業界に関する一般的な議論を新聞記事から読み取り，それに競争戦略論の観点から検討を加えることを通じて，同業界における成功要因についての仮説を構築していきたいと考える。

2.1 口座数獲得戦略：手数料引き下げを通じた口座数の獲得

　序章で述べたように，オンライン証券業界においては，口座数を増やすことがひとつの成功のカギであるとして，最も注目すべき指標のひとつとして考えられていた。これは，オンライン証券という新しい市場が生まれたことによって，これまで投資活動を行っていなかった若年層などの新規顧客が新たに大量に流入し，売上高ひいては利益の拡大が見込めるという期待が形成されたためであった。こうした見方から，1999年から2001年頃にかけては，とにかく口座数を増やすべく，各証券会社間で激しい手数料引き下げ競争が繰り広げられた。

　　「従来は個別相談していた証券マンに気を使うことなく個人が自由に投資を貫ける。このため，証券取引の経験がなかった若い世代や，忙しくて証券会社に足を運べなかったビジネスマンにも証券取引を身近な存在にしている。」（『日本経済新聞』1999年11月2日）

　　「ネット取引で格安の手数料を打ち出す動きも目立つ。ネット証券会社の中で日興ビーンズとマネックス証券は一回当たり千円と米国のディスカウントブローカーと呼ばれる証券会社の手数料を下回る。ネット取引は個人投資家の注目を集めるようになっているが，全国証券会社のオンライン取引口座は約十二万とまだそれほど多くはない。ネット取引の定着により，若い世代の投資家を発掘したいとの証券会社の思惑もある。」（『日本経済新聞』1999年9月27日）

　　「『初年度十万口座獲得を目指せ』――。米オンライン証券大手Eトレード社とソフトバンクが合弁で設立したイー・トレード。（中略）『手数料引き下げとインターネットの普及が相まって，今年は証券取引の「大衆化元年」になる』。北尾吉孝・ソフトバンク常務はこう語る。米国の五百万口座並みとまではいかなくても，日本も市場が爆発的に拡大するとの期待がある。」（『日経金融新聞』1999年1月20日）

　しかしその一方で，この業界においては，新規顧客が大量に市場に流入する

ことはなく，実際の市場取引を行っていたのは従来から株式投資を行っていた
限られた数の「アクティブユーザー」（頻繁に取引を行う顧客）であり，彼らを
囲い込めたか否かということがオンライン証券会社の勝敗を決めたとされる。

　　「岐阜県在住の福島健二氏（仮名，36）は株式投資経験が豊か。『地元の
　　証券会社に優秀な営業マンがいなかった』ため電話による取引に頼って
　　いたが，今年十月からネット取引を始めた。自営業のため昼間はネット
　　に接続しっぱなし。情報サービスの充実した大手証券会社のページで情
　　報を収集し，注文は手数料が安い DLJ ディレクト SFG 証券などに出
　　す。」（『日経 MJ』2001 年 9 月 25 日）

　　「手数料の低いネット証券会社。一九九九年十月の手数料自由化以来，
　　各社は値下げ競争を展開し，初心者の取り込みに躍起だったようにみえ
　　る。実際，狙いは，既存の利用者と，新しい個人投資家の開拓だった。
　　しかし，結果は芳しくなかった。参入企業が増えて競争が激化した上に，
　　市況の低迷も影響して，個人投資家の市場開拓が容易ではないことがは
　　っきりした。」（『日経 MJ』2001 年 9 月 25 日）

　オンライン取引を行うためには，予め必要な口座を開設する必要がある。し
たがって口座数＝顧客数となるはずであるが，実際には口座を開設しているだ
けで，まったく取引を行わない顧客もいた。しかも，当時の新聞記事情報など
では，今後もそうした顧客が増えていくことが予想されていた。つまり，口座
数は一貫して増加していたものの，その口座数の伸びは，同じ顧客が複数証券
会社に口座を持つことによる伸びも含まれ，裾野が広がることに伴う市場の拡
大は，思ったよりも少なかったというのである。

　このようにアクティブユーザーが限られているとすると，オンライン証券会
社では，口座数が増加しても利益は増えない一方で，変動費が増加することで
コストが増加し，固定費の回収もままならないという事態に陥ったと考えられ
る。

　以上のように，アクティブユーザーが限られているがゆえに「規模の不経
済」（植草，1982）が生じるとすれば，口座数が増加するほど，企業のパフォー

マンスは悪化したと考えられる。

2.2 稼働率向上戦略：信用取引と定額手数料制の導入を通じた口座数 あたり稼働率の向上

オンライン証券業界の黎明期の競争では，1999年10月の手数料の自由化を契機にきわめて激しい手数料引き下げ競争が行われた一方で，松井証券は「アクティブユーザーの獲得による稼働率向上」を目指して信用取引と定額手数料制を導入するなど，手数料引き下げ競争からは距離を置いていた。

ここで信用取引とは，顧客が一定の保証金（委託保証金）を証券会社に担保として差し入れることで，買付けに必要な資金や売付けに必要な株券などを借りて売買を行うことができるというサービスである。つまり投資家は，信用取引を利用すると，手持ちの資金以上の買付けや手持ちでない株券の売付けを行うことが可能となるので，同じ手持ち資金でより大きな取引を行うことができるようになる。一方，定額手数料制とは，約定金額が設定範囲内であれば，1日に何回取引を行っても（実際には上限回数が設けられることが多い）手数料が同額となるというサービスである。比較的活発に株式売買を行う顧客は，取引を行うべき重要な日には1日に複数回取引を繰り返すことがある。こうした顧客にとっては，1回あたりの手数料が低いよりも，複数回取引を前提として手数料が低い方が望ましい。松井証券は業界に先駆けて，同社がオンライン証券に参入した1998年5月から信用取引を，手数料が自由化された1999年10月から定額手数料制（同社は「ボックスレート」と呼んでいた）を，それぞれ開始した。こうした松井証券の戦略は，多くのアクティブユーザーを惹きつけ，口座稼働率を向上させることに大いに貢献したとされる。

> 「マスコミで100万口座，200万口座だとか言っていますが，馬鹿な話です。1人のお客さんが4〜5つの口座を使い分けているのは当たり前の話です。結局，日本全体のアクティブな投資家が約300万人と思っていますが，そうすると10分の1ぐらいかなと。したがって，20万〜30万口座ぐらいですね。」（松井証券松井社長の金融国際情報技術展〔FIT21〕特別セミナーでの発言，2000年9月22日）

「オンライン証券最大手で（二〇〇一年）八月に東証一部に上場した松井
証券の企画担当者は，『ネット取引が普及するからといって，新たに株
式取引を始める顧客が急激に増えるとは期待していない』と話す。あく
までもアクティブ・トレーダーを主要顧客と想定する同社は一年間で一
度も取引のない口座は六千円の手数料を徴収するなどの方法で，稼働口
座の比率を一〇〇％に近づけようとしている。」（『日経 MJ』2001 年 9 月
25 日）

　当初は松井証券の戦略を模倣する企業は出なかったが，やがて松井証券の戦
略が有効であると評価されるようになり，2 年あまりが経過した頃から順次，
他の有力なオンライン専業証券会社がその戦略を模倣するようになっていった。

「『今後当分は，売買頻度の高いアクティブ・トレーダーの争奪戦になり
そうだ』。こう漏らすのは，ネット証券会社，DLJ ディレクト SFG 証
券の国重惇史社長だ。国重社長は『株式取引は，そういう "DNA" を
持っている人でなければやらない』とみる。株取引に関心のある人はパ
ソコンが苦手でもネット取引を始めるが，ネットに興味があっても株に
無関心な人は参入しない。」（『日経 MJ』2001 年 9 月 25 日）

「オンライン証券全体を俯瞰すると，イー・トレードや DLJ，カブドット
コムなどは，みな松井証券の取り入れたシステムをマネすることで，
なんとか生き残ってきた。同じシステムを採用したうえに，手数料を松
井より安くするという作戦だ。（中略）具体的にいうと，松井証券が採
用したボックス・レートを他社も取り入れて，その手数料を下げてきた
わけだ。（中略）他社にマネされ，手数料で差をつけられて，有る程度
の客が流れていった（後略）。」（松井 2003, pp. 130-131）

　以上のように，松井証券がとった稼働率向上戦略がこの時期のオンライン証
券業界で有効な施策であったのであれば，具体的な施策である信用取引と定額
手数料制を採用した企業は，パフォーマンスが向上したと考えられる。

2.3　先行者の優位性：参入時期

オンライン証券業界において，競争に敗れて撤退していった企業の「敗因」として最もよく語られるのは，「参入が遅すぎたため」というものである。逆に成功している企業は，競争が激しくなる前に参入して，他社より優位な地位を確保したことにより生き残ることができたと語られることが多い。

> 「一九九九年十月，シュワブ東京海上証券の設立は業界に驚きをもって受け止められた。会見には米シュワブと東京海上の両トップが出席，『控えめに見て三〜四年で五十万口座』という目標を発表した。折しも手数料自由化の直後だっただけに『黒船来る』と騒がれた。ところが，実際には『黒船』は現れなかった。原因の一つは営業の出遅れだ。当初は九九年十二月の計画だった米国株と投資信託の販売が始まったのは二〇〇〇年四月。すでに手数料自由化から半年が過ぎ，松井証券やDLJディレクト，マネックス証券などの先行組は地盤固めを終えていた。しかも日本株の開始は今年四月に入ってから。六十六社のネット証券が入り乱れ，過当な値下げ競争を繰り広げている最中だった。」（『日経産業新聞』2001年12月11日）

> 「国内のある有力オンライン証券幹部はソシエテ，シュワブのネット取引からの撤退を『ネットビジネスで最も重要なスピード感を欠いたため』と分析する。シュワブが東京海上火災保険などと合弁会社を設立し，ネット取引に参入したのが二〇〇〇年春。肝心の日本株の取り扱いはその一年後からだった。国内のライバル各社は，株式売買委託手数料が完全自由化された九九年十月に一斉に顧客獲得競争に突入。シュワブが参入したころにはすでに大勢は決していた。」（『日本金融新聞』2001年12月14日）

> 「日経平均株価がバブル後最安値を更新するという逆風が吹き荒れる中，インターネット証券の経営環境も厳しさを増している。昨年秋以降は撤退を表明する証券会社も相次いでいる。今後も株価低迷が続くようだと，淘汰（とうた）・再編の流れが加速する。昨年末以降，日本でインターネ

ット株式取引を手がけていた仏ソシエテ・ジェネラル証券や，米オンライン証券最大手のチャールズ・シュワブと東京海上火災保険の合弁会社，シュワブ東京海上証券が立て続けに業務を停止した。いずれもネット取引の本格スタートから参入が遅れた後発組。激しい顧客獲得争いの中で思うように口座を増やせず，撤退に追い込まれた。」(『日本経済新聞』2002 年 2 月 11 日)

新たな市場が立ち上がったときに，他社に先駆けてそこに参入することで得られる競争優位性のことを「先行者の優位性 (first-mover advantage)」と言う。競争戦略論やイノベーション研究の分野では，新市場に早期参入した企業の方が有利である (Foster, 1986; Rosenbroom & Cusumano, 1987) という議論と，逆に早すぎる参入は失敗しがちであり，少々遅れた方がよい (Mitchell & Singh, 1993) という議論が存在しているが，「どのような条件のもとでは新市場に早期参入した企業の方が有利で，どのような条件のもとでは遅くに参入した企業の方が有利なのか」という問いに答える有用なフレームワークを示したのが，Lieberman & Montgomery (1988) である。この論文では，先行者の優位性の源泉として，①技術的先行（先行することによって，技術面でリーダーシップを握って一定期間利益を独占したり，特許を取得したり，より多くの経験を積んだりできる），②資源の先押さえ（稀少な資源を他社に先駆けて占拠できる），③買い手の切り替え費用（顧客が購入先を切り替えるのにコストがかかる場合，先行して顧客を獲得すると優位に立つことができる），④ネットワーク外部性（ネットワーク外部性があると先行して顧客を獲得すると優位に立つことができる），の 4 つを挙げている。

では，オンライン証券の業界においては，こうした先行者の優位性は働いたのだろうか。オンライン証券業界では，製造業の場合と異なり，生産あるいは製品における技術面でのリーダーシップや，特許の取得が問題になることは少ない。しかし，オペレーションにおいてより多くの経験を積み，さまざまなノウハウの蓄積を図る上では，なるべく早く参入することが有利だとされる（比留間・小林, 2002）。したがって，このような意味で，技術的先行の面での先行優位性はある程度大きいと考えられる。

次に，オンライン上で証券業を行うための資源として，圧倒的に重要なのは情報システムだと言える。もちろん，業務遂行にはその他の資源（人的資源な

ど）も必要とされるが，その影響力は，担当者による営業主体の店舗における業務に比べて圧倒的に小さいと言える。実際に，各種オンラインビジネス評価会社の項目を見ると，コストや販売商品以外のユーザーの関心は，簡便性・安全性など，情報システムに関わる部分が多い[1]。そこで，この業界の情報システムの構築について検討すると，大手証券会社系システム会社のパッケージ製品を利用する企業が主流を占めており，これだけを見ると企業間の競争優位の源泉にはならないのではないかと思われる。しかしながら，この業界の黎明期の競争に大きな影響を与えた信用取引や定額手数料制といった商品・サービスに対応するためには，企業が独自にシステムのアドオンや組み替えを行う必要があり，時間・コストがかかる上に，その対応の巧拙によってサービス上で差が出たとされる（高井，2004）。したがって，資源面での先行優位性は大きいと結論づけることができる。

また，ネットワーク外部性（このサービスを消費する個人の数が増大するほど，消費者が得られる便益が高まるという特徴）についてはどうだろうか。再びオンラインビジネス評価会社の項目を見ると，「機能性・使いやすさ」や「サービスのきめ細かさ」（ゴメス社），「サービスの豊富さとそれらのバランス」（ストック・リサーチ社）といった，目に見えず，事前には評価しづらい，サービスの質に関わる部分が多く含まれている。そのため，「他の人が利用しているなら安心できる。自分も利用してみよう」という具合に，広い意味での「ネットワーク外部性」，あるいは「バンドワゴン効果」が働きやすい業界だと言える。

最後に，「買い手の切り替え費用（スイッチングコスト）があるかどうか」について検討してみたい。1999年頃には，松井証券や第一証券など一部の証券会社を除いた多くのオンライン証券で，口座管理料は年間数千円程度，サービス利用料が1万円前後かかるというシステムになっており，口座の移動は一般の利用者にとって簡単に行えることではなかった。しかし2000年頃には，三大証券会社を除く多くの証券会社が口座管理料を無料化し，サービス料も前年度の取引があれば無料とする，といった条件を設定する企業が多くなった。このように，2000年代に入るとかつてに比べて管理料の障壁が低くなったことは確かである。しかし，それでも依然として口座のスイッチングコストが高かったと思われる状況が存在した。

まず1つめは，口座開設はオンライン上でクリックするだけではできず，書

類を取り寄せて記入するという，手間のかかる作業を経なければならなかったということである。また2つめは，信用取引サービスの開始と普及による影響である。既出ではあるが，この信用取引とは，一定の保証金（委託保証金）を証券会社に担保として差し入れることで，買付けに必要な資金や売付けに必要な株券などを借りて売買が行えるという取引である。つまり投資家は，信用取引を利用すると，手持ちの資金以上の買付けや手持ちでない株券の売付けを行うことが可能となるので，同じ手持ち資金でより多額の取引を行うことができる。その一方で，信用取引が普及すると，保証金を取引のたびに別の証券会社に移すには手間がかかるので，結果として証券会社と顧客との密着度が高まることになったのである。そして3つめは，各社が非常に豊富な商品ラインアップを揃えているため，投資家のポートフォリオが複雑化しており，それによって顧客が証券会社を切り替える際のスイッチングコストが高まったのではないかということである。

以上により，黎明期のオンライン証券業界においては，経験の蓄積による技術的先行の効果が高く，資源面での先押さえ効果も大きく，また，買い手の切り替え費用も高い上に，広い意味でのネットワーク外部性が働いた。そのため，先行者の優位性が比較的強く働いたのではないかと考えられる。したがって，早期に参入しているほど，言い換えると参入してからの経過期間が長いほど，企業のパフォーマンスは向上したと考えられる。

3 分　析

3.1 サンプル

本節では，最小二乗法推定による重回帰分析（ordinary least squares：OLS）の手法を用いて，非常に限定的ではあるが，前節で提示した仮説の検証を行うことにしたい。

本分析においては，（株）金融財政総合研究所の調査による「日本におけるオンライン証券取引の現状」の第1回（2000年5月）～第18回（2004年8月）のデータを利用し，このなかで参入から2005年度3月期第1四半期（2004年6月末）まで一貫して，四半期ごとのデータが採取可能な大手オンライン専業会社6社を対象とした[2]。

表4-1 サンプル企業の基本情報

企業	オンライン証券事業への参入	系列・大株主	2004年3月期本決算データ			サンプルとして採用した期間
			口座数	営業収益（売上高）：百万円	営業利益：百万円	
イー・トレード証券	1999年10月	外資証券会社系（米：E*TRADE 日：ソフトバンク）	351,950	14,705	4,802	2000年3月期本決算～2005年3月期1Q
松井証券	1998年5月	中堅証券会社	143,229	25,036	14,277	1999年3月期本決算～2005年3月期1Q
DLJディレクト SFG証券（楽天証券）	1999年6月	外資証券会社系（米：DLJ Direct 日：三井住友銀行）→2003年11月楽天の子会社へ	161,781	10,497	3,671	2000年3月期本決算～2005年3月期1Q
カブドットコム証券	2000年2月	銀行系（UFJ銀行など）	140,292	6,569	2,735	2001年3月期本決算～2005年3月期1Q
日興ビーンズ証券	1999年10月	大手証券会社系（日興證券）→2004年8月マネックスと共同持株会社を設立	108,457	7,275	2,879	2000年3月期本決算～2005年3月期1Q
マネックス証券	1999年10月	独立系（ソニーなど）→2004年8月日興ビーンズと共同持株会社を設立	250,015	7,800	2,597	2000年3月期本決算～2005年3月期1Q

出所）各社財務諸表・IR資料より作成。

　2004年6月末時点で，オンラインで現物株を取り扱っていた企業は40社前後あったが，株式公開企業であっても，IR資料において店舗などの既存チャネルとオンライン事業との業績内訳が公表されている企業はほとんど存在せず，また非公開企業についてはデータの収集自体が困難であることから，これ以上分析対象企業を増やすことは困難であった。ただし，これら6社は，2003年時点ですでにオンライン証券個人取引の約7割を占め，また業界の有力企業として記述される場合には，この6社を採用することがほとんどであったため，上記の仮説を検証していく上で重大な不都合はないものと判断した。ちなみに表4-1は，今回のサンプルとなった企業の基本情報一覧である[3]。

3.2 被説明変数

企業パフォーマンスを代理する被説明変数として，ここでは，大手オンライン専業会社 6 社の，各四半期における「営業利益率」を採用した。

「営業利益」については，「営業収益から金融費用を除いた数値を純営業収益とし，そこから販売費・一般管理費を引いた数値を営業利益とする」と証券業界における経理基準が統一されている。すなわちこの数字は，費用を差し引いた後の本業部分における利益を示していると言える。その上で，事業会社の売上高に相当する「営業収益」に対する比率，すなわち「営業利益率」を，この企業の本業に対する収益性を示すパフォーマンス変数として採用した。

3.3 説明変数

説明変数としては，「口座数」「信用取引」「定額手数料制」，ならびに「参入経過月数」を採用した。「口座数」は，大手オンライン専業会社 6 社の各四半期末の保有口座数の値である。一方，「信用取引」と「定額手数料制」は，各四半期において，それらのサービスを実施していた場合には「1」を，していない場合には「0」を与えるダミー変数である。また「参入経過月数」は，その企業がオンライン取引を開始した月を含め，各四半期末までの経過月数を数えた値である。

2.1 の議論より，黎明期のオンライン証券業界ではアクティブユーザーの数が限られていたので，口座数が増加してもその大半が不稼働口座になってしまい，営業収益の伸びが限られる一方で，口座数が増加するにしたがって確実に変動費負担は増大した。そのため，口座数獲得戦略の結果として口座数が増えた場合，パフォーマンスはかえって悪化したと考えられる。したがって，以下の作業仮説が導出される。

（仮説 1） 「口座数」は「営業利益率」に負の効果を及ぼす。

一方，*2.2* の議論より，稼働率向上戦略の具体的な施策である信用取引と定額手数料制を採用することにより，パフォーマンスは向上したと考えられる。したがって，以下の作業仮説が導出される。

（仮説 2） 「信用取引」は，「営業利益率」に正の効果を及ぼす。

（仮説 3） 「定額手数料制」は，「営業利益率」に正の効果を及ぼす。

また，*2.3* の議論より，早期に参入しているほど，言い換えると参入してか

表4−2

	変数	平均	標準偏差	1	2
1	営業利益率	−7.346	1,853.183	1.000	
2	口座数	127,660.080	7.414	0.237*	1.000
3	信用取引ダミー	0.802	0.400	0.490**	0.137
4	定額手数料制ダミー	0.575	0.497	0.542**	0.309**
5	参入経過月数	34.550	14.276	0.541**	0.477**
6	東証の1日あたり平均売買高	1,006,525.140	108,390.266	0.087	0.238*
7	松井ダミー	0.190	0.393	0.314**	−0.365**
8	イー・トレードダミー	0.170	0.377	0.145	0.522**
9	DLJダミー	0.170	0.377	−0.007	−0.051
10	日興ビーンズダミー	0.170	0.377	−0.307**	−0.282**
11	カブドットコムダミー	0.130	0.340	−0.058	−0.130

注）　*：$p<0.05$，　**：$p<0.01$

らの経過期間が長いほど，企業のパフォーマンスは向上したと考えられる。したがって，以下の作業仮説が導出される。

　（仮説4）　「参入経過月数」は，「営業利益率」に正の効果を及ぼす。

3.4　制御変数

　上の作業仮説を統計的に検証するにあたって，ここでは制御変数として，「東証（東京証券取引市場）の1日あたり平均売買高」と「企業ダミー」の2つを導入した。

　「東証の1日あたり平均売買高」は，各企業の四半期ごとの業績が，同期間の株式市場の平均の売買高によって大きく変動するので，それを制御するために導入したものである。

　「企業ダミー」は，説明変数ではカバーされない，企業ごとの戦略の違いや，資源・能力の違いを制御するために導入した。この変数は，マネックス証券以外の企業にそれぞれダミー変数を設定した。

相関係数

3	4	5	6	7	8	9	10	11
1.000								
0.579**	1.000							
0.555**	0.769**	1.000						
0.019	0.248*	0.353**	1.000					
0.240*	0.317**	0.280**	−0.025	1.000				
0.036	0.083	−0.084	0.005	−0.218*	1.000			
0.099	0.033	0.026	0.005	−0.218*	−0.205*	1.000		
0.099	−0.120	0.084	0.005	−0.174*	−0.205*	−0.205*	1.000	
−0.016	−0.060	−0.073	0.006	−0.188	−0.176	−0.176	−0.176	1.000

4 結 果

　表4-2は各変数間の相関係数を示したマトリックスである。また，表4-3は重回帰分析の結果を示したものである。このうち，モデル1は制御変数のみを入れたベースモデルであり，モデル2はベースモデルに「口座数」と「参入経過月数」とを入れたモデル，モデル3はベースモデルに「信用取引」「定額手数料制」「参入経過月数」とを入れたモデルある。それぞれモデル2は口座数獲得戦略の効果を，モデル3は稼働率向上戦略の効果を検証するためのモデルである。モデル4は，ベースモデルに「口座数」「信用取引」「定額手数料制」「参入経過月数」のすべての説明変数を入れたモデルである。

　表4-2からは，「信用取引」と「定額手数料制」との相関係数が0.579と非常に高い（1%水準で有意）ことが見てとれる。実際，第6章の事例分析で詳細に検討するように，分析対象となるオンライン証券専業有力6社のすべてで，定額手数料制は信用取引を導入した後，1～2年程度の期間を経てから導入されていた。つまり，信用取引を導入せずに定額手数料制が導入されたケースはなかった。そのため，両変数の相関係数が高いのは当然だと言える。このよう

表4-3 重回帰分析の結果＜被説明変数：営業利益率＞

	モデル1		モデル2		モデル3		モデル4		モデル5	
	係数	t	係数	t	係数	t	係数	t	係数	t
口座数			-0.001^{**}	-2.875			-0.001^{**}	-3.354	-0.001^{**}	-2.613
信用取引ダミー					60.269^{**}	2.946	70.404^{**}	3.578		
定額手数料制ダミー					19.548	1.004	8.275	0.440		
定額手数料制（予告含む）ダミー									43.503^{*}	2.326
参入経過月数			4.245^{**}	5.704	1.109	1.796	3.276^{**}	3.754	3.146^{**}	3.626
東証の1日あたり平均売買高	0.00002	1.054	-0.00002	-1.212	-0.00001	-0.402	-0.00001	-0.341	0.000	-1.083
松井ダミー	66.663^{**}	2.946	-53.897	-1.472	3.139	0.145	-98.030^{**}	-2.682	-62.422	-1.733
イー・トレードダミー	41.353^{+}	1.782	63.296^{**}	3.062	6.965	0.317	31.581	1.428	41.688	1.873
DLJダミー	16.175	0.697	-37.428	-1.521	-24.912	-1.166	-76.177^{**}	-2.997	-46.158	-1.896
日興ビーンズダミー	-33.630	-1.449	-93.908^{**}	-3.302	-67.022^{**}	-3.098	-138.163^{**}	-4.677	-97.329^{**}	-3.494
カブドットコムダミー	6.126	0.247	-40.604	-1.549	-22.098	-0.999	-76.357^{**}	-2.879	-48.534	-1.877
定数	-48.776^{+}	-1.735	-21.314	-0.698	-80.118	-3.165	-24.148	-0.825	-13.522	-0.450
調整済みR^2	0.148		0.416		0.425		0.481		0.441	
F値	4.039^{**}		10.351^{**}		9.625^{**}		10.713^{**}		10.22^{**}	

$n = 106$

注) ＊：$p<0.05$，＊＊：$p<0.01$

に両変数の相関係数が高いため，両変数を同時に回帰式に導入すると多重共線性が発生する可能性が高い。この点については，第5節にて再度検討する。

一方，表4-3からは，第一に，モデル1よりもモデル2〜4の方が，回帰式

の説明力が向上している（調整済み R^2 の値が増加している）ことが見てとれる。この結果は，本書の分析で用いた「口座数」「信用取引」「定額手数料制」「参入経過月数」の4つの説明変数が，「営業利益率」に十分な影響を与えていることを示している。

　第二に，モデル2とモデル4より，「口座数」が負の影響を及ぼしていることが見てとれる。なお，いずれも1% で有意である。これにより，仮説1は支持されたと言える。

　第三に，モデル3とモデル4より，「信用取引」が強い正の影響を及ぼしていることが見てとれる。なお，いずれも1% で有意である。しかしながら，「定額手数料制」に関しては，係数の値は正であるものの，統計的には有意ではなかった。したがって，仮説2は支持され，仮説3は支持されなかったと言える。

　第四に，モデル2〜4より，「参入経過月数」が正の影響を及ぼしていることが見てとれる。なお，いずれも1% で有意である。これにより，仮説4も支持されたと言える。

5　考察とディスカッション

5.1　説明変数の分析結果と考察

　上記の分析によって，オンライン証券の黎明期の競争においては，口座数の増加がパフォーマンスに対して統計的に有意な負の影響を及ぼしていたことが明らかになった。つまり，少なくともこの時期に関しては，口座数が多いほど営業利益率が悪化するという規模の不経済が生じていたのである。一方，アクティブユーザーの獲得を目指した稼働率向上戦略の施策のうち，信用取引がパフォーマンスに対して統計的に有意な正の影響を及ぼしていたことも明らかになった。定額手数料制については統計的に有意な結果が得られなかった（理由の考察については後述する）ものの，黎明期のオンライン証券業界では，実際に取引を頻繁に行い，オンライン証券会社に利益をもたらすようなアクティブユーザーをいかに増やすかということがパフォーマンス向上の最大のカギだったのであり，つまりは口座数獲得戦略よりも稼働率向上戦略の方が有効だったのである。しかしこの点で，実際の各社の戦略には大きな違いが見られた。

　参入企業が多かった 1999 年から 2000 年にかけて，マネックス，日興ビーンズ，DLJ などの企業は，口座数の獲得を目標として，熾烈な手数料引き下げ競争を繰り広げた。

　　「金子昌資・日興証券社長はビーンズについて『ディスカウントブローカーとは一線を画す』と語っていた。ところが，顧客獲得を優先する狙いから，委託手数料は現行比で最大八割引きと大幅に下げた。（一九九九年）八月末現在，証券界のネット口座数が計十三万程度なのに対し，ビーンズの損益分岐点は三十万口座と高い。『三年間は赤字覚悟』（須田則雄社長）で，若年層など新たな投資家層の掘り起こしを進めていく。」（『日経金融新聞』1999 年 9 月 27 日）

　　「マネックス証券は年内二十万口座を目指し，DLJ ディレクト SFG 証券も『十万口座突破は確実』（国重社長）という。一月に手数料八百円からという低料金で参入したエイチ・アイ・エス協立証券（東京・中央）も十万口座が目標。日本オンライン証券の目標は五年後に三十万口座だ。」（『日経流通新聞』2000 年 2 月 12 日）

　このように，たとえば日興ビーンズでは，1999 年に 30 万口座を損益分岐点として設定するというように，後から見ると高すぎる目標を置いていたことがわかる（同社の 2004 年 9 月時点の実績は約 11 万口座であった）。このため，おそらくはシステムなどへの過剰投資が大きな負担となる一方，いわゆる IT 不況の時期と重なり，株式市場の低迷によって手数料収入が減少したことから，業績が低迷してしまったのだと考えられる。

　一方の松井証券は，オンライン証券市場はアクティブユーザーが限られているため，単純に口座数の増加を追い求めても規模の不経済が働くと考え，口座あたりの稼働率や取扱高の向上を目指す戦略をとっていた。また，当初は口座数獲得にしのぎを削っていた他の有力なオンライン証券専業会社も，2 年あまりが経過した頃から順次，松井証券の戦略を模倣するようになっていった。

　　「松井証券やオリックス証券は単なる口座数の拡大よりも，稼働率や取

扱高の向上を目指す。」（『日経流通新聞』2000 年 2 月 12 日）

「インターネット証券大手の二〇〇二年三月期は松井証券やイー・トレードが収益を拡大した。信用取引を利用するなど頻繁に売買する顧客を持っていることが収益を下支えした。株式売買委託手数料の引き下げ競争が激しいなか，システム投資などコスト負担が重く，期間のもうけを示す経常損益の黒字化が遅れている証券も目立つ。松井やイー・トレードが増収増益となったのは信用取引に強みを持ち，相場動向にかかわらず活発な売買注文が見込めるからだ。松井の顧客の信用買い残は九百億円と一年間で八割増えたとみられる。」（『日本経済新聞』2002 年 4 月 24 日）

「（二〇〇三年）四月十四日。ネット証券の攻防に一つの決着が付いた。何回取引しても手数料が一定の定額制をマネックス証券が採用したのだ。定額制は一九九九年に松井が開始。最後まで見合わせていたマネックスが導入したことで主なネット証券が軒並み追随したことになる。『定額制』と『小口の保証金で開始できる信用取引』という松井証券の確立した顧客サービスセット。短期売買客の開拓につながり，イー・トレードの北尾吉孝会長は『これを取り入れた会社から収益が拡大した』と認める。」（『日経金融新聞』2003 年 4 月 24 日）

　このように，松井証券が当初より，むやみに顧客数を増やすのではなく，その稼働率を上げることが収益拡大につながると考え，アクティブユーザーの獲得を目指した戦略をとった理由としては，オンライン証券参入以前のコールセンターを介した無店舗型営業での同社の経験の蓄積が大きかったと考えられる。

「他社と同様にバブル崩壊を受けて九二年三月期に赤字に陥った松井は支店を相次ぎ閉鎖。松井社長は『営業マンによる訪問営業を全廃する』と宣言した。同社の営業活動は広告を打つだけになり，電話で注文を受けるスタイルになった。証券界の常識からすれば極めて消極的な『待ち』の営業だが，証券マンのしつこい営業を嫌う個人投資家に徐々に受け入れられていった。こういう顧客が自分の意思で銘柄を選択する『自

立した投資家』になり，いまネット取引を先導する主役になっている。（中略）低コスト体質をつくる思い切った戦略は奏功。九九年九月中間期は売り上げを示す営業収益が三十三億円で経常利益二十億円という，証券界トップクラスの利益率をあげた。さらに，証券業を八十年余り続けてきたノウハウと証券業務を熟知した百五十人の人材は，新興勢力を売買執行能力でリード。DLJ ディレクトやマネックスなどの新規参入組は十万口座を一つの目安とし，黒字転換を早くても三年後と見ているのに対し，松井社長は『口座数で五万口座前後，今年四月にも採算がプラスになる』と強気だ。」（『日経産業新聞』2000 年 1 月 21 日）

「証券業界では，野村證券を筆頭としたヒエラルキーが確立しており，なんと競争のない業界かと驚きました。企業の違いは『大きさ』だけ。コスト構造から利益に至るまで，規模に比例するだけでまったく同じなのです。こういう業界で私は何をするのだろうかとずいぶん悩んだ。顧客は，はたして営業マンというコストを求めているのだろうか。もし求めていないとすれば，否定してやろうと考え始めた。したがって松井証券のエポックメイキングは，インターネットを使った時点ではなく，92年に対面営業を廃止すると決めたところから始まります。（中略）ただし，人間相手ですから，対面営業をやめると決めたからといって，すぐにやめるわけにはいきません。92 年に宣言して，完全に廃止できたのは 96 年くらい。その代わりに打ち出したものが受注のみのコールセンターで，四年間かけてすべての取引を移行しました。」（松井証券松井社長，『週刊東洋経済』2002 年 7 月 27 日）

　また，本章の分析では，参入時期に関してこれまで一般的に言われていた「先発組は有利」「後発組は不利」という仮説について，限定的ながらも検証することができた。たとえばシュワブ東京海上証券は，アメリカでの実績，国内のパートナー企業，手数料体系，サービスなどで，イー・トレードや DLJ などと比較して少なくとも大きく劣っていたとは考えにくい。この分析結果からは，同社が 3 年以上遅れて市場に参入したことが，敗退の大きな要因となった可能性が高いと推測される。

　なお，以上の議論は，この業界だけでなく，ASP（アプリケーション・サービス・プロバイダ）などのいわゆる B to B のビジネスに対しても有効だと考えられる。すなわち，B to B のビジネスにおいても，「まずはなるべく早い段階で新市場に参入し，その上で顧客を増やす際には，いかに『稼働してくれるアクティブユーザー』を獲得するか，あるいは『稼働させる仕組み』を構築するかという点に注力すべきである」，といった教訓を示唆していると言えるだろう。実際に，こうしたアクティブユーザーに着目することの重要性は，幅広い業界で，「収益の大部分は顧客全体のうちの一部の優良顧客によってもたらされる」という「パレートの法則」（俗に「2：8の法則」）として広く知られている。

　一方，仮説3が支持されなかったのはなぜであろうか。ひとつの理由としては，「信用取引」と「定額手数料制」との相関係数が非常に高いため，同時に回帰式に投入した場合に多重共線性が発生した可能性が考えられる。すでに述べたように，分析対象としたオンライン証券専業の有力企業6社はすべて，定額手数料制を導入する以前に信用取引を導入済みであったので，信用取引と定額手数料制の両方を導入した企業＝定額手数料制を導入した企業であった。そこで，モデル3とモデル4において，「信用取引」と「定額手数料制」の両変数を回帰式に投入する代わりに「定額手数料制」のみを投入したのだが，やはり統計的に有意な結果は得られなかった。したがって，「定額手数料制」が効かないのは多重共線性が理由とは言えない。

　そこで分析対象となるオンライン証券専業有力6社が定額手数料制を導入した経緯を詳細に検討すると，信用取引を導入した後，1〜2年程度の期間を経て，導入の3ヶ月程度前（四半期程度前）に大々的に広告・宣伝した上で導入を図っていたことがわかった。導入には新たなシステムの開発が必要となり，一定の準備期間と費用が必要とされるが，それによって将来の業績に大きな影響が及ぶため，投資家保護の観点から，そうした重要事項は事前に広く告知しなければならない。ただし各社は，そうした IR 上必要とされる範囲を超えて，定額手数料制の導入をプレスリリースなどで広く告知するとともに，自社ホームページ等でも大々的にアピールした。これは恐らく，信用取引を導入した上でさらに定額手数料制を導入するということになれば，すでに定額手数料制を導入済みの他社に口座を移管しようかと迷っているアクティブユーザーをそのまま自社の口座につなぎ止め，活発に取引してもらえる効果が見込まれたため

だと考えられる。また実際に，多数のアクティブユーザーは，定額手数料制の導入が告知された段階で，そのまま口座を留め，（未だ定額手数料制ではないが）すでに十分に低くなった手数料で，すでに導入済みの信用取引を行うなどしたため，当該オンライン証券会社は稼働率向上戦略を採用した場合とほぼ同等の効果を得ることができたのではないかと考えられる。

　参考までに，プレスリリースなどで告知された段階から定額手数料制が導入されたものとみなしてダミー変数を与え，変数名を「定額手数料制（予告含む）」とした上で回帰式に投入した結果が表4-3のモデル5に示してある。ただし，ここでは「信用取引」と「定額手数料制（予告含む）」の相関係数が非常に高く，両変数を回帰式に導入すると多重共線性の発生が懸念されることから，「信用取引」と「定額手数料制（予告含む）」の両変数を回帰式に投入する代わりに，「定額手数料制（予告含む）」のみを投入した。このモデル5では，「定額手数料制（予告含む）」の係数は，パフォーマンスに対して正の有意な影響を及ぼしていた（5%水準）。定額手数料制（予告含む）を導入している企業はすべて信用取引も導入済みだったので，以上より，信用取引を導入しており，なおかつ定額手数料制を導入すると予告した／実際に導入した企業は，パフォーマンスが向上したと言える。

5.2　制御変数の分析結果と考察

　最後に，企業ダミー変数の影響を検討しておきたい。本章の分析においては，他のすべての変数による影響を制御した上でなお，企業ダミー変数が強く効いていた。つまり，「口座数」や「信用取引」「定額手数料制」「参入の時期」といった要因以外にも，各企業が提供する独自の商品やサービス，そうした独自の商品やサービスを提供する上でのベースとなる各企業が有する固有の資源や能力も，パフォーマンスに重要な影響を与えていたと考えられるのである。こうした観点で注目されるのが，松井証券とイー・トレードの2社である。

　まずベースになるモデル1や参入経過月数と口座数を入れたモデル2を見ると，松井とイー・トレードの企業ダミー変数がパフォーマンスに対して正の有意な影響を及ぼしていることが見てとれる。しかし「信用取引」や「定額手数料制」を入れたモデル3やモデル4では，松井証券の企業ダミー変数はパフォーマンスに対して負の有意な影響を及ぼしている。しかもそのマイナスの幅は，

DLJ やカブドットコムに比べて大きい。

　本章の分析では，マネックスを除く 5 社にダミー変数を設定し，制御変数として投入しているので，マネックス以外の 5 社の係数の値は，マネックスの係数の値を 0 とした場合の値として（マネックスの係数の値を基準として）示されることになる。つまりモデル 4 の結果は，「口座数」「信用取引」や「定額手数料制」「参入経過月数」といった他の条件が等しい場合に，松井証券はイー・トレード，マネックス，DLJ，カブドットコムよりもパフォーマンスが劣っていたということを意味している。

　このような結果となった理由としては，この時期の松井証券が，他社以上にシステムの増強に力を注いでいたため，その投資負担が重かったことが考えられる。オンライン証券業界では，当初より大手証券会社系のシステム会社 2 社が情報システムをパッケージ製品として広く提供しており，大半のオンライン証券会社がいずれかの会社のパッケージシステムを導入していた。一方，松井証券は，主要企業のなかで唯一，情報システムを自前で構築しており，こうした同社独自の情報システム構築能力が，信用取引と定額手数料制をはじめとする数々の独自のサービスを業界に先駆けてリリースし，競争優位を確立していく上での源泉となったと考えられる（高井，2004）。ただし，こうした自前での独自システムの構築は，他社以上のコスト負担を強いることとなり，ひいては営業利益に短期的なマイナスの効果を及ぼしたと考えられる。

　　　「ネット証券取引が本格的に始まった（一九九九年）十月以降，システム障害によって顧客の売買注文を受け付けられなくなるトラブルや，注文や株価照会などのアクセス件数の増大で，注文入力画面に接続するまでに長い時間を要する事態が頻発している。証券業界では『システム増強には少なくとも数億円の投資が必要』（DLJ）といわれる。ネット証券各社は手数料の大幅な割引で収益面では厳しいものの，顧客を早期に囲い込む戦略を優先する戦略だ。」（『日経金融新聞』1999 年 11 月 24 日）

　　　「中堅証券の松井証券は（九九年）三月二十三日，オンライン株式取引で投資家からの売買注文を処理するシステムを増強した。前週まではプログラムの修正で対応してきたが，前週末の大引け後にサーバーの容量拡

　　大などハード面を改善，売買注文の処理能力は従来の三倍強に高まった。
　　今後さらに能力向上を進める。」（『日経金融新聞』1999 年 3 月 24 日）

　　「松井証券は約二十五億円を投じ，インターネットによる株式取引シス
　　テムを増強する。顧客の取引内容を管理するサーバーなどを刷新し，処
　　理できる取引量を現在の二十倍に拡大する。」（『日本経済新聞』2000 年 6
　　月 15 日）

　このように，各企業はオンライン証券市場の拡大に追いつくため，あるいは
取引システムの安定性向上のため，継続的にシステムへの大規模な投資を進め
ていかなければならなかったのだが，松井証券はそれ以上のペースでシステム
への大規模な投資を進めていった。信用取引と定額手数料制を組み合わせると，
売買取引を頻繁に繰り返すアクティブユーザーが集まり，取引頻度が従来以上
に増大してシステムに多大な負荷を与えてしまう恐れがあったためである。つ
まり松井証券は，アクティブユーザーを獲得して成長を果たすという中・長期
の目的を実現するために，短期的な利益を多少削ることになっても大規模な投
資を進めていった結果として，「唯一の勝ち組企業」と称されるまでの成功を
収めることができたのだと考えられる。
　一方，1 から 5 までのすべてのモデルで，パフォーマンスに対して正の有意
な影響を及ぼしているのがイー・トレードの企業ダミーである。ただしイー・
トレードは，オンライン証券会社の本業とも言える株式ブローカレッジ業務
（投資家からの委託を受けて株式などの取引の仲介を行う業務のことであり「委託売買業
務」とも呼ばれる。売買注文を取り次いだ際に，投資家から受け取る手数料が収入源と
なる）では赤字だったとされる[4]。にもかかわらずイー・トレードのパフォー
マンスが優れていたのは，グループの総合力が優れていたためだと考えられる。

　　「証券一社だけでは顧客が求めるサービスにこたえることはできない。
　　グループには投資情報サービスを手がけるモーニングスターや会員制金
　　融サービスのイー・アドバイザー，保険商品比較のインズウェブなどが
　　あり，企業間で相乗効果が働いている（中略）。ベンチャーキャピタル
　　のソフトバンク・インベストメントとは株式の新規公開で連携できる。

　マネックス証券や DLJ ディレクト SFG 証券は新規公開の主幹事引き受けを始めても，われわれのようにベンチャーキャピタルを持ってはいない。だから，公開企業も後に続かない。」（イー・トレード証券北尾会長，『日経産業新聞』2001 年 8 月 9 日）

　「イー・トレードはソフトバンク・インベストメントと（二〇〇三年）六月に合併し，『株式の取り次ぎ，資産運用，投資銀行業務の三本柱を確立する』（北尾氏）という。投資信託や証券化商品の組成などに取り組み始めた。」（『日経金融新聞』2003 年 4 月 24 日）

　このようにイー・トレードは，グループ力を武器にさまざまなサービスを積極的に展開していくことで，パフォーマンスを向上させることができたのだと考えられる。

　すでに第 2 章において詳しく説明したように，資源・能力アプローチの戦略論では，個々の企業は保有する資源や能力の面で異なっており，それが産業内での企業間の競争優位の差異の源泉になると考えている（e. g., Wernerfelt, 1984; Rumelt, 1984; Dierickx & Cool, 1989; Peteraf, 1993）。すなわち，個々の企業が一定の時間をかけて構築した固有の独自資源や能力は，市場で取引することが困難で，なおかつ他社による模倣や代替も困難であるため，いったんそれをベースに競争優位を打ち立てることができれば，長期的に持続することが可能になる。その意味で上で述べたような，たとえば松井証券における無店舗型営業の経験の蓄積や，イー・トレードにおけるグループの総合力などは，有力なオンライン証券専業企業に固有な資源や能力として，各社のパフォーマンスの差異を生む重要な源泉になったと考えられるのである。

　参入時期が業績に影響する要因のひとつであったとしても，同じように早い時期に参入して，利益を上げられず撤退している企業も多い。また，口座数，信用取引や定額手数料制の導入に関しても同様である。実際，この 6 社以外にも信用取引を導入した企業はあるが，成功しているとは言い難い。したがって，この業界における企業の真の成功要因を探るには，企業レベルの戦略や資源・能力にもっと踏み込んだ，より精緻な分析を行う必要があると言えよう。

6 小　　括

　本章では，「黎明期の日本のオンライン証券業界では，どのような企業が高いパフォーマンスをあげているのか」ということについての検証を，有力新規企業 6 社を対象にした重回帰分析にて行った。

　その結果，オンライン証券の黎明期の競争においては，口座数が増えるとかえってパフォーマンスが悪化するという規模の不経済が生じていたという結果が得られた。つまり，口座数獲得戦略はパフォーマンスの悪化をもたらしたということが示唆された。また，信用取引と定額手数料制の導入（後者についてはその予告も含む）は，パフォーマンス向上に正の影響を及ぼしていたことも示された。つまり，稼働率向上戦略はパフォーマンスの向上をもたらしたということが示唆された。

　こうした分析結果からは，オンライン証券業界の黎明期の競争においては，顧客獲得を目指す際には，単に口座の絶対数を増やすことのみに重点を置くことなく，稼働率を上げる施策を併せて行い，頻繁に売買取引を行うアクティブユーザーを取り込んでいくことがきわめて重要であったことがわかる。しかしこの点で，実際の各社の戦略には大きな差異があり，その背景には企業の資源や能力の違いが影響を及ぼしていたのではないかと考えられるということについても議論を行った。

注 ───────────

1)　ゴメス社（URL http://www.gomez.co.jp/），ストック・リサーチ社（URL http://www.stockresearch.co.jp/）の評価指標より。

2)　ただし，松井証券の 2000 年 3 月期については，四半期決算を行っていなかったため，第 1 四半期・第 3 四半期のデータは得られなかった。

3)　DLJ ディレクト SFG 証券は，2004 年 7 月，楽天証券と名称変更を行ったが，本書の分析期間は，2005 年 3 月期第 1 四半期（2004 年 6 月）までであるため，本書の記述においては，DLJ ディレクト SFG 証券とした。

4)　「『株式の取次業務は赤字』（イー・トレード北尾会長）」（『日経金融新聞』2003 年 4 月 24 日）。

第5章　どのような企業が生存競争を
　　　　勝ち残ったのか

1　はじめに

　前章では，日本のオンライン証券業界の黎明期の競争をリードしてきた有力新規企業6社を対象にして，「どのような企業が高いパフォーマンスをあげているのか」という点について定量的な検証を行った。しかしながら，業界において競争力が比較的高い企業だけを取り上げてその成功要因を探るという手法は，そうした「成功企業」に共通する要因が抽出できないというバイアスを生む恐れがある。

　そこで本章では，日本のオンライン証券業界の成功要因を，当該業界の黎明期に参入した全企業を対象として探るために，「どのような企業が激しい生存競争を生き残っていったのか」という観点から，生存時間分析の手法を用いて定量的に分析していくことにしたい。

2　仮説構築

　この節では，黎明期の日本のオンライン証券業界において企業が生き残っていく上で重要だったと考えられる要因に関して検討し，仮説を構築していくことにしたい。

2.1　口座数獲得戦略と稼働率向上戦略

　序章や前章で述べたように，黎明期のオンライン証券業界においては，これまで投資活動を行っていなかった新規顧客が新たに大量に流入するとの期待に基づき，多くの企業がまずは口座数を獲得することを目指し，熾烈な手数料引き下げ競争を繰り広げた。本書では，これを口座数獲得戦略と呼んでいる。

　しかし実際には，取引を頻繁に行ってオンライン証券会社に利益をもたらすようなアクティブユーザーは，口座開設者のごく一部であった。そのため，手数料引き下げ競争に「勝利」した企業は，口座数を他社以上に増やすことはできたものの，売買取引がそれに見合って増えないため利益は増えない一方で，システムを維持するための固定費が増加してしまい，収益構造が著しく悪化するという事態に陥ってしまった。そのため第4章の分析では，口座数獲得戦略はパフォーマンスに負の影響を及ぼしていた。同様に口座数獲得戦略は，オンライン証券会社の生存にも負の影響を及ぼしていたと考えられる。

　ただし，本章が行う生存時間分析において，口座数獲得戦略を測定可能な特定の変数で代理することは難しい。第4章の分析では，四半期末ごとの各社の「口座数」を口座数獲得戦略の代理変数として測定したが，生存時間分析において同様の変数を採用しようとした場合，時間を通じて変化する各社の「口座数」をどの時点で測定するのかが問題となる。特に，第4章の分析対象となったオンライン証券専業の有力新規企業6社のうち，松井証券を除く5社では，途中で口座数獲得戦略から（後述する）稼働率向上戦略へと戦略の転換を図っているため，どの時点で「口座数」を測定するのかによって，各社が採用していた戦略が異なって測定されることになりかねない。こうした問題は，他の多くの生き残ったオンライン証券会社に共通するため，本章の分析では口座数獲得戦略を代理する変数を説明変数として組み込むことを断念した。

　一方，市場黎明期のオンライン証券業界において競争を決する大きな要因であったのが，取引を頻繁に行うアクティブユーザーをいかに取り込み，口座あたりの稼働率や取引高を向上させることであった（Takai, 2004; 2006; 2017a; 2017b; 高井，2005; 2006; 2009; 2017a; 2017b; 2017c）。本書では，これを稼働率向上戦略と呼んでいる。序章および第4章で述べた通り，この戦略を実行するにあたっての施策としては，信用取引と定額手数料制の導入が重要であった。

　ここで信用取引とは，一定の保証金（委託保証金）を証券会社に担保として

差し入れることで，買付けに必要な資金や売付けに必要な株券などを借りて売買が行えるという取引である。このため，リスクが高く，専門知識も必要であるが，保有する資産を最大限に活かして利益を出そうというアクティブユーザーには，非常に魅力的なサービスである。一方の定額手数料制とは，1回あたりの料金ではなく，複数回の取引を行っても同じ手数料となる手数料体系のことである。1日に複数回取引を繰り返すようなアクティブユーザーにとっては，1回あたりの手数料が低いよりも，複数回取引を前提として手数料が低い方が望ましい。

松井証券は，この2つの施策を業界に先駆けて導入することによって，これまで株式投資の経験があり，「いくら少額でも，何度売買を行っても文句を言わないシステム」を通じて取引を行うことにメリットを感じるアクティブユーザーを取り込み，成功を収めたとされる。

第4章の分析では，稼働率向上戦略の施策のうち，信用取引の導入はパフォーマンスに正の影響を及ぼしていた。一方，定額手数料制は統計的に有意な影響を与えていなかったものの，定額手数料制（予告を含む）はパフォーマンスに正の影響を及ぼしていた。同様に，稼働率向上戦略は，オンライン証券会社の生存にも正の影響を及ぼしていたと考えられる。したがって，以下の仮説が導出される。

（仮説1-1）　信用取引は，オンライン証券会社の生存に正の効果を及ぼす。

（仮説1-2）　定額手数料制は，オンライン証券会社の生存に正の効果を及ぼす。

2.2 最低手数料とサービスラインアップ数

オンライン証券業界において，他の重要な商品やサービスとしては，「最低手数料」と「サービスラインアップ数」を挙げることができる。前者の最低手数料とは，現物株の売買における手数料のうち，最低の金額を指す。顧客が現物株の売買を行い，約定すると手数料を証券会社に支払うわけであるが，その金額は約定金額に応じて変動するのが通常である。その計算式は企業によってさまざまに異なるため，厳密に比較することは難しいが，目安となるのが最低の金額＝最低手数料である。価格帯によって若干は異なるものの，一般に最低手数料が低い企業ほど，どの価格帯においても手数料が安いといえる。当然，

顧客にとっては手数料が安い方が好ましい。

一方，後者のサービスラインアップ数とは，現物株や投資信託，外国株式，外貨取引など，個人の顧客が資産ポートフォリオを設定する上で選択できる商品やサービスの数のことを指す。サービスラインアップ数が増えれば増えるほど，資産管理の選択肢に幅が出るため，当然，顧客にとっては多いほど望ましい。

オンライン証券業界に参入した企業の多くは，最低手数料の引き下げや商品ラインアップ数の拡充を通じて，口座数の飛躍的な増加を目指した。その意味で，「最低手数料」と「サービスラインアップ数」は口座数獲得戦略を代理する変数と見ることもできる。しかしその一方で，この両者は，あらゆる顧客にとって魅力的な商品やサービスでもある。言い換えると，低額の最低手数料の設定や，提供するサービスラインアップの充実といった施策は，アクティブユーザーを取り込んでいく上でも重要だったと考えられる。実際，稼働率向上戦略へ追随した後のオンライン証券専業の有力新規企業5社は，いずれも松井証券と同様に信用取引や定額手数料制を導入した上で，松井証券よりも幅広いサービスラインアップを，より低い手数料で利用できるということをセールスポイントにして，松井証券からアクティブユーザーを奪っていったとされる。それゆえに，当然こうした施策は，オンライン証券会社の生存にも正の影響を及ぼしていたと考えられる。したがって，以下の仮説が導出される。

（仮説2-1）　低い最低手数料は，オンライン証券会社の生存に正の効果を及ぼす。

（仮説2-2）　サービスラインアップ数は，オンライン証券会社の生存に正の効果を及ぼす。

2.3　先行者の優位性

新たな市場が立ち上がったときに，他社に先駆けてそこに参入することで得られる競争優位のことを「先行者の優位性（first-mover advantage）」と言う。前章でも述べたように，「どのような条件の下では新市場に早期参入した企業の方が有利で，どのような条件の下では遅くに参入した企業の方が有利なのか」という問いに答える有用なフレームワークを示したのが，Lieberman & Montgomery（1988）である。この論文では，先行者の優位性の源泉として，

①技術的先行，②資源の先押さえ，③買い手の切り替え費用，④ネットワーク外部性，の4つを挙げている。

　各項目について詳細な検討は，すでに前章において行い，オンライン証券業界においては，経験の蓄積による技術的先行の効果が高く，資源面での先押さえ効果も大きく，買い手の切り替え費用も高い上に，広い意味でのネットワーク外部性が働くので，先行者の優位性が比較的強く働くのではないかとの仮説を立て，有力新規企業6社の統計分析によってこれを支持する結果を得た。当然，早期の参入，すなわち参入してからの経過期間の長さは，オンライン証券会社の生存にも正の影響を及ぼしていたと考えられる。したがって，以下の仮説が導出される。

（仮説3）　参入してからの経過期間の長さは，オンライン証券会社の生存に正の効果を及ぼす。

3　データ分析

　本節では，日本においてオンライン証券会社がはじめて誕生した1996年から，狭義の市場黎明期を完全に脱したと考えられる2004年末までを対象期間として，コックス回帰の比例ハザード分析（Cox's proportional hazards analysis）の手法[1]を用いて，前節で提示した仮説の検証を行う。

3.1　サンプルとデータ

　分析に必要とされるデータを入手するにあたっては，オンライン証券を手がける各社の「有価証券報告書」「IR資料（決算説明会資料など）」を利用し，その上で不明な過去のデータについては，「業界専門誌（日経マネー）」「情報会社提供資料（ストック・リサーチ社・ホームページ・ログデータ）」を参照して補完した。

　対象企業は，日本証券業協会の会員企業の「インターネット取引に関する調査」において，「インターネット取引を行っている会員」と表記されている全企業とした。日本証券業協会とは，日本国内にあるすべての証券会社および登録金融機関（銀行や協同組織金融機関など，有価証券取引を行う金融機関として内閣総理大臣による登録を受けた金融機関）により設立された団体である。そのため，

本調査でインターネット取引を行っているすべての証券会社が把握できることになる。

以上の資料を精査した結果，対象期間である 1996 年から 2004 年末までにオンライン証券業界に参入した企業は，全部で延べ 70 社あった。すなわち，本書の分析のサンプル数は $n = 70$ となる。

3.2　被説明変数

被説明変数は，「生存月数」とした。生存月数とは，各企業のオンライン証券への参入時点から，観察期間終了時点（2004 年 12 月）までの間で実際に営業を行っていた期間（「エントリー期間」）である。また，イベントは，「オンライン証券事業からの撤退」とした。具体的には，(1) オンライン証券事業から撤退したケース，(2) オンライン証券事業を他社に営業権譲渡したケースないしは他社に合併されたケースを，「撤退」のイベントが生じたものと判断した。

上記 (1) の判断基準は自明であるため説明を省くが，(2) については説明が必要であろう。まず，営業権譲渡とは，一定の設備・建物・工場などの有形の財産だけでなく，それらが機能を発揮するのに必要な人材，知的所有権，顧客リストなどの無形の財産を含めた有機的一体としての営業そのものを譲渡するということを意味する。つまり，営業権譲渡を行った企業は，その後は営業を続けることができなくなる。そのため，撤退とみなして問題ないと考えられる。

一方，被合併の場合には，取り扱いに注意が必要となる。というのも，複数の企業が合併する場合，ほとんどすべての場合，そのなかから 1 社が会社法上の存続会社として存続し，それ以外の会社を消滅させる手続きをとるからである。通常は，①会社法上の存続会社が実質上も存続し，消滅会社（被合併会社）の顧客を引き継ぐが，②会社法上の存続会社が実質上の存続会社ではなく，消滅会社が存続会社の顧客を引き継ぐ，ということもありえる。本書では，すべての事例について個別に検討を行った。その結果，すべての事例において，①存続会社が実質上も存続し，消滅会社（被合併会社）の顧客を引き継いでいた。したがって，合併された企業を撤退企業として扱った。

なお，観測期間の終了時点（2004 年 12 月）で未だ撤退していない企業の数（「打ち切りデータ」の数）は，45 社であった。

3.3 説明変数

仮説 1-1 と 1-2 を検証するための説明変数（共変量）として，本章では「信用取引」と「定額手数料制」を導入した。この変数は，2004 年 12 月までに信用取引と定額手数料制の導入をそれぞれ行っていれば「1」を，それぞれ行っていなければ「0」を与えるダミー変数である。ここで問題になるのが，「いったん信用取引や定額手数料制を導入したが，その後にやめた」というケースである。これについても，すべての事例について個別に検討を行ったところ，いったん導入した後に中止したケースは存在しなかった。

続いて，仮説 2-1 と 2-2 を検証するための説明変数として，本章では「最低手数料」と「サービスラインアップ数」の 2 つを導入した。前者の「最低手数料」は，2004 年 12 月時点までの現物株式の取引における最も低い最低手数料が 1000 円未満[2] の企業には「1」を，1000 円以上の企業には「0」を与えるダミー変数である。また，後者の「サービスラインアップ数」は，ストック・リサーチ社の資料に掲載された各社の商品ラインアップのカテゴリー数を数え，2004 年 12 月までの最大カテゴリー数を使用した。

第三に，仮説 3 を検証するための説明変数として，本章では，「参入経過月数」を導入した。この変数は，途中で撤退しているか否かにかかわらず，各企業がオンライン証券市場に参入した月から 2004 年 12 月までの月数で測定される。

3.4 制御変数

前節で提示した仮説を統計的に検証するにあたって，ここでは制御変数として，「外資系企業ダミー」と「新規参入企業ダミー」を導入した。

「外資系企業ダミー」「新規参入企業ダミー」は，説明変数ではカバーされない外資系企業，ならびに新規参入企業の戦略の違いや，資源・能力の違いを制御するために導入した。1998 年 12 月の証券会社の免許制から登録制[3] への変更，ならびに 1999 年 10 月の手数料の自由化[4] を契機に，それまでほぼ不可能だった海外や異業種からの参入が可能になったが，そうした企業と既存の証券会社との間では，戦略ポジションや資源・能力などが大きく異なるため，その違いを制御することが必要だと考えた。外資系の証券会社が親会社である場合，ならびに規制緩和後参入した新規企業である場合のそれぞれに「1」を，そう

表 5 - 1

	変数	平均	標準偏差	1
1	生存月数	43.500	20.200	1.000
2	オンライン証券業界からの撤退	0.357	0.482	− 0.682**
3	信用取引（ダミー）	0.386	0.490	0.566**
4	定額手数料制（ダミー）	0.142	0.352	0.17913
5	最低手数料（ダミー）	0.257	0.440	0.130
6	サービスラインアップ数	9.257	3.010	0.589**
7	参入経過月数	52.229	14.295	0.695**
8	外資ダミー	0.086	0.281	− 0.252*
9	新規参入ダミー	0.271	0.447	− 0.398**

注)　*：$p < 0.05$，**：$p < 0.01$

でない場合にそれぞれ「0」を与えるダミー変数を設定した。

3.5　分析結果(1)

表 5 - 1 は，変数の平均値，標準偏差，および相関係数を示している。この表からは，「信用取引」と「定額手数料制」「最低手数料」「サービスラインアップ数」の間の相関係数が高く（すべて 1% 水準で有意），また「定額手数料制」と「最低手数料」「サービスラインアップ数」「参入経過月数」の間の相関係数も高く（前者は 1% 水準，後者は 5% 水準で有意），特に「信用取引」と「定額手数料制」の相関係数は 0.515 と非常に高いことが見てとれる。このように，「信用取引」「定額手数料制」「最低手数料」「サービスラインアップ数」「参入経過月数」を同時に回帰式に導入すると多重共線性が発生する可能性が高いので，以下ではこれらの変数を基本的に個別に回帰式に投入することにしたい（ただし，「最低手数料」と「サービスラインアップ数」の相関係数は低いので，この 2 つの変数は同時に回帰式に投入する）。

また，表 5 - 2 は，コックス回帰分析の結果である。なお，このコックス回帰分析では，「オンライン証券業界からの撤退」をイベントとするハザード関数（撤退が生じる瞬間的な発生率）に各説明変数が及ぼす影響を見ているので，負の符号は，生存期間に正の影響を及ぼすことを意味している[5]。

表 5 - 2 のモデル 1 は，制御変数のみを入れたベースモデルである。モデル

相関係数

2	3	4	5	6	7	8	9
1.000							
-0.529^{**}	1.000						
-0.304^{*}	0.515^{**}	1.000					
-0.302^{*}	0.340^{**}	0.320^{**}	1.000				
-0.463^{**}	0.462^{**}	0.265^{*}	-0.147	1.000			
-0.138	0.328^{**}	0.002	-0.088	0.417^{**}	1.000		
-0.198	-0.033	0.167	0.042	0.053	-0.246^{*}	1.000	
0.148	-0.088	0.026	-0.138	0.155	-0.444^{**}	0.502^{**}	1.000

2はベースモデルに「参入経過月数」のみを加えたモデル，モデル3はモデル2に「信用取引」を加えたモデル，モデル4はモデル2に「定額手数料制」を加えたモデル，モデル5はモデル2に「最低手数料」と「サービスラインアップ数」を加えたモデルである。また，モデル6はモデル2に「信用取引」「定額手数料制」「最低手数料」「サービスラインアップ数」をすべて加えたモデルである。上で述べたように，モデル6は相関性の高い変数をすべて同時に回帰式に導入しているため，多重共線性が発生している可能性が高い。そのため，各説明変数の効果については，基本的にモデル2〜5にて確認し，モデル6の結果は参考として参照するだけに留めたい。

　表5−2からは，第一に，モデル1よりもモデル2〜6の方が，回帰式の説明力が向上している（$-2\log L$の値が小さくなっている）ことが見てとれる。この結果は，本書の分析で用いた「信用取引」「定額手数料制」「最低手数料」「サービスラインアップ数」「参入経過月数」の5つの説明変数が，「オンライン証券業界からの撤退」のイベントに十分な影響を与えていることを示している。

　第二に，モデル3とモデル6より，「信用取引」が「オンライン証券業界からの撤退」のイベントに強い負の影響を及ぼしていることが見てとれる。モデル3は1％水準で，モデル6は10％水準で有意である。これは，「信用取引」を導入しているほど，企業の撤退のリスクが下がるということを意味している。これにより，仮説1-1は支持されたと言える。

表5-2　コックス

	モデル1			モデル2			モデル3		
	β係数	標準誤差	ハザード比	β係数	標準誤差	ハザード比	β係数	標準誤差	ハザード比
信用取引							-3.616**	1.066	11.498
定額手数料制									
最低手数料									
サービスラインアップ数									
参入経過月数				-0.032*	0.019	0.969	0.013	0.022	0.363
多－早									
少－早									
多－遅									
外資ダミー	0.812	0.673		0.899	0.676		1.403*	0.687	
新規参入ダミー	0.538	0.519		0.166	0.551		0.850	0.631	
-2LogL	193.414			190.498			163.305		

注）　+：p<0.1,　*：p<0.05,　**：p<0.01

　第三に，モデル4と6より，「定額手数料制」は統計的に有意ではなかった。したがって，仮説1-2は支持されなかったと言える。

　第四に，モデル5と6より，「最低手数料」と「サービスラインアップ数」は，「オンライン証券業界からの撤退」のイベントに負の影響を及ぼしていることが見てとれる。前者は1％水準，後者は5％水準で，それぞれ有意である。これは，「最低手数料」が低いほど，「サービスラインアップ数」が多いほど，企業の撤退のリスクが下がる，ということを意味している。したがって，仮説2-1と2-2は支持されたと言える。

　第五に，モデル2では，「参入経過月数」が「オンライン証券業界からの撤退」のイベントに負の影響を及ぼしていることが見てとれる（1％水準で有意）。これは先行して参入した企業の方が，撤退のリスクが下がるということを意味している。しかし一方で，他の説明変数も併せて投入したモデル3～6の結果においては，「参入経過月数」の変数は統計的に有意ではなくなっている。これは，他の説明変数による効果を制御した上では，「参入経過月数」の効果が消えてしまうことを意味している。したがって，仮説3はきわめて限定的にしか支持されなかったと言える。ただし，「参入経過月数」は「信用取引」や「サービスラインアップ数」との相関係数が高い（それぞれ1％水準で有意）ので，多重共線性が発生している可能性も否定できない。この点についての検討は，

回帰分析の結果

モデル4			モデル5			モデル6			モデル7		
β 係数	標準誤差	ハザード比	β 係数	標準誤差	ハザード比	β 係数	標準誤差	ハザード比	β 係数	標準誤差	ハザード比
						−2.148[+]	1.116	3.701			
−14.514	417.513	0.001				−11.772	277.836	0.002			
			−1.735[*]	0.759	5.228	−1.683[*]	0.103	3.891			
			−0.417[**]	0.100	17.499	−0.311[**]	0.853	9.053			
−0.019	0.020	0.936	0.009	0.027	0.112	0.038	0.027	1.959			
									−2.652[**]	0.827	0.071
									0.011	0.612	
									−2.110[**]	0.809	0.121
1.837[**]	0.697		2.543[**]	0.852		3.033[**]	0.891		1.763	0.933	
0.292	0.578		0.542	0.604		1.135[+]	0.677		0.670	0.655	
176.273			158.165			144.300			198.236		

次の **3.6** で行う。

　第六に，「オンライン証券業界からの撤退」のイベントに負の影響を及ぼしていた3つの説明変数の β 係数の絶対値を比較すると，「信用取引」の値は，「最低手数料」や「サービスラインアップ数」よりも大きいことが見てとれる。これは，オンライン証券業界の市場黎明期の競争において，特に信用取引のサービスを導入することが，撤退リスクを低減する上で非常に重要な要因であったことを示唆している。

3.6　分析結果(2)

　前節の分析によって，「頻繁に取引を行い，オンライン証券会社に利益をもたらすようなアクティブユーザーを獲得しつなぎ止めるのに重要である信用取引を導入することが，オンライン証券業界からの撤退リスクを引き下げる効果を有していた」ことが示された。また，「一般的に顧客に評価される手数料の低さや提供商品・サービスの豊富さといった要因も，オンライン証券業界からの撤退リスクを引き下げる効果を有していた」ことが示された。

　一方，「先に参入していた企業の方が，オンライン証券業界からの撤退リスクが低かった」という先行者の優位性の効果も見られたものの，その効果は限定的であることもわかった。ただし，多重共線性が発生している可能性は否定

図5-1　2要因の関係を検討するためのマトリックス

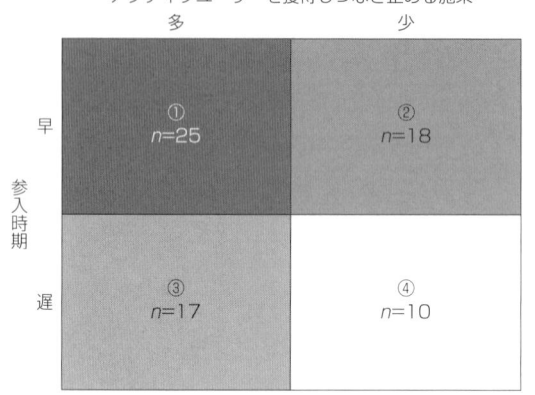

できない。かといって，多重共線性を避けるため説明変数を個別に投入したモデルでは，商品やサービス面での施策と早期の参入のどちらがどれだけ企業生存に対して強い影響を及ぼしていたのかを明らかにすることはできない。そこでこの項では，こうした問題点を補うための若干の追加分析を行うことにしたい。

　図5-1は，「アクティブユーザーを獲得しつなぎ止めるのに有効な施策」と「先行者の優位性」との2つの変数を軸として，それぞれの変数を2つのカテゴリーに分けて作成したマトリックスである。ただし，直感的な理解を容易にするため，以下では「先行者の優位性」を「参入時期」と読み替えて説明を進めることにする。

　このうち「アクティブユーザーを獲得しつなぎ止めるのに有効な施策」の軸については，「信用取引」「定額手数料制」「最低手数料」「サービスラインアップの数」の4つの変数から構成されるものとして考えた。具体的には，上記4つの合成変数を設定して，その多い順に企業を並べ替えた。合成変数の設定においては，4つの変数間において客観的・合理的なウエイトづけを行う根拠がないため，それぞれを同じ比率として扱った[6]。その結果，最頻値より大きい企業42社を「施策の提供が多い企業」，残り28社を「施策の提供が少ない企業」とした。

　一方の「参入時期」の軸については，オンライン証券業界の競争が実質上始

まることとなった 1999 年 10 月の手数料自由化より前に参入していた[7]企業
43 社を「参入時期の早い企業」，それ以降に市場に参入した 27 社を「参入時
期の遅い企業」とした。

　以上の作業を通じて，〔「アクティブユーザーを獲得しつなぎ止めるのに有効
な施策」「参入時期」〕＝①「多い」「早い」，②「少ない」「早い」，③「多い」
「遅い」，④「少ない」「遅い」，となる 4 つのセルを構成し，このうち前 3 つに
ダミー変数を与えて説明変数として導入することにした。

　第 2 節での議論を踏まえると，「信用取引」「定額手数料制」「最低手数料」
「サービスラインアップ数」といったアクティブユーザーを獲得しつなぎ止め
る上で有効な施策を充実させ，なおかつ早い時期に参入した企業は，それ以外
の場合に比べて生存の可能性が最も高かった（撤退のリスクが最小であった）と
考えられる。以上の議論より，以下の仮説が導出される。

　（仮説 4）〔「アクティブユーザーを獲得しつなぎ止めるのに有効な施策」
　　　　　「参入時期」〕＝「多い」「早い」，のとき，オンライン証券会社の
　　　　　生存の可能性は最大になる。

　この仮説 4 の検証を行った結果を示しているのが，表 5 - 2 のモデル 7 であ
る。ここでは，3 つのダミー変数のうち，〔「アクティブユーザーを獲得しつな
ぎ止めるのに有効な施策」「参入時期」〕＝①「多い」「早い」，が「オンライン
証券業界からの撤退」というイベントに対して最も大きな負の効果を及ぼして
いることが見てとれる（1% 有意）。これはアクティブユーザーを獲得し，つな
ぎ止めるのに有効な施策を積極的に打っており，なおかつ先行して市場に参入
している企業の方が，そうでない企業に比べて撤退のリスクが大幅に下がる，
ということを意味している。したがって，仮説 4 は支持されたと言える。

　なお，モデル 7 の各セルの β 係数（β 係数の符号の向きを逆にすると，「リスク
軽減の度合い」を表すことになる）を比較すると，〔「アクティブユーザーを獲得
しつなぎ止めるのに有効な施策」「参入時期」〕＝③「多い」「遅い」，が 2 番目
に強いリスク軽減効果を及ぼしていることが見てとれる（1% 有意）。すなわち，
比較的参入時期が遅かったとしても，アクティブユーザーを獲得し，つなぎ止
めるのに有効な施策を打っている企業は，撤退しないで済む可能性が比較的高
いのである。また，「アクティブユーザーを獲得しつなぎ止めるのに有効な施
策」が少ない場合には，仮に「参入時期」が早かったとしても，すなわち

〔「アクティブユーザーを獲得しつなぎ止めるのに有効な施策」「参入時期」〕＝
②「少ない」「早い」場合には，β係数の値はほとんどゼロであり，統計的に
も優位ではないことも見てとれる。つまり，オンライン証券業界の市場黎明期
の競争において，先行者の優位性は限定的であり，それ以上に各社の商品・価
格戦略が生き残りの決め手になったと考えられるのである。

　むろん，ここでの分析結果は，合成変数の設定において「信用取引」「定額
手数料制」「最低手数料」「サービスラインアップ数」の4要素をどのような比
率で設定するのかによって左右される可能性があることには注意が必要である。
しかし，モデル1よりもモデル2の方が式の説明力が高く（$-2\log L$の値が小さ
く），（モデルが別とはいえ）「参入経過月数」よりも「アクティブユーザーを獲
得しつなぎ止めるのに有効な施策」の4変数のβ係数の絶対値の方が大きいこ
とを勘案すれば，この結果は相当に頑強（robust）だと考えられる。

　以上の分析結果をまとめると，以下のようになる。

　オンライン証券業界の市場黎明期の競争においては，①アクティブユーザー
を獲得し，つなぎ止める施策を数多く導入している企業ほど，②参入が早い企
業ほど，③アクティブユーザーを獲得し，つなぎ止める施策を数多く導入して
おり，なおかつ参入が早い企業ほど，撤退リスクが低減する傾向が見られた。
ただし，撤退リスクの低減効果をもたらす要因としては，参入時期が早いとい
う先行者の優位性の効果よりは，「アクティブユーザーをつなぎ止める施策」
の効果の方がはるかに大きい，ということが明らかになったと言えよう。

4 考察とディスカッション

　前節での分析により，企業にとっていくつかの興味深い示唆が得られたと考
えられる。最後に，本章の分析から得られる示唆についてのディスカッション
を行っていきたい。

　まず第一に，本章の分析によって先行者の優位性は見られるものの，その効
果は限定的であり，むしろ企業の商品・価格戦略の方が重要であったというこ
とが明らかになった。特に，本章の分析によって「比較的早く参入していたと
しても，アクティブユーザーをつなぎ止める上で有効な施策を打っていない企
業は撤退するリスクが高い」という事実が示されたが，ここからは，早期に参

入しているということは，生き残りの確率を高める方向に作用するとはいえ，生き残りのための必要条件でも十分条件でもないとのインプリケーションが導かれる。すなわち，市場参入後の各社の戦略こそが，本当の意味で生存のカギになっていたと考えられるのである。また，オンライン証券業界の黎明期の競争に限定して言えば，生き残りの確率を高める（撤退のリスクを低減する）上で最も大きなインパクトを及ぼした各社の戦略要因は，信用取引サービスの提供であったと推定される。

　すでに述べた通り，オンライン証券業界はサービスが基本的にインターネットのオンライン上で完結し，各社の提供している商品やサービスがホームページなどにおいてリアルタイムに示され，また有力企業においてはパフォーマンスを公表していることも多いため，各社の戦略の有効性の分析も容易にできる。また，ある商品やサービスを新たに導入するための情報システムの変更は，一般に数ヶ月で可能であり，情報システムの構築を手がける専門企業も多数存在する。そのため，他社で成功した戦略を模倣することが容易な業界だと言える。しかしながら，早期に参入しているということで先行者の優位性を確保している企業のなかでも，アクティブユーザーを獲得しつなぎ止める施策をタイムリーに導入できた企業とできなかった企業とが存在しており，後者の企業群はその多くが撤退するに至っていたのである。

　こうした「企業間の戦略の差違が業績や存続の明暗を分けた」という結論は，一般常識に照らせば当然のことのように思われる。しかし，競争戦略論の観点からすると，もう少し深い検討が必要とされる。すなわち，オンライン証券業界では成功している他社の模倣が容易であることを前提とすれば，「市場黎明期の，しかも模倣が比較的容易な業界において，なぜ企業間に競争優位の差違が生じ，それが維持されていくのか」というダイナミックなメカニズムが，次に問われなければならないことになる。言い換えると，「オンライン証券業界の成功要因」を定量的に分析した結果，本書の第一のリサーチクエスチョンがよりクローズアップされることになったのである。

　第二に，本章の生存時間分析において，「定額手数料制」が統計的に有意な結果が出なかった理由について考察してみたい。前章で検証したように，「定額手数料制」はアクティブユーザーを獲得しつなぎ止める上で非常に有効な施策だったと考えられる。にもかかわらず，本章の分析では，企業の生存確率

（撤退のリスク）には統計的に有意な影響を及ぼしていなかった。実際，観測期間が終了となる 2004 年 12 月の時点でオンライン証券業界に留まっていた企業は 45 社にのぼるが，そのうちで定額手数料制をすでに導入していた企業は 10 社に過ぎなかった。すなわち，45 − 10 ＝ 35 社（延べ参入企業数 70 社の半分）は，定額手数料制を導入しなくても生存していたわけであり，明らかに定額手数料制を導入していたか否かは，オンライン証券業界に留まることができたかどうかには重大な影響を及ぼしていなかった。

　実は黎明期の日本のオンライン証券業界では，非常に数多くの企業が参入した一方で，淘汰された企業は少なく，多くの企業が市場に留まり続けた。彼らのほとんどは，既存証券会社の一部門ないし子会社であり，オンライン証券市場での競争からは早々に脱落し，店舗中心の営業に戻ったものの，ホームページなどは残し店舗営業の補助的な位置づけで細々とオンラインでの証券サービスを提供し続けた（高井，2006; 2009）。言い換えると，すでに競争からは事実上脱落している企業の多くが，他の収益源に依存しながらオンライン証券の営業を細々と続けていたため，わざわざ定額手数料制を導入することなく，市場に留まり続けることが可能だったと考えられるのである。

5　小　　括

　本章においては，「どのような企業が激しい生存競争を生き残っていったのか」という要因を探るべく，オンライン証券に参入した全社を対象にして生存時間分析を行った。

　その結果，頻繁に取引を行い，オンライン証券会社に利益をもたらすようなアクティブユーザーを獲得しつなぎ止めるのに重要である信用取引や，一般的に顧客に評価される手数料の低さや提供商品の多さといった施策が，生存時間に正の影響を与えることが示された。また本章でも，「先に参入していた企業の方がオンライン証券業界から撤退するリスクが低かった」ということが明らかとなり，先行者の優位性の仮説が限定的ながらも支持された。さらには，比較的早い段階で参入していても，上で挙げられているようなアクティブユーザーを獲得しつなぎ止めるのに重要である施策を打っていない企業は，撤退する可能性が高かった，ということも明らかにされた。

　ではなぜ，黎明期のオンライン証券業界の企業間に，このような戦略の差違が形成されたのだろうか。オンライン証券業界では成功している他社の模倣が容易であることを前提とすれば，この点について，もう少し深い検討が必要とされる。すなわち，前章におけるオンライン証券専業の有力新規企業6社の成功要因の分析，ならびに本章における全企業を対象とした生存時間分析を終えて，「他社の戦略の評価や模倣が比較的容易な環境にありながら，企業間の戦略の差違や競争優位の差異が生まれるのはどうしてなのか」という本書の第一のリサーチクエスチョンが，さらにクローズアップされることになったのである。

注 ——————

1) コックス回帰の比例ハザード分析とは，生存時間分析の手法のうちのひとつであり，「ある事象が生じる（イベントの発生）までの時間」（生存時間）に説明変数が及ぼす影響を分析するための統計手法である。企業・事業・取引などの成果指標として，「生存（継続）」／「死亡（停止）」および「生存（継続）期間」というシンプルかつ入手容易性の高いデータを用いることができるため，財務データなどの入手が難しい中堅・中小企業を含む大規模なサンプルを対象とした実証分析で使用されることが多い。詳しくは，分析の手法については大橋・浜田（1995）を，その社会科学分野への応用については清水（2001）をそれぞれ参照のこと。
2) ダミー変数の境界を1000円に設定したのは，競争が本格的に開始した1999年に，「1回あたりの手数料が1000円未満では利益が出ない」というのが通説とであったこと（e. g.,『日本経済新聞』1999年9月27日），それまでは最安値の企業でも1900円であったのが，2000年7月21日より1000円を割る3桁（747円）の手数料をジェット証券が提供した際には大きく報道され（e. g.,『日本経済新聞』2000年7月18日），いくつかの企業が追撃するなど，「手数料が安いとそうでない企業」との目安として，その後もオンライン証券業界ならびに顧客の間にも「1000円」という金額が目安となっていることによる（e. g., 高井，2004）。
3) 証券会社には，1968年から免許制が導入されており，その後20年以上にわたって，外資系証券会社による東京支店開設を除くと，証券業務への新規参入がほとんどない状態が続いた。1992年以降，いわゆる金融制度改革により，業態別子会社方式による銀行業と証券業の相互参入が実現し，銀行系証券会社が設立されることとなったが，株式ブローカー業務は制限されていた。1998年12月にようやく，金融ビッグバンの一環として免許制から登録制へ正式に移行し，基本的に自由な参入が認められることとなった。
4) かつての証券取引法では，100万円以下ならば一律1.15%などと手数料が決められ

　　ていた。欧米では早くから手数料の自由化が進んでいたが，遅れていた日本でも，金融ビッグバンの一環として，まず 1998 年 4 月に 5000 万円超の取引における手数料の自由化が行われ，99 年 10 月から完全自由化となり，証券会社が自由に決定できるようになった。

5）　コックス回帰分析を行うにあたっては，比例ハザード性が仮定できるか否か，ということの検証が重要となる。本書においては，$\log(-\log S(t))$ グラフを，共変量を説明変数に設定して描写し，ほぼ平行になっていることを確認することで，比例ハザード性が仮定できることを検証した（大橋・浜田，1995）。

6）　それぞれの変数の最大値が 1 となるように，合成変数を設定した（$n=70$，mean $=1.26$，mode $=0.60$，$S.D.=0.85$）。

7）　オンライン証券業界においては，1999 年 10 月の手数料自由化以降に本格的な競争が始まったとのコンセンサスが形成されている。具体的な理由については，高井（2004）を参照されたい。

第*6*章 オンライン証券業界における黎明期の企業間競争：

時系列的なケース記述

1 はじめに

　第4章と第5章での結果は，これまで十分な根拠もないままに逸話的に語られているだけであった「オンライン証券業界の成功要因」を定量的に検証した，非常に意義深いものであった。しかし，それと同時に企業の戦略の差違が，企業の業績や存続の明暗を分けたということを示すものでもあった。ここで，オンライン証券業界では成功している他社の戦略の模倣が容易であることを前提とすれば，「市場黎明期の，しかも模倣が比較的容易な業界において，なぜ企業間に差違が生じ，それが維持されていくのか」というダイナミックなメカニズムが次に問われなければならないことになる。つまり，「オンライン証券業界の成功要因」を定量的に分析した結果，本研究のリサーチクエスチョンがよりクローズアップされることになったのである。

　そこで，続く第6章から第9章においては，オンライン証券業界の黎明期の競争の事例を詳細に紹介した上で，第3章で掲示した本稿のフレームワークに当てはめて再解釈する作業を行い，その有効性を検証していきたいと考える。

　まず，本章では第3章で提示した問題意識の背景を確認するために，オンライン専業企業の有力6社の動きを中心に，日本のオンライン証券業界の黎明期の企業間競争の推移を，時系列にしたがって丹念に追っていきたい。

2 オンライン証券業界

2.1 オンライン証券業界の黎明期の参入と撤退

　日本のオンライン証券業界の黎明期の参入・撤退企業年表が図6-1である。矢印の先端と末端との間が，その企業がオンライン証券事業に参入していた時期を示しており，他の矢印へと合流するように消えている場合は，合併によって撤退したことを示している。

　序章でも述べた通り，日本のオンライン証券業界は，大手証券会社からの参入で始まった。大和証券，野村證券，日興コーディアル証券という，いわゆる三大証券に続いて，今川，丸三，豊，ウツミ屋といった中堅・地場の証券会社が参入した。この1990年代後半は，ちょうどインターネットの普及が進み，金融ビッグバンが起きた時期でもある。金融ビッグバンの一環として，業界が立ち上がってわずか数年となる1998年12月の登録制への変更による参入の自由化，1999年の手数料の自由化がされると，証券業界の競争環境は劇的な変化を遂げた。

　1998年の参入の自由化によって，それまで実質的にできなかった証券業界への参入が，国内外から相次いだ。たとえば，まったく新しい国内発の証券会社として，1999年4月に日本オンライン証券，9月にジェット証券といった証券会社が設立され，オンライン専業証券として業務を開始した。さらに，手数料自由化・インターネット普及をチャンスと見て，以前から営業している証券会社を買収することで，オンライン証券業界に参入する企業も見られた。イー・トレード証券は，1998年10月にソフトバンクとアメリカのE*TRADE Groupとが出資するイー・トレード株式会社が，既存証券会社である大沢証券を100%子会社として買収し社名を変更した上で，エイチ・エス証券は，1999年4月に大手旅行代理店のH.I.S.が既存証券会社である協立証券を100%子会社として買収し社名を変更した上で，いずれもオンライン専業証券に業態を変更して業務を開始した。

　1999年10月の手数料自由化の時点では，このようにして設立された企業によって，オンライン証券業界は34社もの企業による業界へと成長していた。そして，本格的な自由競争が開始されると，手数料引き下げ，商品ラインアッ

プの拡充，新しい多様な情報サービスの提供などによって，熾烈な競争を繰り広げた。

　競争が始まって少し経った 2000 年代に入ると，再び企業の参入，それから撤退への動きが起きた。まずは，外資系の有力証券会社の日本への参入である。アメリカの最大のオンライン証券会社のシュワブが東京海上火災との合弁会社を設立し，2000 年 4 月に営業を開始した際は「黒船が来る」と騒がれた。他にも，フランスのソシエテ・ジェネラル，BNP パリバといったヨーロッパの有力証券会社も続々と日本に上陸した。しかし，これらの企業は程なく，十分な顧客を獲得できないまま，1 年から 2 年程度経った 2001〜03 年に撤退をしていった。

　この 2001〜03 年には，合併や事業停止によるオンライン証券事業からの撤退も相次いだ。銀行系証券における「親会社の合併」や「販売チャネルの拡大」といった要因や，地場証券における「地元の顧客を大事にしていく戦略」や「余力がある企業同士の前向きの合併」などの要因による「撤退」によって，参入企業が減っていったのである（Takai, 2017a）。

　これらの参入・撤退の結果である図を概観すると，2003 年末頃までに存続していた企業は，手数料自由化より前の比較的早い時期に参入した大手企業や中堅・地場証券，ならびにオンライン専業企業のなかで，合併して消滅しなかった企業が多かったと言えよう。

2.2　分析対象：オンライン証券専業 6 社

　さて，ここからはこの業界の黎明期の競争をリードしてきたオンライン専業企業 6 社[1] に特に焦点を当てて，戦略行動とその結果であるパフォーマンスを，各社の参入時にまで遡って丹念に追っていくことにしたい。この 6 社の主要な企業プロフィールは，以下の表 6 - 1 の通りである。

　本章で分析対象とするオンライン専業の 6 社は，後で述べるように彼らの間で戦略の同質化がほぼ完了した 2003 年頃には，合計でオンライン証券取引シェアの約 7 割を占めた業界を牽引する有力企業である[2]。なお，「オンライン専業」とは，それまで証券リテール（個人）取引で主流を占めていた店舗での営業を一切行わず，オンライン上での事業のみを行う企業である。

　さらに，6 社のシェア合計は，同じ 2003 年時点でオンライン経由以外の取

図6-1 オンライン証券

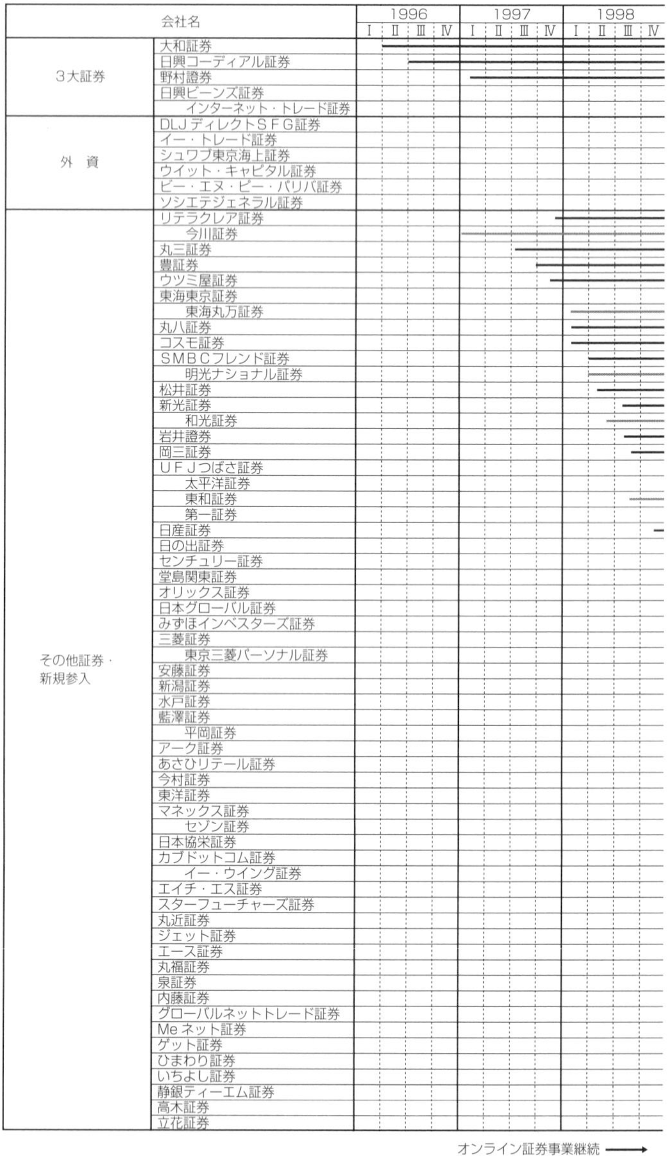

会社名	1996 I II III IV	1997 I II III IV	1998 I II III IV
3大証券 大和証券			
日興コーディアル証券			
野村證券			
日興ビーンズ証券			
インターネット・トレード証券			
外資 DLJディレクトSFG証券			
イー・トレード証券			
シュワブ東京海上証券			
ウイット・キャピタル証券			
ビー・エヌ・ピー・パリバ証券			
ソシエテジェネラル証券			
その他証券・新規参入 リテラクレア証券			
今川証券			
丸三証券			
豊証券			
ウツミ屋証券			
東海東京証券			
東海丸万証券			
丸八証券			
コスモ証券			
SMBCフレンド証券			
明光ナショナル証券			
松井証券			
新光証券			
和光証券			
岩井證券			
岡三証券			
UFJつばさ証券			
太平洋証券			
東和証券			
第一証券			
日産証券			
日の出証券			
センチュリー証券			
堂島関東証券			
オリックス証券			
日本グローバル証券			
みずほインベスターズ証券			
三菱証券			
東京三菱パーソナル証券			
安藤証券			
新潟証券			
水戸証券			
藍澤証券			
平岡証券			
アーク証券			
あさひリテール証券			
今村証券			
東洋証券			
マネックス証券			
セゾン証券			
日本協栄証券			
カブドットコム証券			
イー・ウイング証券			
エイチ・エス証券			
スターフューチャーズ証券			
丸近証券			
ジェット証券			
エース証券			
丸福証券			
泉証券			
内藤証券			
グローバルネットトレード証券			
Meネット証券			
ゲット証券			
ひまわり証券			
いちよし証券			
静銀ティーエム証券			
高木証券			
立花証券			

オンライン証券事業継続 ⟶

注1) 合併等によって企業名が変更した企業については，合併後の企業名で
2) オンラインにて現物株式を取りあつかう企業のみ掲載。
出所) 各社 IR 資料，日経 4 紙記事，『日経マネー』記事，ストック・リサー

業界参入・撤退企業年表

被合併による消滅 ——→　　事業撤退 - - - →

記載してある。

チ社ホームページデータより作成。

表6-1 オンライン専業6社のプロフィール

企業名	オンライン事業への参入	系列・大株主
松井証券	1998年5月	中堅証券会社
イー・トレード証券	1999年10月	外資証券会社系 （米：E*TRADE 日：ソフトバンクなど）
DLJ ディレクト SFG 証券	1999年6月	外資証券会社系 （米：DLJ Direct 日：三井住友銀行など）
マネックス証券	1999年10月	他業界（ソニーなど）
日興ビーンズ証券	1999年10月	大手証券会社系 （日興コーディアルグループ）
カブドットコム証券	2000年2月	他業界 （UFJ銀行など）

注1) DLJ ディレクト SFG は，2003年11月に楽天株式会社の子会社となったが，本書の研究は
それ以前を主な対象時期としているため，過去における系列を記載した。
   2) カブドットコムは，2001年4月，日本オンラインとイー・ウイングが合併して設立。オン
ライン事業への参入時期は2社のうち，より早い日本オンラインの事業開始時期を記載した。
出所) 各社 IR 資料より作成。

引を含めた全リテール取引の52%と半分以上を占め，大手3社をしのぐに至
った（図6-2）。このように，これら6社のオンライン証券専業企業は，オン
ライン証券業界だけでなく，証券業界全体においても強い影響力を有するよう
になったのである。

3 オンライン証券専業6社の参入

3.1 先行した松井証券

　松井証券がオンライン証券事業を開始したのは，1998年5月である。日本
最初のオンライン証券参入となった大和証券の1996年4月から遅れること2
年，国内では13番目[3] の参入であった。競争が一気に激化するきっかけとな
った「証券会社の免許制から登録制への変更（1998年12月）」や「手数料の完
全自由化（1999年10月）」よりは早かったものの，他の既存証券会社と比して，
時期的に必ずしも先行していたとは言えない。しかしながら，松井証券はその
時点ですでに，「営業マンを前提としない証券ブローキング」という独自の
ビジネスモデルを確立しており，そうしたビジネスモデルを補強する単なるツ

図6-2 2003年時点での個人株式委託売買代金シェア

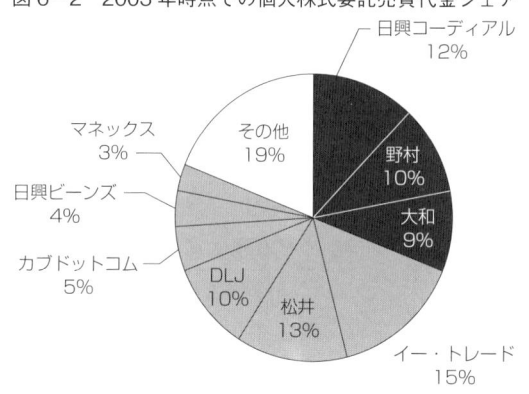

注) 東京・大阪・名古屋の3市場の合計値。
出所) 松井証券2004年3月期中間期決算報告資料より作成。

ールとして, 新たにインターネットの使用を開始したに過ぎなかった[4]。

　松井証券の新たな事業形態の模索は, 1992年に営業マンによる対面営業の完全廃止を宣言したことから始まった。松井社長が, 松井証券入社前に勤務していた日本郵船時代に目の当たりにした規制緩和による競争激化の原体験[5]から, 「営業マンのコストは自由化になったときに必ず顧客から否定される」と確信し, 4年間かけて営業マンを完全廃止し, コールセンターのみの受注による事業へと転換を図ったのである[6]。対面営業をしていたときは長野と東京にしか店舗がなかったため, テリトリーはそれらの地域に限定されたが, 「コールセンターのみの証券会社」に転換し, また「売り込みをしない」ということでマスコミの話題を呼んだこともあり, 全国から顧客が集まるようになった。

　そして, このコールセンターという窓口に, インターネットという新たなラインを付り加えたのが1998年5月であった。しかし半年後には, プロフィットセンターであったこのコールセンターを廃止し, オンライン専業証券となった。そのことを松井社長は, 「当初は, コールセンターとインターネットを併用しようと考えました。われわれはコールセンターを最初に使い始めた会社でそれで成功していた。したがって, この成功を棄てるべきではないと。さらにネット取引はそんなに早く普及せず, 本格的に伸びるのは2001年くらいからだろうと考えていたこともある。その橋渡し役としてのコールセンターです。

98年から準備を開始したのだが，半年くらいたって読みを間違えたなと感じ始めた。インターネットはもっと使い勝手のよいもので，一気に広がるという"におい"をかいだ。そこでプロフィットセンターとしてのコールセンターは廃止，サポートセンターとしての機能だけを残せ，と半年前の指示を白紙撤回した。そういう意味では，プロフィットセンターとしてのコールセンターをやめたのも，大きなエポックメイキングだったと思います」[7] と述べている。このように，松井証券は早くからこのビジネスに賭け，積極的な行動に出たのである。

　また，この戦略を実行するにあたって，松井社長は事前の段階で，自社が保有する顧客のデータから日本におけるオンライン証券業界の動向を分析するという，他のオンライン証券には見られない，実感覚の分析を行っていたことを強調している。

　「静態分析と動態分析を分けて考えなくちゃいけない。ともすると，過去の静態分析だけでシナリオを作りがちなんですね。過去の延長線上で展開されるだろうと。違うんです，全然。何が違うかというと，投資家の行動が変わるんです。それはまだ世の中の人たち，マスコミやこの業界の人を含めて気がついてないんじゃないか。私のシナリオに確信を持った拠り所は，実はここにあるんです。松井証券は，『インターネットの登場と手数料の自由化が起きて，個人投資家の行動がどういうふうに変わるか』という生データを持っているんです。この生データを持っているのは，ウチだけでしょう。なぜかというと，松井証券は1999年にできた会社じゃないんです。1917年にできた会社なんです。中小証券としてずっとブローキング（証券仲介業）をやってきて，お客さんはそれなりにいたんです。2万人。自由化の直前で2万人ですから，その前は5000人とか6000人ね。そのお客さんたちが自由化とインターネットの登場でどういうふうに変わったのか。Aさんという人の行動が実は変わったんです。野村證券でも大和証券でも，膨大なお客さんを持っていますけど，彼らがみんなネットに行っていますか。手数料を安くしてやっていますか。彼らは行動変化を示すデータは持っていませんね。ほかのオンライン証券の多くは，1999年にできた会社ですから，もともとのデータを持っていない。今までの延長線上でシナリオを作っても何の意味もないなということで，私は別の形でシナリオを書いたんです。」[8]

このように松井証券は，オンライン専業証券という未知の世界を歩むにあたって，これまで蓄積したノウハウとデータに基づいて，その後の競争に臨んだのである。

3.2　新規企業の参入

すでに述べた通り，1998年12月に証券会社の設立が免許制から登録制へと切り替わり，この業界への参入が容易になったことをきっかけに，オンライン専業企業の誕生が相次いだ。つまり，オンライン証券専業企業は，松井証券をはじめとする既存の証券会社より遅れて，この業界に入ってきたことになる。

DLJ ディレクト SFG 証券（以下 DLJ）は，松井証券以外の5社のなかで一番早く，1999年6月にオンライン証券の営業を開始した。アメリカの DLJ Direct は，機関投資家と超富裕層をターゲットとしている点ではやや特殊だが，フルサービスを提供する証券会社のなかのオンライン取引部門として，高度なリサーチ能力などで，アメリカで当時第7位の取引シェアを獲得している有力企業であった[9]。日本への参入にあたっては，住友銀行や IIJ と合弁会社を設立し，当初から積極的に本国でのノウハウの優位性を強調し，手数料自由化に際しても，取引自由化の3ヶ月も前からアメリカ流の手数料体系導入を発表するなどのアピールを行った[10]。

この手数料設定にあたっては，顧客獲得のために考慮を重ねた上で，アメリカの水準を下回る低い価格帯[11]に決定したことが社長の口から述べられている。「Q：売買代金が1000万円以下の成り行き注文の手数料を一律1900円としているが，コストを賄えるのか。A：取引報告書の発行など，一件一件の取引で発生する変動費の部分は1900円で収まる。ただ，バックオフィスの運営費や人件費といった固定費までは無理。この部分は取引件数を増やしてカバーしていくほかない」「手数料はまずは顧客の数を増やすことを念頭に，何十通りものシミュレーションをしたうえで決めた。」[12] このように，同社の手数料設定においては，とにかく口座数を増やすことが第一の目標となっていたのである。

また，同じく外資系証券会社との提携で注目されたイー・トレード証券は，1999年10月の手数料自由化と同時に営業を開始した。アメリカの E*TRADE は，手数料の価格破壊の先駆者として知名度が高く，アメリカ内の取引高では

チャールズ・シュワブに次ぐ2位を維持している有力企業であった。同社の前身は，大手のディスカウント・ブローカーのシステム面に深く関わったトレードプラスというシステム開発会社であり，1991年にそこで培ったノウハウを活かしてオンライン証券へと参入し，1996年に格安手数料で口座数を爆発的に伸ばし，急成長を果たした[13]。日本での参入の際は，委託手数料の自由化というタイミングに合わせ，アメリカでの実績をもとに，情報・セキュリティ・価格など，トータルに完成されたサービスを提供できることをアピールした[14]。

　日本への進出に際しては，ソフトバンクと合弁企業を立ち上げ，社長にはソフトバンク財務事業本部長を兼務していた北尾吉孝常務が就任した。その後1998年6月には，中堅証券会社の大沢証券を買収し，イー・トレードはソフトバンクグループの金融関連事業の核として積極的な経営を行っていくことを表明した[15]。1999年10月，取引初日の競争に臨むにあたっての北尾社長の言葉は，次の通りである。「既存の証券会社は競争の激化で三年間で三分の一に淘汰される。ウチは一年間で十万口座獲得してみせる。」[16]

　この2社は，アメリカで実績をあげている証券会社の出資をあおぎ，そのノウハウに基づいて日本に参入した企業であるが，残りの4社は，国内系の新規参入企業であった。

　マネックス証券は，アメリカの有力投資銀行のソロモン・ブラザーズで実績をあげ，その後移籍したゴールドマン・サックスでは最年少の30歳でパートナーとなった[17]カリスマ的人物である松本大氏が，ソニーと共同出資で興した企業である。マネックス証券は，創立当初より変わらない企業理念として，「私たちの生活に欠かせないベーシックな金融サービスを，私たちの視点から私たち自身で作ろう，という考えでゼロからスタートしました。企業でも機関投資家でもない，私たち個人ユーザーこそが，マネックスが目指す新しい金融インフラの主役です。」[18]と謳っているように，これまで日本の証券会社のメイン顧客であった富裕層をターゲットとするのではなく，広く一般層に対してサービスを提供していくことを方針としていた。これを象徴するような言葉として，松本社長は，「松井証券は300万人，マネックスは6000万人が対象」[19]と，その著書で述べている。

　次に，日興ビーンズ証券は，三大証券のひとつである日興コーディアル証券を核とした，日興コーディアルグループのオンライン専業企業であった。日興

コーディアル証券は大手証券で唯一，ネット専業証券を別会社として切り離したが，その理由を「（分社化したのは）日本でも手数料の自由化が起きたころで，日興証券本体の二百数十万人いる顧客の手数料をどうするか，社内で議論になっていた。オンライン証券の場合（中略）既存客とは違うはずだとの結論に至り，別会社化した」[20]　と語っている。また，その戦略として「顧客獲得を優先する狙いから，委託手数料は現行比で最大八割引きと大幅に下げた。（1999年）8月末現在，証券界のネット口座数が計13万程度なのに対し，ビーンズの損益分岐点は30万口座と高い。『三年間は赤字覚悟』（須田則雄社長）で，若年層など新たな投資家層の掘り起こしを進めていく。」[21]　と，他のオンライン証券と真っ向からの勝負に臨むことを表明した。

　このように，手数料自由化をきっかけに本格的に市場が立ち上がるタイミングで参入した，DLJ，イー・トレード，マネックス，日興ビーンズの4社は，新たな投資家を積極的に開拓し「最低でも10万口座を獲得する」との目標を掲げて，オンライン証券業界に参入したのである。

　一方，カブドットコム証券の前身である2社は，有力と目されていた企業が自由化に合わせてスタートダッシュをきるなか，出遅れた出発となった。

　まず，その1社となる日本オンライン証券は，ネット金融進出を図る伊藤忠商事が，第一勧業銀行，マイクロソフト，朝日生命保険などと共同で設立した企業であり，異業種からの参入ということで注目を浴びた[22]。当初は，他社と同じ1999年10月のサービス開始を予定していたものの，実際のサービス開始は，委託手数料自由化より約半年遅れた2000年2月下旬となってしまった。他社が大手証券企業系のパッケージシステムを導入しているなかで，日本オンライン証券では自社でシステム開発を進めていたが，これが予定通りに完成しなかったことが遅れの原因になったとされる。

　このように，同社が情報システムの自社開発にこだわったのは，やや変わった会社の成り立ちと大きく関係していた。それは証券業界での経験を活かし，オンライン証券会社に関するさまざまな情報を載せたホームページの主宰者として業界では有名な存在であった臼田琢美氏と，そのページにメールを出したことで意気投合した証券会社のSEだった齋藤正勝氏とが，「本当の証券取引を目指し」[23]起業を決意し，1年近く出資者を探していたところで伊藤忠と出会い，設立されたという経緯である。

　同社では，そうした理念を具体化する戦略として，「顧客である個人投資家に対して，利便性の高いサービスを提供していく」「オンライン証券会社にとって基本業務である株取引の部分で差別化を図っていく」[24]ため，「取扱商品やサービスの柔軟性を確保するために，フロントからバックオフィスのすべてのシステムを，自社で開発から運用管理まで手がける」[25]ことが重要であると考えていたという。なお，目標口座数に対しては，他社に比してやや少ない「年度末までに5万〜6万口座」[26]との目標を，2001年9月に示している。

　一方，イー・ウイング証券は，三和銀行グループのオンライン証券会社として設立され，2000年4月からサービスを開始した。主なターゲットは「投資初心者，インターネット初心者」[27]であり，参入は遅れたものの，2000年9月時点で「年度末までに10万口座，当面は30万口座」[28]と，先行した専業企業と同様，新たな投資家を積極的に開拓する姿勢を示し，強気な口座数の獲得目標を掲げた。

4　口座数獲得競争の激化

4.1　オンライン証券市場の爆発的拡大への期待形成

　アメリカでは，日本より20年以上遡る1975年に，株式委託手数料の自由化が行われており，これを契機に，投資情報やコンサルティング業務はほとんど提供しない代わりに手数料を割り引くという，ディスカウント・ブローカーと呼ばれる新しいタイプの証券会社が誕生し，株式投資は富裕層だけでなく一般に広く浸透していた。一方，日本においては，証券会社が長年にわたって中高齢者の富裕層をメイン顧客として対面営業を行ってきたことから，アメリカに比べて個人の資産に占める株式の割合は非常に低い水準にあった（図6-3）。

　手数料自由化前の日本の証券会社では，相対的に高い一律の手数料体系の下で，余剰資金のある中高年の富裕層に対し，投資情報の提供や個々の投資家のニーズに合わせた投資アドバイスを行うことによって，良質の顧客をできるだけ多く，そしてできるだけ長く囲い込むことが，重要かつ唯一の勝利のビジネスモデルであった。なお，日本でこうしたモデルが形成されたことには，1965年の証券不況の後，当時の大蔵省が証券会社の経営を安定させるため，ブローカレッジ業務を業務の中心に据えるように，証券各社へ強力な行政指導を行っ

図6‐3　主要国における個人の株式保有金額と資産に占める比率（1999年）

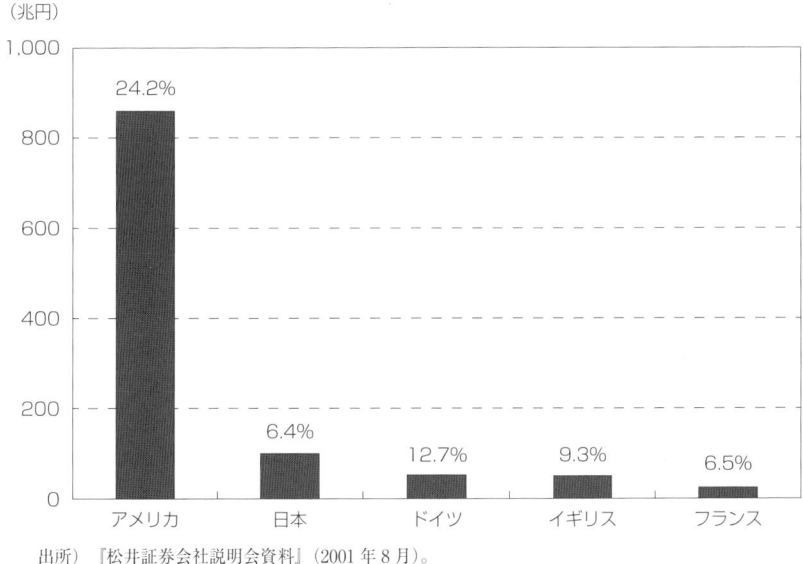

(兆円)

出所)　『松井証券会社説明会資料』（2001年8月）。

たことが大きな影響を与えたと言われる。この指導の下で，当時の高度成長を続ける産業界からの旺盛な資金需要に応えていく土台となる個人投資家向けの販売力が，証券業界における競争の決め手となっていったのである（佐賀，2001）。

　この面でまず，戦前から全国規模で支店ネットワークを確立していた大手4社は圧倒的に有利な立場を確保し，それに続く準大手・中堅証券も，積極的な支店展開によってリテール販売力を強化していった。一方，そうした業務展開が困難な中小証券は，歩合外務員という雇用形態によって弾力的なコスト構造を維持しつつ，相場をリードする大手4社の系列下に入り，大手の推奨銘柄の販売に関与することで利益をあげることを目指した。

　前節で述べたように，1992年に対面営業の完全廃止に踏み出した松井証券でも，方針転換前の経営はその例外ではなかった。同社でも，長年にわたって付き合いのある顧客を抱えた歩合外務員による個人営業が，収益のほとんどすべてを稼ぎ出していたという[29]。そのため，松井社長が対面営業の完全廃止を宣言した際には，業界からは当然異端児として批判や軽蔑を浴び，また社内か

図6‑4　日米におけるオンライン証券口座数の推移

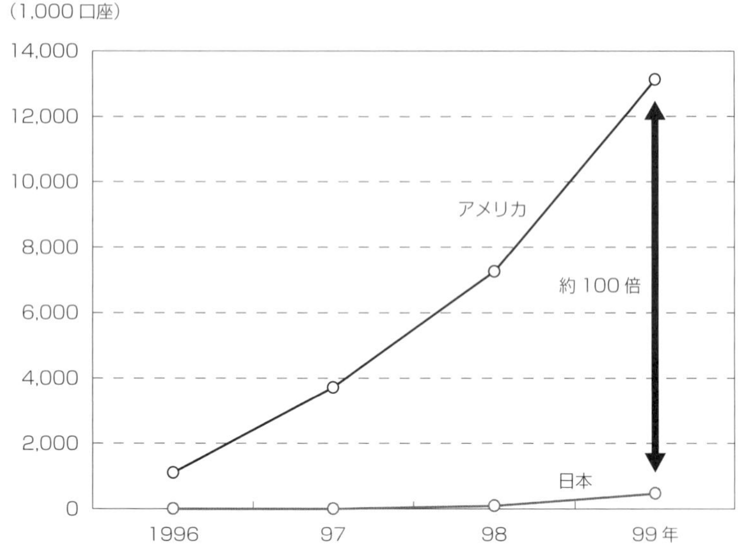

出所）　日本証券経済研究所『正協レポート』（2000年8月），矢野経済研究所資料より作成。

　らは「せっかく開拓した顧客を捨てるのか？」と猛烈な反対が起きた[30]。

　ところが，1997年頃から本格化したいわゆる金融ビッグバンの議論のなかで，1999年10月からの株式委託手数料の自由化が決定し，いよいよ日本の証券業界にも規制緩和の波が押し寄せることが確実になると，これまでターゲットとしていなかった「富裕層以外の大衆層の個人資産」が，手数料自由化によって，株式へと大量に流れてくるという期待が生まれた。

　この機運の高まりのなか，すでに1975年には手数料が自由化され，オンライン化でも先行していたアメリカで，1996年以降急速にオンライン証券の口座数がめざましく拡大を遂げたことが，日本の証券界で非常に注目を集めることとなった（図6‑4）。そのデータをもとに比較すると，日本では手数料自由化直前の1999年9月のオンライン証券口座数は13万口座[31]であったが，同年のアメリカ市場では1300万口座[32]であり，人口や個人の資産構成，金額を考慮してもきわめて規模が小さかった。ここで，日本の証券市場に「オンライン証券の利便性」と「手数料自由化」といった大きな2つの変化が同時に訪れ

図6-5　日経平均株価の推移

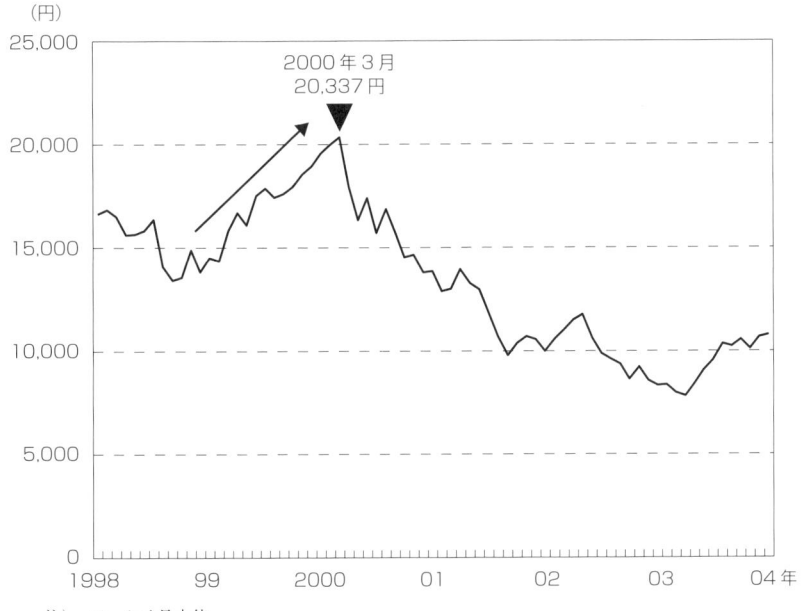

注)　データは月末値。
出所)　日本銀行ホームページ統計資料より作成。

るということで，各証券会社はアメリカの先行事例をもとに，オンライン証券
市場の爆発的な伸びを期待することとなった。実際に，この当時は「オンライ
ン証券取引の先進国であるアメリカの軌跡を見ることが大いに役に立つ。(中
略) 国内でも普及が一段と加速するのは間違いない。」[33] など，アメリカにお
ける1996年以降の顧客急増を取り上げ，「日本でもオンライン証券口座数が急
増する」といった記事が，非常に多く書かれていた。

　さらに，この頃はいわゆる「IT バブル」が頂点に向かう時期であり，日経
平均株価も全体として上昇傾向にあった (図6-5)。また，この時期に，さま
ざまな金融制度改革 (いわゆる金融ビッグバンの取り組み) が重なったことで，マ
スコミや各方面で，「今年は証券取引の『大衆化元年』になる。米国の500万
口座並みとまではいかなくても，日本も市場が爆発的に拡大するとの期待があ
る。」[34] といったような，爆発的な市場成長の予測が相次いで出されたのであ
る。

　以上をまとめると，日本の証券業界におけるこれまでの顧客は，長きにわたって中高年の富裕層という限られた層であったが，手数料の自由化によって一般層の取り込みが期待されるなか，オンラインというチャネルへの期待が高まった。そこでアメリカの先行事例からの類推やITバブルという環境の後押しによって[35]，「新たな顧客が爆発的に流入する」という期待が作られていったのである。

　こうした期待を背景に，大手証券会社はオンライン取引によって，これまでの営業の中心であった中高年の富裕層以外の，それまで証券取引の経験がなかったような「大衆層」の取り込みを図ろうとした。ただし，あくまでも中高年の富裕層が主な収益源である以上，店舗営業ではこれまでと同様に手厚い投資助言などの高度なサービスの提供を続け，1999年10月の手数料自由化に際しても，手数料引き下げ幅は最小限に留める方針を発表した[36]。さらには対面営業において取引を行う重要な顧客が，オンライン取引も合わせて行う可能性や，オンライン上でも相当の投資情報が得られるといった現状を踏まえると，対面取引とオンライン取引とで手数料の差をつけることは困難であり[37]，対面営業とオンライン取引との手数料の大きな差はつけない体系を出さざるをえないと判断した[38]。すなわち，大手証券会社では，従来からの重要な顧客がオンライン取引に移動して収益が下がってしまう「カニバリゼーション（共喰い）」を防ぐため，オンライン取引を拡大するための積極的な行動に出にくい状況にあったのである。また，オンライン証券部門を別会社化せずに参入したほとんどの準大手・中堅会社も，多かれ少なかれこれと同じ状況に陥ったと考えられる。その結果，大手証券会社や準大手・中堅会社のオンライン取引部門は，オンライン証券市場では主役プレーヤーになることは難しかったのである[39]。

　一方，オンライン証券専業の各社は，業界への参入こそ大手証券会社より後であったが，「既存顧客へのしがらみ」がなかったため，ここがチャンスと積極果敢な競争戦略に打って出ることが可能であり，瞬く間にオンライン証券市場の主要プレーヤーとなった。しかし逆に，オンライン証券参入企業のほとんどが，「証券取引の経験がなかった若い世代や，忙しくて証券会社に足を運べなかったビジネスマン」[40]といった新たな顧客層を，他社より先に大量に獲得するために，現在から振り返ればあまりにも強気すぎる口座数の目標を立て，泥沼の競争を繰り広げることになったのである。

表6-2 各社の手数料体系（2000年4月）

企業名	手数料体系の内容	方式
松井証券	1日の約定回数3回以下かつ，約定代金合計300万円以下は，3,000円 1日の約定回数上限が3回，約定代金合計の上限が300万円増えるごとに3,000円をそれぞれ加算	約定回数と約定代金による定額制
イー・トレード証券	約定代金100万円以下は，2,000円 約定代金100万円超は，約定金額×0.2%（最高6万円）	約定金額に比例した1回あたりの手数料制
DLJディレクトSFG証券	約定代金1,000万円以下は，1,900円 約定代金1,000万円超は，100万円ごとに50円追加	約定金額に比例した1回あたりの手数料制
マネックス証券	約定代金100万円までは，1,000円 100万円超200万円までは，約定金額×0.1% 200万円超は，約定金額×0.015%＋1,700円	約定金額に比例した1回あたりの手数料制
日興ビーンズ証券	預かり資産に6段階を設け，それぞれの料率を設定 たとえば，預かり資産100万円未満は約定金額×0.48%，100万円以上500万円未満は約定金額×0.42%	約定金額に比例した1回あたりの手数料制
日本オンライン証券	約定代金50万円以内は，1,500円 50万円超100万円以内は，2,000円 100万円超は，約定金額×0.2%	約定金額に比例した1回あたりの手数料制
イー・ウイング証券	約定代金1,000万円以内は，1,500円 約定代金1,000万円超は，100万円ごとに50円追加	約定金額に比例した1回あたりの手数料制

注) 日本オンライン証券，イー・ウイング証券は，後に合併してカブドットコム証券となる。
出所) 『日経マネー』（2000年6月号），各企業IR資料より作成。

4.2 口座数獲得競争：激しい価格競争①（1999年度下期～2000年度上期）

　自由化とともに，オンライン専業の各社は競って独自の委託手数料体系を発表し，顧客に積極的にアピールした（表6-2）。ただし，多くの企業は設定するターゲット層，すなわち約定金額帯によって，手数料価格がまったく異なったり，あるいは預かり資産残高によって段階を設けるなどのバリエーションを設定しつつも，基本的には「約定金額に比例した1回あたりの手数料体系」を採用した[41]。

　そのなかで松井証券のみが，1回あたりの料金ではなく，約定金額が設定範囲内（松井証券の場合は300万円）であれば3回まで，すなわち複数回の取引を行っても同じ手数料（3000円）となる「定額料金制の手数料体系」を発表した。松井証券は，この「約定回数×約定金額合計」のマトリックスで決定される，「国内はもとより海外においても例を見ない」[42] 定額料金制の手数料体系を，「ボックスレート（範囲料率）」と名づけた。

　定額料金制とは，使用量や使用回数にかかわらず，一定期間あたりどれだけ

表6-3 手数料方式と手数料金額の推移

（単位：円）

時期	1999 年 10 月			2000 年 10 月			2003 年 4 月		
方式	1 回あたり手数料		定額制	1 回あたり手数料		定額制	1 回あたり手数料		定額制
約定金額	50 万円	300 万円	300 万円	50 万円	300 万円	300 万円	50 万円	300 万円	300 万円
松井証券	—	—	3,000 (3回まで)	—	—	3,000 (回数制限無)	—	—	3,000 (回数制限無)
イー・トレード証券	2,500	7,500	—	800	4,800	—	700	1,600	2,000 (回数制限無)
DLJ ディレクトSFG 証券	1,900	1,900	—	1,900	1,900	—	1,900	1,900	3,000 (回数制限無)
マネックス証券	1,000	3,000	—	1,000	2,150	—	1,000	2,150	3,000 (回数制限無)
日興ビーンズ証券	2,400	12,600	—	2,400	12,600	—			2,500 (回数制限無)
カブドットコム証券	—	—	—	1,500	1,500	—	1,500	1,800	—

注） 日興ビーンズ証券は，預かり資産残高が 100 万円以上 500 万円未満の場合の手数料率を記載。
出所） 各社 IR 資料より作成。

サービスを利用しても一定価格で据え置く料金体系である。こうした定額料金制は，当時，インターネット接続プロバイダが，ISDN や DSL でのインターネット常時接続サービスを提供するにあたって採用し人気を博していたものの，まだ世の中に定着したとは言い難い状況であった。また，特に証券業界では，そもそも「証券会社とは売買委託手数料で儲けるもの」であったため，「ある一定期間内に，どれだけ取引をしたのかにかかわらず，支払う手数料が変わらない」という料金体系は，従来の発想の完全なる範疇外だったと言える。実際に松井社長は，この定額料金制を導入するにあたって，「従来の考え方である手数料体系を抜本的に見直し」「あらゆる面について既存の概念にとらわれないサービスを次々と打ち出していく」[43] と意気込みを語るなど，他社に先駆けた先進性をアピールした。

　ただし同社は，「1 取引あたりの最低手数料は 1000 円になります」と「手数料の安さ」についてもアピールしなかったわけではないが，実際には 1 日の取引が 1 回のみであれば有力他社より割高となる価格設定を行っていた。たとえば，約定代金 100 万円の取引を 3 回行う場合，イー・トレードであれば手数料は 6000 円となるが，松井証券では 3000 円となる。しかし，約定代金 100 万円

の取引を1回行うのであれば，イー・トレードでは2000円となるが，松井証券では同じく3000円のままなのである。そのため，こうした松井証券の手数料体系は，1日に複数回の取引を行うような株式投資家を意識した体系であったと言えよう。

　一方，手数料が自由化された1999年10月時点で，松井証券以外の有力企業が提示した手数料額は，すでに採算ラインを割る価格水準に設定されていたと考えられる（表6-3）。当時，「極力人手を介さずに売買を仲介するのがネット取引の強みとはいえ，『常識的には3000円が採算ライン』。」[44]と見られていたにもかかわらず，イー・トレード，DLJ，マネックス，日興ビーンズの各社の水準は，表6-3にある通り，すでにその水準を割り込んでいた。また，当初の手数料ですでに，各社とも「3年間の赤字覚悟（日興ビーンズ）」[45]「固定費までは賄えない（DLJ）」[46]と発言していたり，あるいは「我々は安易な値下げ競争に巻き込まれるつもりはない」[47]と表明する企業があったという事情も，上の推論をある程度裏づけている。

　しかも，この後すぐに，激烈な価格競争が始まることとなった（図6-6）。まず仕掛けたのが，アメリカでもいわゆる価格破壊の口火を切ったイー・トレード[48]であった。手数料が自由化された1999年10月，価格体系は変更せずに，期間限定の「手数料0円」キャンペーンという形で，「0円」という究極の手数料設定を行った。これを見て，競争前には「価格競争には巻き込まれない」と述べていたDLJも，「競合他社の状況次第では今後引き下げる可能性はある」[49]とすぐに前言を撤回するなど，価格競争の激化が予想される事態となった。

　この後，旅行業という異業種からの参入で注目されたHIS協立が，最低800円という3桁の手数料を打ち出して注目を集めるなか，2000年3月にイー・トレードが手数料体系を見直し，一律20%の引き下げを行った。この頃の口座数は，イー・トレードが7万9247（3月末），DLJは5万1491（4月末），マネックス5万1310（3月末）と，イー・トレードは手数料自由化と同時に実施した0円キャンペーンによって一歩リードしており，ここで一気に他社を引き離しにかかったと思われる。そこで，間髪入れずにマネックスも，約定金額200万円超の比較的高額な取引の手数料を引き下げるとの発表を行った。このとき新聞記事において，「『当社のビジネスモデルは他社にはマネができない』

図6-6　6社の手数

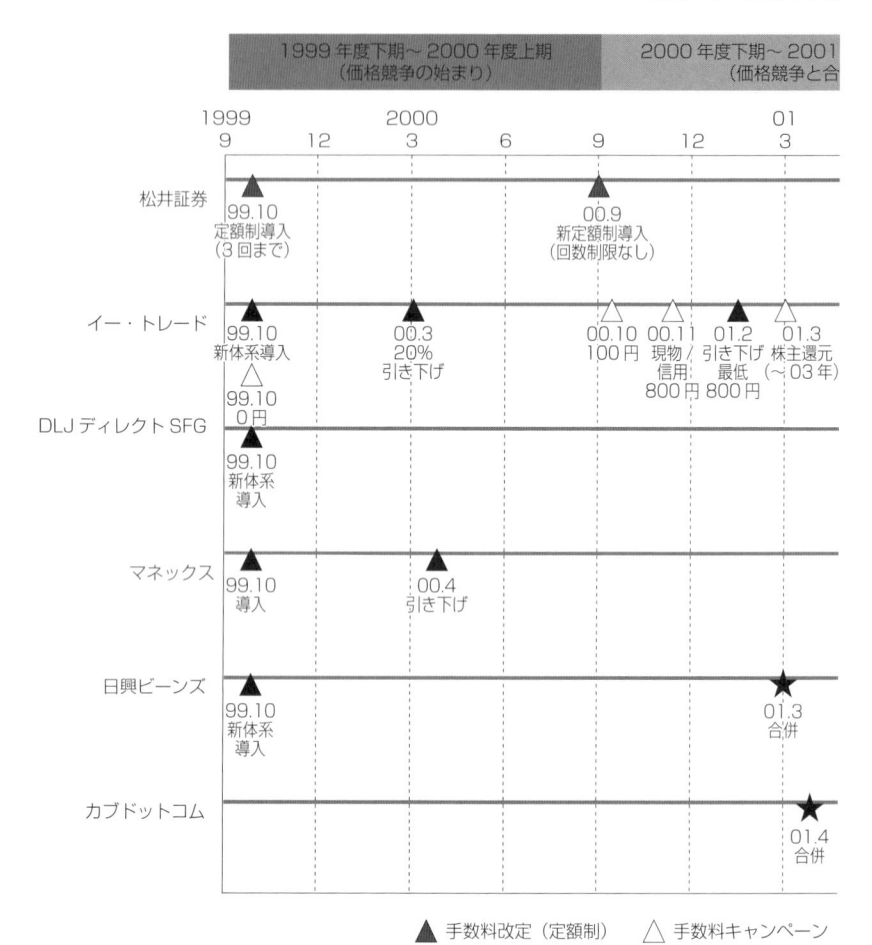

注)　手数料に関する戦略は，現物株に関するもののみ掲載した。

出所)　各社IR資料，プレスリリース，日経4紙記事より作成。

料に関する戦略と合併

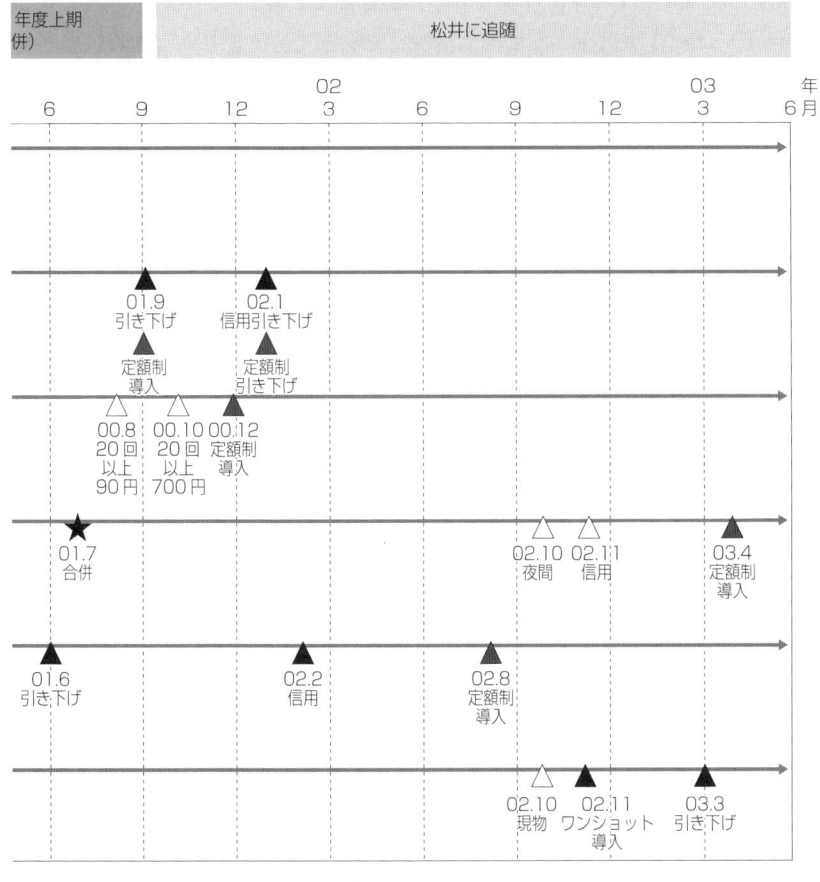

 手数料改定（体系・価格変更） ★ 合併

と笑うのはマネックス証券の松本大社長。それは『僕が取材に応じること』。（中略）ネット企業は本当に『収穫逓増』であることを説明する必要がある」[50]と，現在では利益が出ない水準の価格設定であっても，他社が大きな固定費負担となる広告宣伝費に莫大な投資をする中で[51]，自らが広告宣伝活動を行い，顧客を集めることでビジネスが成り立つ，との強気なコメントを行っていた。

　一方の松井証券は，前述の通り，手数料が自由化された1999年10月より，他社とは特徴の異なる定額手数料制を実施していた。これは他社が採用していた「1回あたりいくらという仕組み」に挑戦した手数料体系であったものの，3回までという上限がつけられていた。そこで，2000年9月には，「売買回数を重ねるほど（手数料が）逓増する仕組みに挑戦する」[52]との理念の実現を追求し，「売買回数無制限で，約定代金300万円まで3000円」[53]に変更すると発表した。

4.3　相次いだ企業合併（2000年度下期～2001年度上期）

　2000年11月，後発組の2社，日本オンライン証券とイー・ウイング証券がオンライン証券初の合併を発表し，カブドットコムが誕生した。この合併は，「いずれもネット取引では後発組。直近の口座数はほぼ同じ約2万7千で業界で十位前後。今年夏以降に業界全体の口座数が伸び悩むなか，増加率で上位に入っているものの，規模では先行組に水をあけられた。」[54]と，後発企業が口座数を確保するための選択肢だったと見られる。これを裏づけるものとして，両社それぞれの合併時の発表を見ると，「我々は独自開発したシステムを武器に，株式取引での優位性を高めることに経営資源を集中してきた。今後は株式取引以外の商品やサービスの拡大が必要と考えていたが，単独で取り組むには負担が大きすぎる。三和グループのイー・ウイングは豊富な金融商品を供給できる力がある。」[55]（日本オンライン証券社長：藤島久則氏），「早く強くなるための合併策だ。当社はネット取引に関するシステムを改良しようとしていたが，日本オンラインは独自にシステムを開発するなど技術力が高い。我々は三和銀行グループの一員で投資信託などの品ぞろえに特色がある。」[56]（イー・ウイング証券社長：小早川眞希雄氏）といった具合に，規模の追求と，それぞれの強みを活かした経営をするための合併をアピールしていた。

　ただし，ターゲットとする顧客層については，「現在のネット証券の顧客は，

以前から株式投資を手がけていた経験者が大半だと分析している。（中略）足元で既存の投資家を掘り起こしながら，数年先を見据えて布石を打つ必要がある」[57]と，他社が一般層をターゲットとしているなか，株式投資経験者を対象に，商品力と，フレキシブルに対応可能なシステムとを武器に，先行した企業に対抗していく戦略を示した。

　これに続いて，2000年12月には2社の合併の発表が続いた。まず，日興証券系の日興ビーンズ（口座数約6万9000）[58]がインターネット・トレード証券（口座数約1300）[59]と2001年3月に，続いてマネックス（口座数約10万）[60]がセゾン証券（口座数約5万）[61]と2001年6月に，それぞれ合併すると発表した。先の日本オンラインとイー・ウイングが対等合併であったのに対して，この2つの合併は，日興ビーンズとマネックスがそれぞれ自社の規模拡大を図るため，インターネット・トレード証券とセゾン証券をそれぞれ吸収合併したものであった[62]。

　この結果，2000年7月時点では，マネックスは有力専業でイー・トレードに次ぐ17万口座，日興ビーンズとカブドットコムはそれぞれ7万口座台と，合併各社とも口座数を伸ばしたのである。

4.4　口座数獲得競争：激しい価格競争② （2000年度下期〜2001年度上期）

　松井証券初の手数料体系変更後すぐの2000年10月には，イー・トレードが「100円キャンペーン」という破格の価格キャンペーンを開始した[63]。さらに，相次ぐ有力企業の合併の発表が2000年11月，12月と続き，合併各社の口座数増加が確実となったことを受け，低価格戦略で口座数を伸ばしてきたイー・トレードは，2001年2月には手数料体系を再び変更し，最低手数料を800円へと引き下げた[64]。

　続いて，インターネット・トレード証券を2001年3月に合併したばかりの日興ビーンズが，2001年6月に，手数料自由化後はじめて手数料の変更を行うと発表した[65]。それは，それまで1000円だった最低手数料を，イー・トレードよりも低い水準である700円に下げるという積極的なものであった。これは，預かり資産が1000万円以上の顧客が対象という限定的なものであったが，それ以下の顧客でも約定代金20万円までは720円とするなど，手数料を現行より平均で16%下げるという大幅な改定であった。

　一方，DLJ は，社長が手数料自由化時のイー・トレードの０円キャンペーンに対して「価格競争も辞さない」とコメントしたものの，実際には，この時点までは他社の低価格攻勢を受けても動かなかった。しかし，ライバル企業が合併や手数料引き下げによって口座数を増加させる一方で，参入２年あまりを過ぎた 2001 年 8 月の時点で，DLJ はイー・トレードには約 4 万 9000 口座，マネックスには約 1 万 8000 口座の差を開けられていた。そこで 2000 年 7 月初旬に，月の取引が 20 回以上という限定つきながらも，「約定 1 回あたり 90 円」というキャンペーンを 8 月に実施すると発表した[66]。

　こうした動きに対抗して，イー・トレードは，即座にさらなる引き下げを行うと発表した。同社は，2001 年 7 月中旬に，同年 9 月より日興ビーンズと同じ「最低手数料を 700 円」へと引き下げると発表した[67]。

　実はこの時点では，「手数料の値下げ競争は限界にまで達している。この夏，ある特定の条件下で，日興証券やシュワブ東京海上証券が手数料ゼロ円キャンペーンを打ち出し，DLJ ディレクトが九十円で対抗した。ここまで下がると，もはや顧客獲得競争の材料にならなくなっている。」[68] というレベルにまで低下していたとされる。さらに，この時期にはいわゆる IT バブルが崩壊して，日経平均株価が 17 年ぶりに 1 万円を割り込むなど証券売買自体が低迷していた（図 6-5）。そのため，激しい価格競争に突入した各社は，口座数の増加にしたがって約定件数は増えても，株価低迷と極限まで下がった手数料のため，収益増にはつながらない状況に陥っていたのである。

5　松井証券の独自の戦略行動

5.1　松井証券の戦略

　一方，松井証券は，他社とは異なった一貫した視点で，商品サービス・料金体系を設計していた。

　そのターゲットは株式投資家であり，そのなかでも特に，上級者や富裕層を狙っていた[69]。その狙い通り，「一ヶ月に数百人の人たちが，野村や大和からうちに移ってきている。彼らのその理由を聞くと，やっとインターネットを使えるようになったからだということだ。その彼らを分析してみると，全員と言ってよいほど，回転率が五倍程度に跳ね上がっていたということだ。」[70] とい

う結果が出たことを後に発表している。

　ここで出てくる回転率とは，松井証券が早くから注目していた指標であった。証券会社の主な業務のひとつである株式ブローカー業務においては，顧客が売買する際に一定の手数料を課すことによって利益をあげる。したがって利益を増やすためには，顧客数を増やすか，取引数を増やすか，少なくともどちらかが必要である。ここで，他社は顧客数を増やすことに着目しているなかで，松井証券だけはその取引率，すなわち回転率に着目したのである。

　また，松井証券は，これまで株式投資の経験があり，「いくら少額でも，何度行っても文句を言わないシステム」[71)] を通じて取引を行うことにメリットを感じる顧客に対して，「信用取引やオプション取引といった，アクティブユーザー向けのメニュー」[72)] を用意した。特に信用取引に関しては，同社はオンライン証券に参入した 1998 年 5 月からはじめている。この信用取引とは，一定の保証金（委託保証金）を証券会社に担保として差し入れることで，買付けに必要な資金や売付けに必要な株券などを借りて売買が行えるという取引である。つまり投資家は，信用取引を利用すると，手持ちの資金以上の買付けや手持ちでない株券の売付けを行うことが可能となるので，同じ手持ち資金でも取引の幅が広がる。そうした信用取引について，「ライバル各社が採用した大手証券系システム会社の『出来合い』のシステムは，信用取引には対応できなかった。松井は，業界で初めてネットで信用取引ができるシステムを独自開発，積極的に売買する顧客層を開拓した。」[73)] のである。

　また，市場規模とその動向についても，他社とは異なった見方をしていた。松井社長は，「マスコミで 100 万口座，200 万口座だとか言っていますが，馬鹿な話です。一人のお客さんが 4～5 つの口座を使い分けているのは当たり前の話です。結局，日本全体のアクティブな投資家が約 300 万人と思っていますが，そうすると 10 分の 1 ぐらいかなと。したがって，20 万～30 万口座ぐらいですね。」[(4)] と他社が手数料引き下げ競争を繰り広げる 2000 年 9 月時点で，顧客はそれほど多く増えないとの見方を示していた。

　さらに，イー・トレードの 100 円キャンペーン直後の 2001 年 1 月に，松井社長は「値下げ競争には加わらない。確かに取引回数の無制限化で顧客にとっては実質値下げとなったが，当社のシステムでは一人の顧客が一日何回取引してもうちのコストは変わらない。投資家の行動と心理を熟知したサービスで信

用取引を頻繁に手がける中高年の投資家層を獲得した。若い顧客ばかり集めて口座数を増やしても損するだけだ」[75] と述べ，その後もマスコミなどで同様の発言を盛んに繰り返していた。このように同社では，価格競争には参戦せず，他社が狙う，「爆発的に増えると見られていた一般の顧客層」を相手にしていないことを表明し，当初の戦略を貫いていたのである。

5.2　他社の松井証券の評価（1999年度下期～2001年度上期）

　このような松井証券の動きを，マスコミは当時から大きく取り上げており，それはオンライン証券専業各社も十分に承知していた。それにもかかわらず，他社は松井証券に注目しつつも，ある意味で見くびっており，その戦略に追随する動きを見せなかった。当時，各社は松井証券のことを「上級者や富裕層という一部の顧客をターゲットとしたニッチ企業」としてとらえており，設定価格も他社の最低手数料と比較すると割高な3000円であったりすることなどから，DLJ社長も「トップシェアを目指すDLJにとってのライバルはチャールズ・シュワブ，Eトレードなどの米国勢と，国内証券では大和，野村とみている」[76] と述べて，当初の想定競争相手から外すなど，「脅威とまではならない」とする見方が大勢だった。

　実際，「昨年十月の株式売買委託手数料の完全自由化を機に，個人投資家によるインターネット証券取引が急増している。既存証券や外資，異業種からの新規参入組が約五十社も入り乱れ，激しい顧客獲得競争を繰り広げる中，気を吐いているのが中堅証券の松井証券（東京・中央，松井道夫社長）。ほぼ十年前から通信取引に特化して築き上げてきた低コストの軽量経営を強みに，日本のネット金融界で他を一歩リードしている。『えっ，松井がここまで伸びてるとは』――。大手証券のネット取引担当者は松井証券の躍進ぶりに驚きを隠せない。際立つのは口座数ではなく，実際に手数料収入に結びつく取引件数の大幅な伸びだ。」[77] といった具合に，少なくとも2000年の早い段階ですでに，松井証券の躍進ぶりは他社に驚きを与えていた。しかしながら，2001年になっても他社は，「オンライン専業は九九％の顧客が株式の売買であり，ニッチ（すき間）だ。松井証券も業績を伸ばしているが，我々はニッチとしてとらえている。主流にはなりえない。大手証券は既存事業とネットの両方を抱えて進める」[78] や，「われわれの競合はネット専業証券ではない。野村証券や大和証券，日興証券

といった大手総合証券だ。松井証券は信用取引に焦点をあてた。一日の間で頻繁に売買を繰り返す一部のデイ・トレーダーを対象にしている。結局，大衆を取れない」[79] といったように，松井証券は特殊な戦略をとっていると見ていた。

5.3　松井証券の顧客

このように松井証券に対する他社の見方は，「ニッチで，主流になりえない」「一部のデイ・トレーダーを対象にしている」というものであったが，これに対して，松井社長は以下のように反論していた。「マスコミは『松井証券はデイ・トレーダーを囲い込んでいる』といっているがこれは違う。日本には米国のようなデイ・トレーダーは皆無に近い。我々の顧客は50歳前後が中心で，手数料が10分の1という実利のために，仕方なくインターネット取引をしているごく普通の投資家である。自己責任で株式投資をしている洗練された投資家ではあるが，デイ・トレーダーではない。」

「ちなみに年間の回転数は60回前後，取引回数は週に1回程度である。むしろ，他社の稼働率があまりにも低すぎるのである。インターネットによって株式投資をする人口が爆発的に増えるというのも誤りである。まして，インターネットで若者の株取引が増えるなんて大ウソだ。運用資金がなければ株式投資はできない。我々にはそもそも株式取引のパイを広げようという意識はない。価格革命を起こして大手証券から顧客を奪うだけだ。」[80]

実際に，他社から「ニッチ」や「デイ・トレーダー対象」と言われていた時期であった2001年9月時点の口座数を比較してみると，トップのイー・トレードは16万8000，マネックスが17万8000，DLJが11万1000，日興ビーンズが7万8000，カブドットコムが7万6000である一方，松井証券はそれら後発企業の後塵を拝して6万3000口座に留まっていた。しかしながら，1口座あたりの1日の約定件数，あるいは1日の売買代金を比較してみると，松井証券と他社の間には3倍から10倍以上との圧倒的な開きがあった（図6-7）。

その結果，2002年3月期決算の経常利益率[81] を見ると，松井が19%，イー・トレードが17%，DLJが1%である一方，カブドットコム△9%，日興ビーンズ△22%，マネックスは△44%と，参入から3年を経ても赤字であった。なお，イー・トレードは，株式ブローカレッジ業務では赤字であった[82] ということであるから，事実上，松井証券のみが利益を出しているといった状

図 6 - 7　1 口座あたりの約定件数・売買代金の比較（2001 年 9 月）

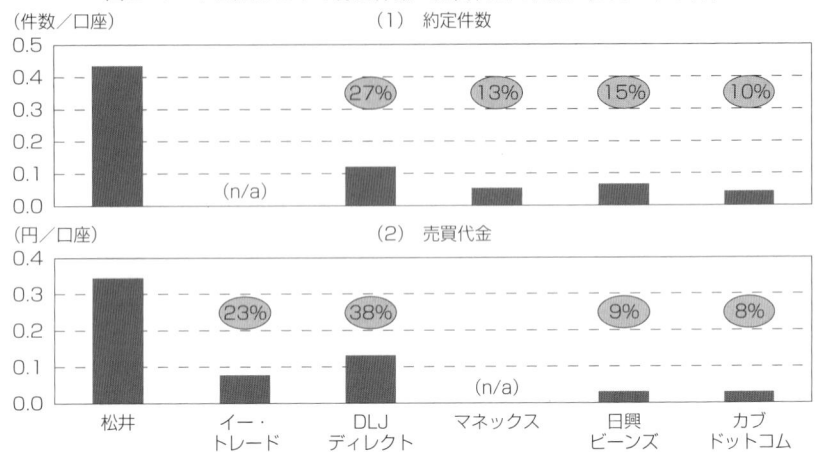

注 1)　2001 年 9 月のデータ。円内の数字は，松井の数値を 100% としたときの割合。

　2)　約定件数・売買代金は，1 日あたりのデータに基づいて作成。

　3)　マネックス証券の約定件数は筆者推定。推定方法は，他社の松井，DLJ ディレクト，日興ビーンズ，カブドットコムの 4 社の，注文件数と約定件数との 2001 年度における比率の平均をとり，それをマネックス証券公表の注文件数に乗ずることによって算出。なお，注文件数と約定件数の相関係数は 0.91（1% 有意）。

出所)　各社 IR 資料，プレスリリースより作成。

況であった。

　また，口座数について見ると，本稿で取り上げた 6 社の合計は，口座数獲得競争をしていた 2001 年 9 月までは市場全体の 4 分の 1 を超える割合を占めていたものの，その時期でさえ，大手 3 社の合計が半数を占めていたのである（図 6 - 8)[83]。

　したがって，松井証券以外の企業は，期待された「莫大に増える大衆投資家」の取り込みに全精力を傾けていたものの，2 年経った時点でも，仮に「莫大に増える投資家」を取り込んでいたとしても，その稼働率は利益を出すレベルに達するものではなかった，あるいは，そもそも取り込みは実現できていなかったのである[84]。

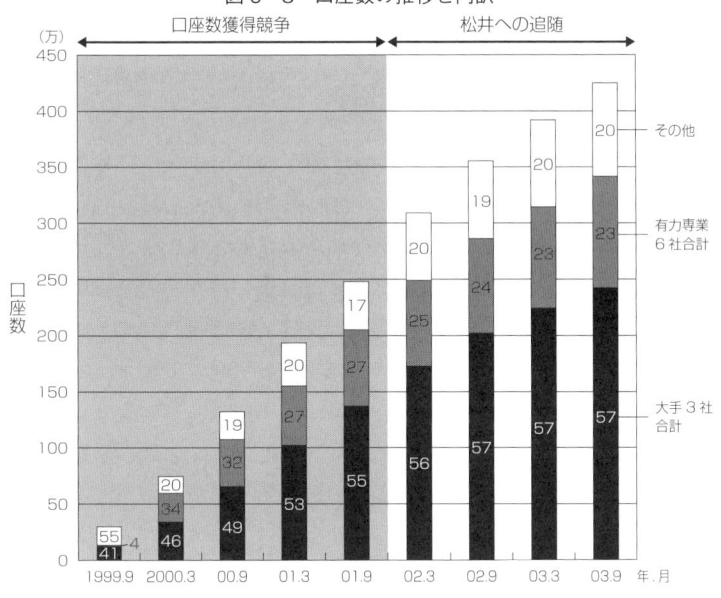

図6-8　口座数の推移と内訳

注）　棒グラフの数字は，それぞれの時点において各セグメントが占める割合（％）。
出所）　日本証券業協会データ，各社IR資料より作成。

6　戦略的模倣による収斂

6.1　松井証券の戦略への追随（2001年度下期〜）

　上述のような圧倒的な業績の格差を突きつけられるなかで，2001年の後半に入った頃から，他社はようやく松井証券の戦略・ターゲットを真似るようになった。それまで，「一般の顧客層」をターゲットにして，「1回あたり手数料額の引き下げでアピール」していた各社が，松井証券に倣った信用取引や定額手数料制を導入することによって，「信用取引と定額手数料制によるアクティブユーザーの獲得戦略」を打ち出すようになったのである。

　「新手数料体系一覧（2001年9月3日より適用）（中略）この度の手数料体系変更は，極めてアクティブな投資家の方から，株式初心者の方まですべての投資家の皆様に対して魅力ある手数料体系をご提供すべく決定したものであります。（中略），頻繁に株式売買をされる方から多数のご要望を頂いていた手数料定額

制を導入致しました。売買頻度の高い方は『アクティブプラン』を，そうでない方は今まで通りの『スタンダードプラン』をご選択頂くことにより，イー・トレード証券はすべての投資家の皆様に対して魅力的な手数料体系をご提供できることとなります。」[85]

「一日何回取引してもワンプライスの定額手数料です。一日の約定金額合計が 300 万円までは，3,000 円で何回でもお取引できます。お取引回数が多くなっても手数料は一定なので取引コストがかさみません（日興ビーンズ）。」[86]

「『今後当分は，売買頻度の高いアクティブ・トレーダーの争奪戦になりそうだ』。こう漏らすのは，ネット証券会社，DLJ ディレクト SFG 証券の国重惇史社長だ。」[87] といった具合に，イー・トレードが 2001 年 9 月に定額料金制を導入したのを皮切りに，他社も追随した。

これは，「手数料の低いネット証券会社。一九九九年十月の手数料自由化以来，各社は値下げ競争を展開し，初心者の取り込みに躍起だったようにみえる。実際，狙いは，既存の利用者と，新しい個人投資家の開拓だった。しかし，結果は芳しくなかった。参入企業が増えて競争が激化した上に，市況の低迷も影響して，個人投資家の市場開拓が容易ではないことがはっきりした。」[88] ことや，「DLJ ディレクトの国重社長も『株式取引は，そういう "DNA" を持っている人でなければやらない』とみる。株取引に関心のある人はパソコンが苦手でもネット取引を始めるが，ネットに興味があっても株に無関心な人は参入しない」[89] ということが，徐々に他社にも認識されていったからだと考えられる。

一方，カブドットコムは，他社と同じような定額手数料体系ではなく，2002年 11 月に「ワンショット取引」という独自の体系を導入した。この体系は，「複数単元の注文を発注し，その約定が複数日にまたがる内出来[90] での約定となる場合，1 つの注文として手数料を計算する体系」[91] であり，顧客には「約定が複数日にまたがった内出来となっても，1 つの注文として手数料が変わらない」というメリットがもたらされる。したがって，完全なる松井証券のシステムの模倣ではないものの，結果的に複数回取引を行う顧客の便宜を図るという目的が主であるという意味で，松井証券が狙った目的と一致する制度の導入を行ったということが言えるだろう。

このようにカブドットコムを含めた他社は，信用取引と定額手数料制を，松井証券が導入してから 3 年を経て順次導入していった。しかし，マネックスが

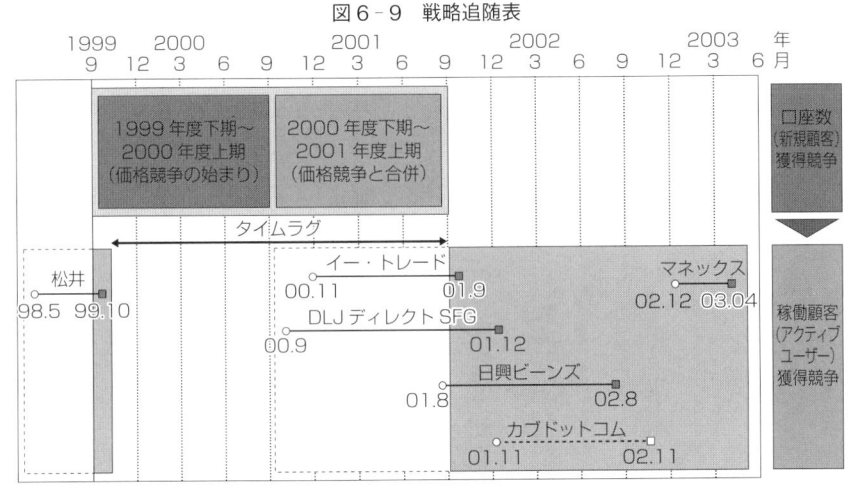

図6-9　戦略追随表

注）　カブドットコムは，松井と同じような定額料金制ではない「ワンショット取引」という独自の体
　　系を導入した。この体系は，松井証券と完全に一致する戦略ではないため，点線で記入した。
出所）　各社IR資料より作成。

信用取引を導入したのは，さらにその後の2002年12月であった。それは実に，松井証券が信用取引を開始してから4年半以上が経過していた。

　それまで松本社長は「株式投資の初心者をターゲット」[92]としており，上級者向けである信用取引の導入は行わない方針を強く打ち出していた。その姿勢は，他社が導入を進める2001年6月段階に至っても，「少なくとも向こう三年は信用をやらない」[93]と言い切るなど変わらなかった。しかし，2002年になって業績がなかなか回復しないなか，「顧客から導入の要望が強い」[94]「同業他社と同様のサービスを実施したい」[95]と述べ，独自の路線から戦略を大きく変更し，信用取引の導入を発表した。さらにその5ヶ月後には，「新株式手数料　従来の約定毎手数料に加え，定額手数料が選択できるようになります」[96]と，定額料金制の導入も決めた。

　こうして各社は，松井証券が早くから打ち出していた，信用取引と定額手数料制という，アクティブユーザーを獲得するための組み合わせを，松井証券から遅れること2〜3年かかって，ようやく採用するようになったのである。

　こうした，有力6社の戦略転換のタイミングをまとめると，図6-9のよう

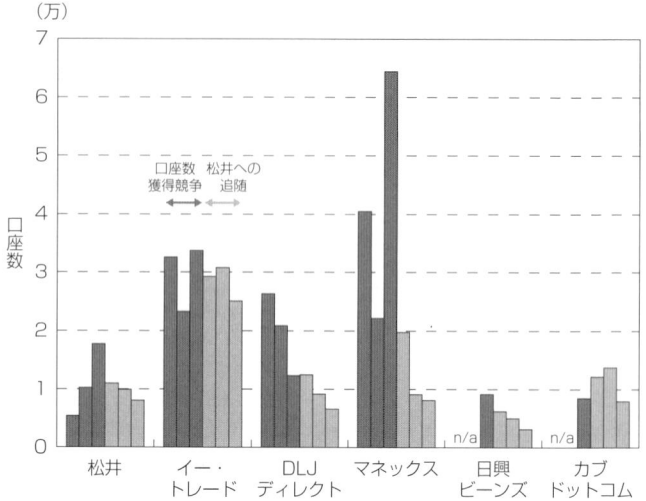

図6-10　増加口座数

注）　棒グラフは，左より 2000 年 9 月，2001 年 3 月，9 月，2002 年 3 月，9 月，
　　　2003 年 3 月までの半年の口座数純増を示す。
出所）　各社 IR 資料より作成。

になる。

6.2　模倣による業績回復

　このように，「新たな顧客が爆発的に流入する」と期待して 1 回あたりの手
数料取引額で競争していた各企業では，松井証券の戦略を模倣したことによっ
て，口座数の増加は止まったものの，模倣した順に業績は回復していった[97]
（図6-10，図6-11，図6-12）。これまで，プライスリーダーとして手数料競争
を最も積極的に繰り広げていたイー・トレードも，「『定額制』と『小口の保証
金で開始できる信用取引』という松井証券の確立した顧客サービスセット。短
期売買客の開拓につながり，イー・トレードの北尾吉孝会長は『これを取り入
れた会社から収益が拡大した』と認める。」[98] と，これまでの「口座数獲得を
目指した低価格戦略」から「アクティブユーザーの獲得による回転率の向上を
目指した戦略」への変更の成功を語っている。

　また，マネックスは，「一般の顧客層にこだわって，頑なに信用取引という
『上級者向け』とみなしていたサービスへの対応が遅れ，他社が業績を回復す

図 6-11　1 口座あたりの約定件数と売買代金の比較（2001 年 9 月・2003 年 3 月）

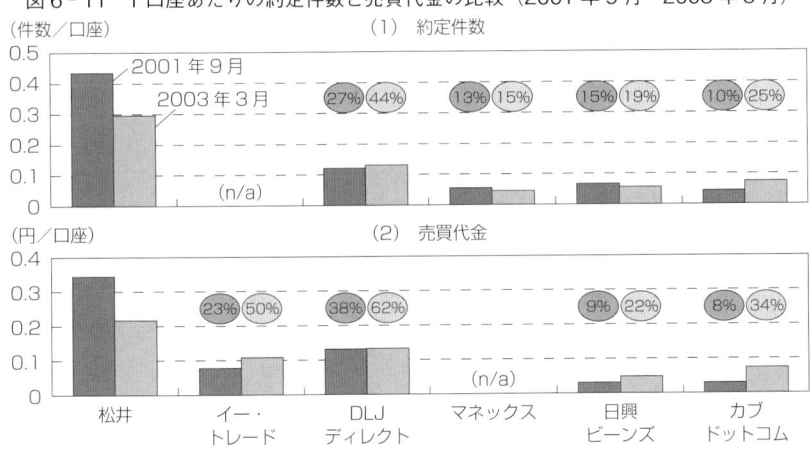

注 1)　円内の数字は，松井の数値を 100% としたときの割合。
　　2)　約定件数・売買代金は，1 日あたりのデータに基づいて作成。
　　3)　マネックス証券の約定件数は筆者推定。推定方法は，他社の松井，DLJ ディレクト，日興ビーンズ，カブドットコムの 4 社の，注文件数と約定件数との 2001 年度，2003 年度それぞれにおける比率の平均をとり，それをマネックス証券公表の注文件数に乗ずることによって算出。なお，注文件数と約定件数の相関係数は 2001 年度 0.91（1% 有意），2003 年度 0.84（1% 有意）。
出所)　各社 IR 資料，プレスリリースより作成。

るなかで業績の回復で置いて行かれてしまったことについて，「『読みが甘かった』と松本大社長は唇をかむ。」[99] と，他社に比べて対応がさらに 1 年遅れたことが敗因だったと認めている。

　このようにして，イー・トレードや DLJ，マネックスといった各社は，松井証券の戦略に追随することで，同社から顧客を奪い，その結果同社との差を縮めたのである。

6.3　模倣された松井証券のパフォーマンス

　この点に関して，松井社長も「オンライン証券全体を俯瞰すると，イー・トレードや DLJ，カブドットコムなどは，みな松井証券の取り入れたシステムをマネすることで，なんとか生き残ってきた。同じシステムを採用したうえに，手数料を松井より安くするという作戦だ。（中略）具体的にいうと，松井証券が採用したボックスレートを他社も取り入れて，その手数料を下げてきたわけだ。（中略）他社にマネされ，手数料で差をつけられて，有る程度の客が流れ

図6-12 営業収益額（売上高），営業利益額，ならびに営業利益率の推移（再掲）

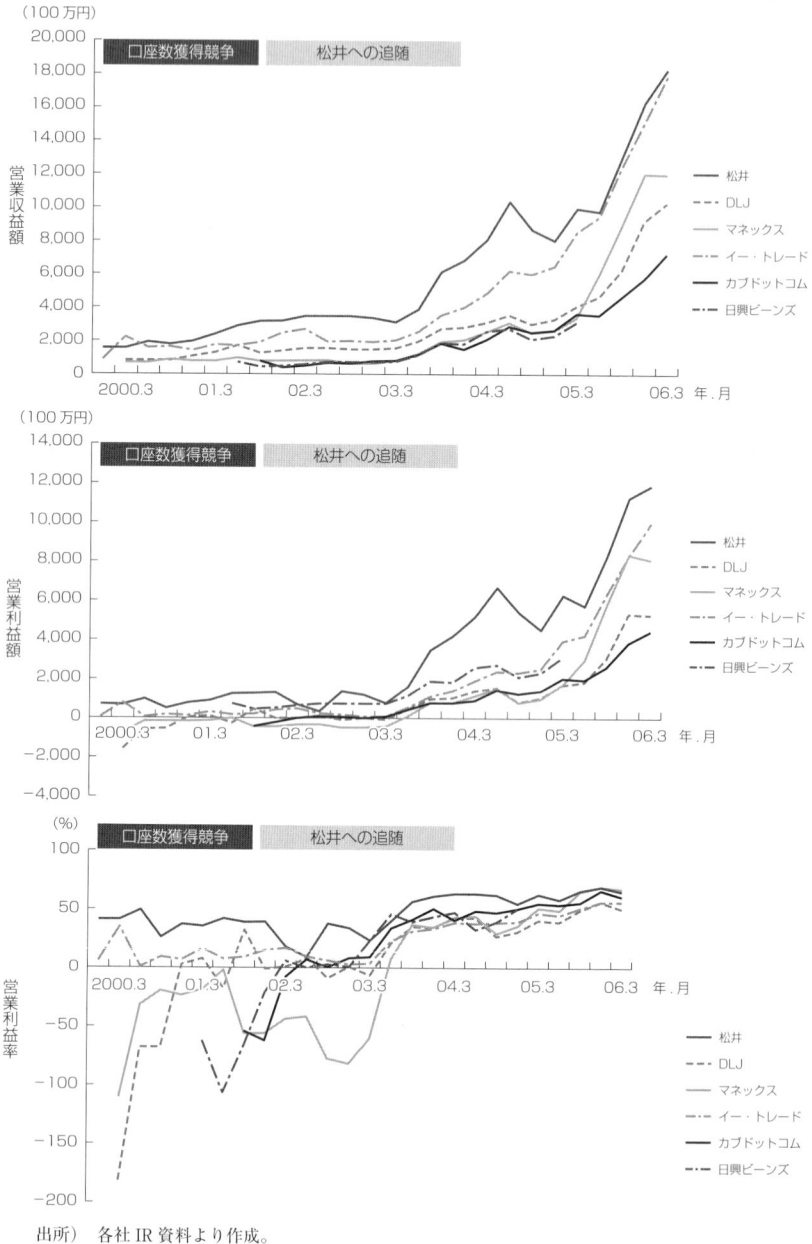

出所) 各社IR資料より作成。

ていった（後略）。」[100] と述べている。

しかしその一方で，模倣された側の松井証券の業績を見てみると，他の有力オンライン証券専業企業 5 社がすべて松井証券の戦略に追随し終わった 2003年 6 月以降，営業収益（一般企業の売上高），ならびに営業利益は，むしろ急激に増えていった。つまり，模倣によって戦略が同質化したことによって，模倣された松井証券も，業績を大幅に伸ばすことに成功したのである。

では，なぜこうした状況が生じたのだろうか。図 6 - 11 からは，2003 年 3月時点での松井証券の 1 口座あたりの約定件数と売買代金が，他社と比べると依然として高い水準にあるものの，2001 年 9 月時点の同社の水準と比べると，大きく落ち込んでいることが見てとれる。つまり，2003 年 6 月以降の営業収益（売上高）と営業利益の増加は，1 口座あたりの約定件数と売買代金の落ち込みを補って余りあるほどのアクティブユーザーの流入によってもたらされたのだと考えられる。この点については，第 8 章で株券の移管データに基づいて厳密な検証を行うが，結論を先取りすると，この時期は松井証券および同社と同じ戦略をとるオンライン証券専業有力企業の間で顧客の奪い合いが起き，手数料の安さゆえに松井証券から競合他社への流出が生じた一方で，大手証券会社やその他の証券会社から松井証券を含むオンライン証券専業有力企業に対してそれ以上の（一桁多い）流入があった。その結果，模倣した側も模倣された松井証券の側も，どちらも業績を大幅に伸ばすことに成功したのである。

このように，松井証券は戦略の同質化後も業績面で優位を保ち続け，営業収益額と営業利益額でイー・トレードにほぼ並ばれた 2006 年 3 月まで，名実ともに業界のリーディングカンパニーとして君臨し続けることに成功した。このように，アクティブユーザー対応の戦略に他社が 2 年以上も追随しなかったことによって，その間に同社は地盤を固めることができたのである。

7 小　括

本章では，現在業界をリードしているオンライン専業の有力 6 社に主たる焦点を当てて，戦略行動とその結果であるパフォーマンスを，各社の参入時にまで遡って丹念に追った。そのなかで，日本のオンライン証券業界の黎明期では，松井証券がとった「アクティブユーザーの獲得による回転率の向上」という戦

略が非常に有効なやり方であり，各種の客観的指標や松井社長の言動を通じてそのことはよく知られていたにもかかわらず，他社はこの戦略に追随せず，結果的に松井証券は2年あまりにわたって他社の模倣を受けなかった。その後，模倣を受けたことによって顧客が他社に流れたものの，それでもパフォーマンスを維持しトップで居続けることができたということを確認した。

こうした，他社が松井証券の戦略にすぐに追随しなかった理由については，第8章において，第3章で提示したフレームワークを事例分析に適用することを通じて，検討していくことにしたい。

注 ────────────

1) この6社のうち，日興ビーンズとマネックスは，2004年8月，株式移転により共同持株会社を設立し，経営統合すると発表している（「日興ビーンズ　プレスリリース」「マネックス　プレスリリース」2004年3月19日）。

2) 『日経金融新聞』2003年6月6日。

3) 大崎（1999，p. 173）。

4) この部分は，「松井証券・松井社長，ネット証券を強烈に説く」『NIKKEI BP リアルインタビュー』（2002年5月31日）の内容をもとに記述した。

5) この内容については，「特別セミナー　ネットストックの未来」『金融国際情報技術展（FIT21）特別セミナー』（2000年9月22日），松井（2001），松井（2003）などに詳しく記述されている。

6) この部分は，「ハーバード大学ビジネススクール　ポーター教授の戦略論サブノート　第三回」『週刊東洋経済』（2002年7月27日）の内容をもとに記述した。

7) 『週刊東洋経済』2002年7月27日。

8) 松井証券松井社長の発言（『NIKKEI BP リアルインタビュー』2002年5月31日）。

9) 大崎（1999，p. 140）。

10) 「DLJ プレスリリース」1999年7月21日。

11) 米 DLJ の1998年末における手数料は，20ドル（株価50ドルで1000株，成り行き注文で取引する場合）であり，当時の為替レート（115.20円／ドル）を勘案すると，日本の方が低い手数料であったと言える（大崎，1999；日本銀行ホームページ）。

12) 『日経金融新聞』1999年8月10日。Q，A という記述は筆者。

13) 大崎（1999）p. 118。

14) 「イー・トレード　プレスリリース」1999年10月1日。

15) 「イー・トレード　プレスリリース」1998年6月3日。

16) 『日経産業新聞』1999年10月4日。

17）　松本（2000, p. 13）。
18）　「マネックスの理念とサービス」（マネックス証券ホームページ）。
19）　松井・松本（2001）。
20）　『日経産業新聞』2001 年 8 月 10 日。
21）　『日経金融新聞』1999 年 9 月 27 日。
22）　『日経産業新聞』1999 年 8 月 12 日。
23）　『日経産業新聞』1999 年 8 月 12 日。
24）　矢野経済研究所（2000）p. 134。
25）　矢野経済研究所（2000）p. 134。
26）　矢野経済研究所（2000）p. 136。
27）　矢野経済研究所（2000）p. 56。
28）　矢野経済研究所（2000）p. 58。
29）　松井（2001, p. 47）。
30）　松井（2001, p. 68）。
31）　『日経金融新聞』1999 年 10 月 21 日。
32）　佐賀（2000）より，1999 年の口座数。
33）　「オンライン・トレーディング時代の到来」『日経マネー』1999 年 11 月臨時増刊号。
34）　『日経金融新聞』1999 年 1 月 20 日。
35）　カブドットコム証券執行役員業務統括部長雨宮猛氏のヒアリングより（2004 年 3 月 25 日）。
36）　『日本経済新聞』1999 年 8 月 4 日。
37）　『日経産業新聞』1998 年 7 月 24 日。
38）　Christensen（1997）は，新しい技術が登場し，既存の評価基準では劣っているために当初は評価されないものの，やがて改良が進んで最終的には既存市場の顧客ニーズに応えられるようになる場合に，こうしたイノベーションを「破壊的イノベーション」と呼んでいるが，Christensen & Raynor（2003）は，アメリカの有力オンライン証券会社であるチャールズ・シュワブの例を挙げ，オンライン証券は「破壊的なイノベーション」であったと述べている。
39）　参考までに，大手証券 3 社の 1 回あたりの手数料を記すと，1999 年 10 月，野村：5000 円・2 万 2800 円，日興：5750 円・3 万 4500 円，大和：4310 円・2 万 1820 円，2003 年 4 月，野村：5000 円・2 万 2800 円，日興コーディアル：4600 円・2 万 2800 円，大和：2875 円・1 万 4550 円（各社 50 万円，300 万円の手数料の順）と，後に紹介する専業 6 社と比べてかなり高い水準にあることがわかる。
40）　『日本経済新聞』1999 年 11 月 2 日。
41）　ただし，DLJ などは最低手数料である 1900 円の約定金額帯を，1000 万円までとかなり高額に設定していた。このため，一般投資家にとっては，「約定金額にかかわらず 1 回あたり定額」と同様のサービスであったと位置づけられよう。また，ジェット証券や千代田証券などは，約定金額帯によって手数料に差をつけず，約定金額がいくらであっても 1 回あたりそれぞれ 1500 円，2500 円との設定を行った。

42） 「松井証券　プレスリリース」1999 年 8 月 26 日。

43） 「松井証券　プレスリリース」2000 年 7 月 28 日。

44） 野村総合研究所大崎貞和資本市場研究室長の発言（『日本経済新聞』1999 年 9 月 27 日）。

45） 『日経金融新聞』1999 年 9 月 27 日。

46） 『日経金融新聞』1999 年 8 月 10 日。

47） DLJ 社長国重氏の発言（『日経金融新聞』1999 年 8 月 10 日）。

48） E*TRADE は，1996 年 3 月，ウォールストリートジャーナル紙に「私たちの低い手数料を比べてみてください」と有力証券会社との比較広告を掲載した。その手数料は，株価・株数によっては，ディスカウント・ブローカー最大手のチャールズ・シュワブの，わずか 17 分の 1 になるものであった。詳しくは，大崎（1999）を参照。

49） DLJ 会長ブレイク・ダーシー氏の発言（『日経金融新聞』1999 年 10 月 21 日）。

50） 『日経産業新聞』2000 年 4 月 6 日。

51） 2000 年 3 月期決算における広告宣伝費を見ると，イー・トレードは，14 億円（営業収益÷売上高に対する割合 31％），DLJ は 7.5 億円（同 88％）と，非常に多額の広告宣伝費を投じている一方，マネックスは 1.2 億円（同 19％）と，かなり低い金額，ならびに売上比に抑えられていたことがわかる。

52） 「松井証券　プレスリリース」2000 年 7 月 28 日。

53） 「松井証券　プレスリリース」2000 年 7 月 18 日。

54） 『日本経済新聞』2000 年 11 月 16 日。

55） 『日経金融新聞』2000 年 12 月 6 日。

56） 『日経金融新聞』2000 年 12 月 6 日。

57） 『日経金融新聞』2000 年 12 月 6 日。

58） 日興ビーンズホームページの情報開示欄より，2001 年 4 月のデータを採用。

59） 「日興ビーンズ　プレスリリース」2000 年 12 月 26 日。

60） 「マネックス　プレスリリース」2000 年 12 月 27 日。

61） 「マネックス　プレスリリース」2000 年 12 月 27 日。

62） この 3 社の合併はすべて商法上の手続きにおいては，合併当事会社のひとつが存続会社，その他の会社が消滅会社（被合併会社）となり，存続会社が消滅会社の財産などを包括的に引継ぐという「吸収合併」である。ここで，「対等合併」「吸収合併」と記述したのは，一般的に用いられる用法に基づいてである。具体的には，合併比率（合併の際，存続会社が消滅会社の株主に対し，その持株に応じて交付する株式の割当比率）が「相対的に対等である」場合には「対応合併」，「どちらかが非常に優勢である」場合には「吸収合併」とした。なお，それぞれの合併における合併比率は，①イー・ウイングと日本オンラインの合併比率は 1 対 0.97，②日興ビーンズとインターネット・トレードの合併比率は 1 対 0.05，③マネックスとセゾンの合併比率は 1 対 0.006 であった。

63） 「イー・トレード　プレスリリース」2000 年 9 月 8 日。

64） 「イー・トレード　プレスリリース」2001 年 1 月 18 日。

65） 「日興ビーンズ　プレスリリース」2001 年 5 月 22 日。

66） 「DLJ プレスリリース」2001 年 7 月 3 日。

67） 「イー・トレード　プレスリリース」2001 年 7 月 19 日。

68） 『日経流通新聞 MJ』2001 年 9 月 25 日。

69） 矢野経済研究所（2000，p. 152）。

70） 松井・松本（2001，p. 61）。

71） 『読売新聞』（2004 年 3 月 15 日）の「こまかーい株でも，コンピューターは文句言わない。便利だね。」という，松井社長の発言より。

72） 矢野経済研究所（2000，p. 149）。

73） 『日経産業新聞』2000 年 1 月 21 日。

74） 松井証券松井社長の発言（『金融国際情報技術展（FIT21）特別セミナー』2000 年 9 月 22 日）。

75） 松井証券松井社長の発言（『日経産業新聞』2001 年 1 月 10 日）。

76） 『日経金融新聞』1999 年 8 月 10 日。

77） 『日経産業新聞』2000 年 1 月 21 日。

78） 日興ビーンズ証券の初代社長で，当時リテール事業推進協同担当であった須田則雄執行役員の発言（『日経産業新聞』2001 年 8 月 10 日）。

79） イー・トレード証券会長北尾吉孝氏の発言（『日経産業新聞』2001 年 8 月 9 日）。

80） 「地動説のインターネットビジネス」『一ツ橋アカデミーヒルズ：松井証券松井道夫社長講演会』（2000 年 7 月 6 日）。

81） 各社 2002 年 3 月期決算 IR 資料より。

82） 「『株式の取次業務は赤字』（イー・トレード北尾会長)」（『日経金融新聞』2003 年 4 月 24 日）。

83） 大手 3 社の 1 口座あたりの約定件数や売買代金を，本稿で取り上げた 6 社と比較するならば，図 6-3 で示した個人株式委託売買代金シェアと図 6-9 を勘案すると，かなり低い数値を示すことが予想される。

84） 大手 3 社をはじめとする，オンラインと対面取引（店舗）との両方の営業ラインを有している証券会社においては，対面取引の口座を有している顧客がオンラインにて取引を行いたいと希望する場合，既存の対面取引での口座にオンラインサービスの申し込みをするという簡単な手続きにてできることが多い。たとえば，野村證券においては，オンライン口座は通常の対面取引の付随サービスとして提供しており，100 万口座を達成した 2002 年 6 月時点では，既存の対面取引の顧客の約 3 割がオンライン口座を開設していたという（『日本経済新聞』2002 年 6 月 26 日）。

85） 「イー・トレード　プレスリリース」2001 年 7 月 19 日。

86） 「日興ビーンズ　プレスリリース」2002 年 8 月 2 日。

87） 『日経 MJ』2001 年 9 月 25 日。

88） 『日経 MJ』2001 年 9 月 25 日。

89） 『日経 MJ』2001 年 9 月 25 日。

90) 「内出来（うちでき）」とは相場用語であり，発注した注文の一部分だけしか取引
成立しない状態を意味する。

91) 具体的には，時価 201 円の銘柄を 3 万株，200 円の指し値で発注した場合，約定
が 1 万株ずつ 3 日間にわかれてしまうことがある。この場合，他社であれば 1 日ご
とに手数料を支払うことになるが，カブドットコムの場合は 1 つの注文として手数
料が計算される（「カブドットコム　プレスリリース」2002 年 11 月 20 日）。

92) 『日経金融新聞』2002 年 6 月 20 日。

93) 『日経金融新聞』2001 年 6 月 15 日。

94) マネックス証券松本大社長の発言『日本経済新聞』2002 年 2 月 11 日。

95) マネックス証券松本大社長の発言『日経金融新聞』2002 年 6 月 20 日。

96) 「マネックス　プレスリリース」2003 年 3 月 28 日。

97) さらに株式市場の回復によって，各社の業績はその後に好転することとなる。

98) 『日経金融新聞』2003 年 4 月 24 日。

99) 『日経金融新聞』2003 年 4 月 24 日。

100) 松井（2003，pp. 130-131）。

第**7**章　テキストマイニングによる日本の
　　　　オンライン証券業界の A-U モデル分析

1　はじめに

　第1章で述べた通り，イノベーションがどのようなプロセスを経て進展していくのかという点に関しては，いくつかの有用なモデルが示されてきた。なかでも Abernathy & Utterback（1978）は，ひとつの産業の発展過程を，プロダクト・イノベーションとプロセス・イノベーションの発生頻度（生起率）の組み合わせによって特色づけ，流動的な段階からより固定的な段階へと変化し，それに伴い産業のあり様も変化していくと論じた。また，前者と後者の段階を分かつ決定的な契機として，ドミナント・デザインと呼ばれる，「当該産業において確立される，その後の基準となる支配的な製品デザイン」が登場するとした。これが，有名な A-U モデルである。

　こうした A-U モデルが想定するイノベーションのパターンは，過去30年以上にわたってさまざまな製品分野での実証研究によって検証され，そのメカニズムや企業間競争に与える影響などが解明されてきた（e. g., Utterback, 1994）。しかし，先進諸国の経済においてはサービス産業部門が非常に大きな比重を占めているにもかかわらず，A-U モデルをはじめとするイノベーションのプロセスに関する研究は，もっぱら製造分野にのみ関心を寄せてきた（e. g., Cusumano, Suárez, & Kahl, 2006）。いくつかの例外的かつ先駆的な研究は見られるものの，サービス産業分野におけるイノベーション・プロセスを取り扱った研究はそもそも数少ない。特にサービス産業分野において，企業レベルでのプロ

ダクト・イノベーションとプロセス・イノベーションの導入がどのように進んでいくのかについて検証した実証研究は，これまでほとんど存在してこなかった。

　サービス産業部門においても，企業の成功にとってイノベーションは製造分野におけるのと同様に大切であり，イノベーションの採用のあり方が企業のパフォーマンスに多大なる影響を及ぼすと考えられるにもかかわらず，企業レベルでのプロダクト・イノベーションとプロセス・イノベーションの採用がどのように進んでいくのか，それに伴って産業や競争の様相，企業業績がどのように変化していくのかについては，何もわかってないに等しかったのである（e. g., Damanpour & Gopalakrishnan, 2001）。

　そこで本章では，市場黎明期（以下「黎明期」）の日本のオンライン証券業界[1]を対象として，①企業レベルでのプロダクト・イノベーションとプロセス・イノベーションの採用が，どのようなパターンを描きながら進んでいくのか，②それに伴って産業や競争の様相，企業の業績にどのような影響が及ぶのか，という2点について，ドミナント・デザインが登場する前後の時期に特に焦点を当てて実証的な検討を行うことにより，上述のギャップを埋めたいと考える。

　金融業界は，2016年時点で日本の国内総生産の約5%を占める代表的なサービス産業である。そのなかでオンライン証券業界は1996年に誕生し，1999年の証券取引手数料自由化を契機として急激な成長を遂げ，わずか数年の間に個人取引の8割以上のシェアを占めるまでに成長した。インターネットが登場したことで多くの業界でオンライン市場が誕生したが，このオンライン証券業界は，最も速いスピードで，かつ最も大きな割合で，既存市場からの顧客シフトが生じた業界のうちのひとつである（e. g., 高井，2006）。

　また，後で検討するように，オンライン証券業界では，1999年末から2003年末にかけて有力企業によるドミナント・デザインの採用が進み，流動的な段階からより固定的な段階へと移行していったと考えられる。本章では，この前後の時期に焦点を当てて，上記2つの点について実証的な検討を行っていく。

　ただし，企業レベルでのプロダクト・イノベーションとプロセス・イノベーションの採用動向を検証するためのデータの入手は難しい。特にプロセスは，通常は外から見えない企業内の裏方，仕組みの部分であるため，プロセス・イ

ノベーションの採用動向については把握が難しい。そこで本章においては，プレスリリースの文字データを素材として，テキストマイニングによる定量的な分析を用いることにした。

以下では，まず第2節で先行研究の振り返りと理論的な予想の導出を行った上で，この業界におけるプロダクト・イノベーション，プロセス・イノベーション，ドミナント・デザインが何であったのかを論じる。第3節では，リサーチデザインについて説明する。続く第4節では，プロダクト・イノベーションとプロセス・イノベーションの企業レベルでの採用動向と，それに伴って産業や競争の様相，企業の業績がどのように変化したのかについて，実証的な検討を行う。第5節はまとめとディスカッションである。

2 先行研究の振り返りと理論的予想の導出

2.1 逆 A-U モデル

すでに第1章で述べたように，サービス産業におけるイノベーション・プロセスを扱った数少ない例外である Barras（1986; 1990）では，いくつかのサービス産業（銀行，保険，会計，行政）における先端的な情報通信技術の導入プロセスを観察し，製造業におけるものとは反対方向のイノベーション・プロセスのパターン，すなわち「逆 A-U モデル」を観察した。

バラスは，サービス産業におけるプロダクトを顧客に提供されるサービスそのものとして，プロセスをそのサービスの実施・提供の仕方，あるいはそのための仕組みとして，それぞれ定義した。また，サービス産業におけるプロダクト・イノベーションを「新しいサービス」と，プロセス・イノベーションを「サービスを実施・提供するために導入される新たな要素や仕組み（たとえば設備，業務のやり方，業務を支える情報フローの仕組みなど）」と，それぞれ定義した（e. g., Barras, 1986; 1990）。

彼は，サービス産業におけるイノベーション・プロセス（逆 A-U モデル）は，A-U モデルと同様に3つの段階を経て進行することになると論じた。第一段階では，もっぱら既存のサービス生産（実施・提供）のコストを削減するために新技術が用いられる。この段階での主たる焦点は，インクリメンタル（漸進的）なプロセス・イノベーションの導入であり，顧客に提供するサービスは基

本的に従来のままで，その実施・提供のやり方のうちで労働集約的な作業が新技術によって代替されることになる。第二段階では，コストを削減するためよりも，むしろ顧客に提供するサービスの質と効果を高めるために新技術が用いられる。この段階での主たる焦点は，ラディカル（急進的）なプロセス・イノベーションの導入へと移る。サービスの中身自体は，これまでの延長線上で改善されるだけに留まり，抜本的に変えられることはない。一方，その実施・提供のやり方は，コスト削減を主たる目的とするこれまでのやり方から，顧客満足の向上を志向した新しいやり方へと抜本的に変更されることになる。第三段階では，新技術の支援を得て，（新市場を生み出しうるような）全面的に刷新されたサービスまたは新規のサービスが創出される。この段階での主たる焦点は，ラディカルなプロダクト・イノベーションへと移る。

　ただし，こうしたバラスの逆 A-U モデルでは，新しく生み出された産業が，どのようなプロセスを経て進化を遂げるのかが議論の射程外となっていた。この点についてバラスは，逆 A-U モデルの第三段階で生み出されたラディカルなプロダクト・イノベーションの結果として（既存の市場とは別の）新たな市場が立ち上がり，一定の地位を占めるようになると，プロダクト・イノベーションの生起率は下がり，競争の焦点はプロセス・イノベーションによる効率性の向上に移り，次第にそのプロセス・イノベーションの生起率も下がっていき，やがて新市場は成熟していくことになるだろうと論じている。つまり，第三段階以降のプロセスは，製造業における通常の A-U モデルと同様の道を辿ることになるだろうと予測しているのである（Barras, 1986）。

　このようにバラスは，サービス産業においては，ラディカルなプロダクト・イノベーションが出現するまでは A-U モデルと逆のパターンで，それによって新市場が立ち上がって以降は A-U モデルと同様のパターンで，それぞれイノベーション・プロセスが進行するという，2段階のプロダクト／プロセス・イノベーション採用のパターンが見られると論じたのである。

2.2 理論的予想の導出

　すでに第1章で論じたように，本書が分析対象とする日本のオンライン証券市場は，バラスの逆 A-U モデルの第三段階において生起したラディカルなプロダクト・イノベーションの結果として生まれた新市場として位置づけられ，

それゆえに，新市場の誕生以降のイノベーション・プロセスは A-U モデルと同様のパターンで進行すると考えられる。すなわち，当初はラディカルなプロダクト・イノベーションが頻繁に生起し，プロセス・イノベーションはほとんど生起しないが，ドミナント・デザインの登場を機に，プロダクト・イノベーションの生起率は下がり，代わりにプロセス・イノベーションの生起率が上がり，後者が前者を追い抜かすことになる。そして，やがてはプロセス・イノベーションの生起率も下がり，新市場の成熟化が進むことになると考えられる。

以上は産業レベルでの話であったが，サービス産業におけるラディカルなイノベーションの結果として生まれた新市場での企業レベルのイノベーション・プロセスも，A-U モデルと同様のパターンを描くものと考えられる (e. g., Damanpour & Gopalakrishnan, 2001)。ただし，企業レベルで見た場合，ドミナント・デザインが登場した後は，それを採用しなかった，あるいは採用するのが遅れてしまった多くの企業が市場からの退出を余儀なくされる一方，ドミナント・デザインを採用したごく少数の企業による寡占化の動きが急速に進行するものと考えられる (e. g., Christensen, Suárez, & Utterback, 1998)。また，ドミナント・デザインを採用して生き残ることができた企業の間でも，どのタイミングでドミナント・デザインを採用するのかが，企業のパフォーマンスに大きな影響を与えることになると考えられる (高井, 2004)。本章が対象とするオンライン証券業界は「先行者の優位性」(Lieberman & Montgomery, 1988) が強く働くので，当然，ドミナント・デザインをいち早く採用した企業の業績ほど急速に向上し，後の時期になって採用する企業ほど業績向上の効果は小さくなると考えられる。

その後は，確立されたドミナント・デザインの枠内での差別化や業務の効率化が競争の焦点となり，実現されるプロダクト／プロセス・イノベーションは次第に小幅なものが中心となっていくと考えられる。

以上をまとめると，次の理論的な予想が導出される。

予想 1 オンライン証券業界の個々の企業レベルでは，当初はプロダクト・イノベーションの生起率が高く，プロセス・イノベーションの生起率が低いが，ドミナント・デザインの登場と相前後して，プロダクト・イノベーションの生起率が下がる一方でプロセス・イノベーションの生起率が上が

り，両者が逆転するという傾向が見られる。

予想2 オンライン証券業界では，ドミナント・デザインの採用が進むのと相前後して，企業数の急激な上昇と減少，ならびに寡占化のプロセスが生じる。

予想3 オンライン証券業界では，ドミナント・デザインを採用した時期の前後で，企業のパフォーマンスに差が生じる。

予想4 オンライン証券業界では，ドミナント・デザインの採用が進んだ後は，実現されるプロダクト・イノベーションとプロセス・イノベーションは小規模なものが増える。

2.3 オンライン証券業界におけるプロダクト・イノベーション，プロセス・イノベーション，ドミナント・デザイン

すでに述べたように，サービス産業において，プロダクトとは顧客に提供されるサービスそのものを，プロセスとはそのサービスの実施・提供の仕方，あるいはそのための仕組みを，それぞれ意味している。そのため，サービス産業におけるプロダクト・イノベーションとは「新しいサービス」と定義され，プロセス・イノベーションとは「サービスを実施・提供するために導入される新たな要素や仕組み（たとえば設備，業務のやり方，業務を支える情報フローの仕組みなど）」と定義されることになる（e. g., Barras, 1986; 1990; Damanpour & Gopalakrishnan, 2001)。

ここで，本書が対象とするオンライン証券業界を例にとると，プロダクト・イノベーションに該当するのは，取扱商品のラインアップや手数料の体系およびその金額など，顧客に提供する個々の商品やサービスの内容，および商品やサービスの集合体としてのパッケージに関わる種々の取り組みのうちで，新規性を有しているものということになるであろう。一方，プロセス・イノベーションに該当するのは，これらの商品やサービスをいかに効率的・安定的に顧客に提供するのかという，システム面やオペレーション面での種々の取り組みのうちで，新規性を有しているものということになるであろう（高井，2009)。

一方，サービス産業におけるドミナント・デザインとは，「当該産業において確立される，その後の基準となる商品やサービス（のパッケージ）」と定義されることになる。第4章の記述からわかるように，日本のオンライン証券業界

においては，松井証券がとった「アクティブユーザー獲得を狙った信用取引と定額手数料制の導入」が，業界のドミナント・デザインであったと考えられる。すなわち，比較的活発に取引を行うアクティブユーザーが，必要な時に必要なだけ株式売買を行うことができるように信用取引と定額手数料制を導入することが，事後的に見てこの産業における「その後の基準」となるサービスだったと考えられるのである（高井，2006）。

　それでは，第4章に記したような経緯を辿った市場黎明期の日本のオンライン証券業界において，企業レベルでのプロダクト・イノベーションとプロセス・イノベーションの採用はどのようなパターンを描きながら進んでいったのであろうか。また，それに伴って産業や競争の様相，企業の業績にどのような影響が及んだのであろうか。より具体的には，前項で提出された理論的予想は妥当なのだろうか。

　以下では，上記の諸点について，プレスリリースの文字データを素材としたテキストマイニング分析を用いることで，できるだけ定量的なデータに基づいて検討していくことにする。ただし，ここでの目的は，厳密な仮説検証を行うことではなく，定量的な分析を通じて，*2.2*項で導いた理論的予想の確からしさを補強することにある。

3　リサーチデザイン

3.1　分析手法

　一口に企業レベルでのプロダクト／プロセス・イノベーションの採用動向を検証すると言っても，実際にはデータの入手が難しい。特にプロセスは，通常は外から見えない企業内の裏方，仕組みの部分であるため，プロセス・イノベーションの採用動向については把握がきわめて難しい。そこで本章においては，プレスリリースの文字データを素材として，テキストマイニングによる定量的な分析を用いることにした[2]。分析の素材は，市場黎明期における大手オンライン証券6社（イー・トレード，松井証券，DLJ，カブドットコム，マネックス，日興ビーンズ）のプレスリリースのうち，2004年5月までまはリリースされたものが公開されていないイー・トレード証券を除いた5社のものである[3]。この5社のオンライン証券全体におけるシェアは2002年度下半期時点で約70%[4]，

表7-1 採用する企業別

	1999 年	2000 年	2001 年	2002 年
松井証券	161	664	824	826
DLJ ディレクト SFG（楽天）証券	739	1,141	2,221	1,281
カブドットコム証券	－	－	742	1,433
マネックス証券	－	96	108（60）	112（32）
日興ビーンズ証券	8	371	569	403

インターネットを介さない取引（既存店舗での営業を主とする証券会社などでの取引）もすべて含んだシェアでも 2003 年度は 5 割，2005 年度には 6 割を確保していた。また，この 5 社は，分析期間を通じて主要な企業群としてマスコミなどでも認知されていた。したがって，これらの企業のプレスリリースを分析対象とすれば，業界内におけるイノベーションの変遷についての考察が十分把握できると判断した。

　プレスリリースとはニュースリリースとも呼ばれ，新聞・雑誌記者をはじめとする報道関係者に向けて企業が発表する資料・声明である。プレスリリースが取り扱う題材は，その会社が報道各社にニュースとして取り上げてもらいたい題材であるため，当然ながらニュース性があるものに限られる。すなわち，少なくとも発表する会社で，新規性があり，話題性（インパクト）があると判断した題材に限られる。したがって，同じ内容の繰り返しは基本的にない。各社のプレスリリースとも，自社の新製品などを顧客にどのように受け止めてもらいたいかを端的に表現して作成しており，過去から現在までにわたって情報が蓄積されているという点でも，分析素材として適している。

　また，オンライン証券業界は，一般の消費者を顧客とする金融業ながらも，オンラインを介してのみサービスを提供しているので，どうしても顧客との人的接触に乏しくなる。したがって，できるだけ情報をオープンにして広く消費者の信頼を得ようと，会社の戦略やサービス，システム変更などについて，他の業界以上にこと細かにプレスリリースとして発表する傾向が強い。本章では，プロダクト（サービス）のイノベーションとその実施を支えるプロセスのイノベーションの計測を試みることから，これらに関わるすべてのプレスリリースを対象としてテキストマイニングソフトにかけることにした。

データ期間，企業別・年度別名詞数

2003 年	2004 年	2005 年	データ収集期間	分析対象月数
1,287	802	1,133	1999 年 6 月〜2005 年 12 月	79
644	1,702	1,360	1999 年 10 月〜2005 年 12 月	75
1,728	1,307	1,681	2001 年 6 月〜2005 年 12 月	55
190（37）	500（226）	1356（362）	2000 年 12 月〜2005 年 12 月	61
153	300	−	1999 年 11 月〜2004 年 7 月	57

　なお，分析の対象とした大手オンライン証券 5 社のデータ採用期間は表 7-1 の通りであり，各社で異なるが，いずれも 1999 年 6 月から 2005 年 12 月までの間に収まる。

3.2　分析の手順

　テキストマイニングソフトでは，素材のなかに含まれる「語」が品詞分解されて「品詞」ごとにカテゴライズされ，出現回数が示される。本章では，「名詞」を対象として，2 回以上出現したものはすべて分析することにした。名詞を採用した理由は以下の通りである。第一に，イノベーションの採用という，企業が何か意図を持って示すもの（すなわち「概念」）を表す語は「名詞」に他ならない（御領・菊池・江草，1993）からである。第二に，抽出されるサンプル（語）が非常に多くなったため，操作上の制約からも，単独で「意味」を担いうる自立語のうち「名詞」を選ぶことが妥当（三浦・川浦，2009）だと考えたためである。

　分析の作業手順としては，まずはそれぞれの企業のプレスリリースから，商品・サービスやその特性に関するもの，あるいはそれらを提供するためのプロセスやその特性に関するものをすべて選び出し，それぞれの本文を Microsoft Excel 2007 に企業ごと・四半期ごとに整理し，SPSS Text Analysis for Surveys 3.0 を用いて単語の出現頻度を計測した。その後，抽出された名詞から，明らかに分析に不要な語を削除するなどのクリーニング作業を行った。表 7-1 には，以上の作業を経て抽出された，企業ごと，年度ごとの名詞の数も合わせて記載している[5]。

　次に，これらについて，その意味や内容ごとに，表 7-2 にある 16 のカテゴ

表7-2　概念カテゴリー

1. 信用取引	9. オンラインサービス
2. 定額手数料制	10. モバイル
3. 国内株	11. 情報サービス
4. 外国株	12. リアル対応（コールセンター・店舗）
5. その他商品	13. 入出金
6. 手数料引き下げ	14. 情報システム
7. キャンペーン	15. 企業組織戦略
8. 夜間取引	16. 合併

リーに分類した。分析のベースとなるこの表を作成するにあたっては，その語の意味する内容がどのカテゴリーに含まれるのかを判断する作業を，それぞれのもととなるプレスリリースを参照し，オンライン証券業界に関する各種資料や先行研究によって明らかとなっている情報を参考にしながら，ひとつひとつ丁寧に行った。なお，本カテゴリーを作成する際に特に参考にした資料は，ゴメス社資料，ストック・リサーチ社資料，『日経マネー』である。

3.3　プロダクト・イノベーションとプロセス・イノベーション

次に，上で整理した名詞カテゴリーを，*3.2* の定義にしたがってプロダクト・イノベーションとプロセス・イノベーションに分類した。その結果を示したのが表7-3である。プロダクト・イノベーション，プロセス・イノベーションとも，6つのカテゴリーが含まれることになった。この表を作成するにあたっては，語の前後関係まで遡っての慎重な確認作業を行い，分析の精度を上げることを意識した。また，結果について業界に詳しい専門家1名の同意を得た。

4　黎明期のオンライン証券業界のテキストマイニング分析

4.1　企業ごとのプロダクト・イノベーションとプロセス・イノベーションの推移

図7-1から図7-5は，テキストマイニング分析によって導出した，各企業のプロダクト・イノベーション，プロセス・イノベーションの推移の結果であ

る。各社とも「信用取引と定額手数料制の導入によるアクティブユーザーの獲
得」という，ドミナント・デザインを導入した時期もあわせて描写した。横軸
は四半期，縦軸は表7－1で示した企業別・年度別の名詞数に対して表7－2で
分類した各イノベーションの名詞数合計の比率である。なお，プレスリリース
の出現頻度は，季節によって大きく変動する。そこで，図では3区間の移動平
均の値で図示した。

図7－1の松井証券は，前述のように信用取引については1998年5月から，
定額手数料制については1999年10月から，それぞれ導入している。つまり，
今回分析の対象となるのは，そもそもドミナント・デザインを導入した後の時
期ということになる。そのためか，当初からプロセス・イノベーションがプロ
ダクト・イノベーションを大きく上回っている。

ちなみに，松井証券でプロダクト・イノベーションを示す語の出現頻度が高
くなっているのは，同社が業界に先駆けて無期限信用取引を導入する前の時期
である。この無期限信用取引とは，期限を設けずに信用取引を利用できるとい
うサービスであり，利用者にとって利便性が高いものの，企業にとっては高度
な与信管理が求められるという意味で，ドミナント・デザインが導入された後
に取り入れられたイノベーションのなかでは相当にインパクトの大きいものの
ひとつであるため，このようなパターンが見られたのだと考えられる。

図7－2のDLJについては，2001年にかけてプロダクト・イノベーション
の比率が高まり，同年12月にドミナント・デザインが確立した後はプロセ
ス・イノベーションの比率が高まっていることが見てとれる。また，図7－3
から図7－5のカブドットコム，マネックス，日興ビーンズについても，後に
なってドミナント・デザインを採用した企業ほど形がいびつになっているもの
の，概ねドミナント・デザインを導入した後のプロセス・イノベーションの比
率が増加していることが見てとれる。

また，これらの5社のドミナント・デザイン（信用取引と定額手数料）を導入
した時期を揃えた上で，プロダクト／プロセス・イノベーションのそれぞれの
平均をとり，描画したのが図7－6である。この図からは，ドミナント・デザ
インの出現前後で，典型的なA-Uモデルの特徴を見てとることができる[6]。

これらの結果をまとめると，データ収集の制約があるものの，各企業レベル
において，A-Uモデルに準じたプロセス・イノベーションとプロダクト・イ

表7-3 主なプロダクト・

	プロダクト・イノベーション
信用取引	信用取引・信用・長期信用取引・一般信用取引・制度信用取引・制度信用銘柄・無期限信用取引
夜間取引	夜間取引・夜間延長・夜間取引市場・夜
国内株	株式<国内株式・現物株式・新規公開株式・株式投資・株式取引・普通株式・株式市場>・銘柄<銘柄追加・個別銘柄>・証券〈証券取引・証券市場〉・株券・現物・約定・日本株
外国株	ブラジル・中国・韓国・香港・米国・外国・ロシア・アフリカ・海外・国際・外国為替相場・外国為替証拠金取引
その他商品	投資〈投資商品〉・投資信託・カバードワラント・先物・オプション取引・オプション・カバードワラント取引・信託投信・ノーロードファンド・類似ファンド・同型ファンド・バランスファンド・不動産投信・新規追加ファンド・類似ファンド・毎月分配型ファンド・同型ファンド・ファンド・プチ株・不動産投信・株価指数先物取引・代用有価証券
手数料	手数料〈手数料体系・手数料割引プラン〉無料・値下げ・割引・返済手数料・ワンウェイ手数料・委託手数料・手数料体系・一日定額手数料コース・株式売買手数料・取引手数料・定額手数料

ノベーションの特徴がある程度見られたと言えよう。これらは予想1を概ね支持する結果だと言える。

4.2 シェイクアウトと寡占化

このように，オンライン証券業界でドミナント・デザインである「信用取引と定額手数料制の導入」の採用が進むのと相前後して，産業や競争の様相，企業業績はどのように変化したのだろうか。

図7-7は，オンライン証券業界への新規参入，撤退・合併の企業数の推移を示したものである。松井証券が業界ではじめてドミナント・デザインを採用したのが1999年10月であるが，新規参入企業数は，その前後の時期である

イノベーションとプロセス・イノベーションの名詞

プロセス・イノベーション	
オンライン サービス	オンライン・WEB・パスワード・画面・登録・インターネット・コンピュータサイト・ウェブサイト・ネット経由
モバイル	携帯電話・オンライン・アプリ・パケット・配信・モバイル・air−edge・phone・iモード・ezweb・スマートフォン・iモード利用者数・iphone・メールアドレス・モバイルサイト
情報サービス	情報〈約定情報・リアルタイム為替情報・投資情報・マーケット情報〉・取引状況・ニュース・管理・カブコール・wave ニュース・為替関連ニュース・ランキング情報・リアルタイム株価情報・情報サービス・ファンドオブザイヤー情報・個別銘柄情報・it サービス提供・情報ツール・投資情報サービス・マーケット情報・quick 投資情報・株式新聞速報ニュース・情報投資信託・ニュースサービス
リアル対応	サポートセンター・サポート体制・サポート・コールセンター利用・電話
入出金	入金・即時入金サービス・入出金機能・電子マネー・e ペイメント・web 連動振替決済サービス・入出金サービス・決済サービス・決済連携サービス・リンク決済・資金
情報システム	情報システム・私設取引システム・情報セキュリティマネジメントシステム・品質管理マネジメントシステム・システム・売買システム・次世代システム・次世代売買システム

1998 年から 1999 年末にかけて，約 20 社から約 50 社へと 2 倍以上に急増している[7]。また，松井証券への追随が比較的早かったイー・トレードや DLJ がドミナント・デザインを採用したのは 2001 年であるが，この頃には新規参入企業数が激減し，逆に撤退企業数や合併による退出企業数が増えたことにより，業界全体の企業数が減少に転じている。ただし，その後 2002 年には減少のピークを迎え，業界全体の企業数は 40 社程度で横ばいを続けている。従来型の店舗営業を中心とする証券会社のほとんどは，オンライン証券業務に新規参入したものの，競争から早々に脱落した。しかし，彼らの多くは店舗中心の営業に戻る一方で，ホームページなどは残し店舗営業の補完的な位置づけで細々とオンライン証券サービスを提供し続けたので，その分だけオンライン証券市場

図 7 - 1　プロダクト／プロセス・イノベーションの描写（松井証券）

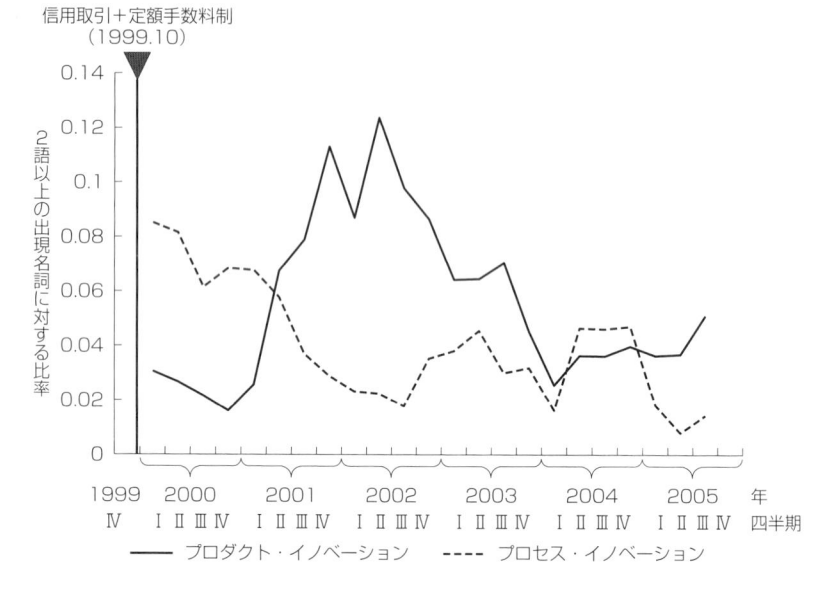

図 7 - 2　プロダクト／プロセス・イノベーションの描写（DLJ ディレクト SFG 証券）

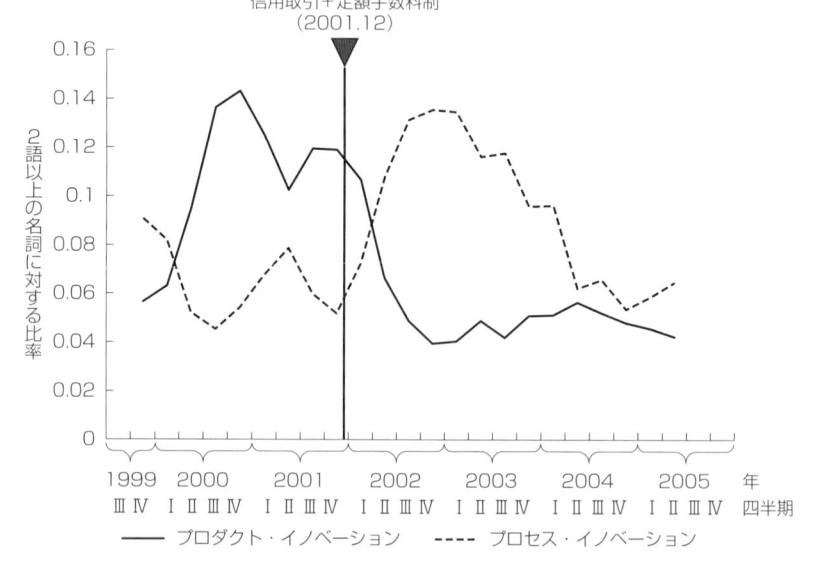

図7‑3　プロダクト／プロセス・イノベーションの描写（カブドットコム証券）

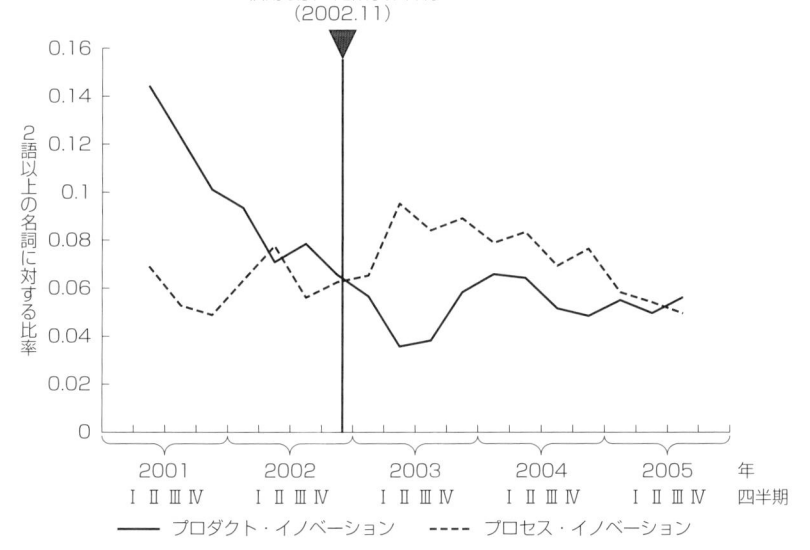

図7‑4　プロダクト／プロセス・イノベーションの描写（マネックス証券）

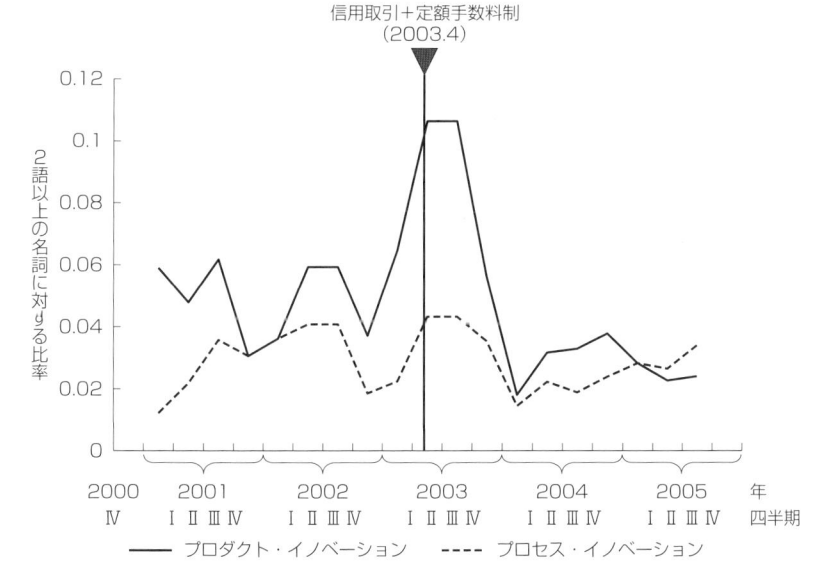

図7-5 プロダクト／プロセス・イノベーションの描写（日興ビーンズ証券）

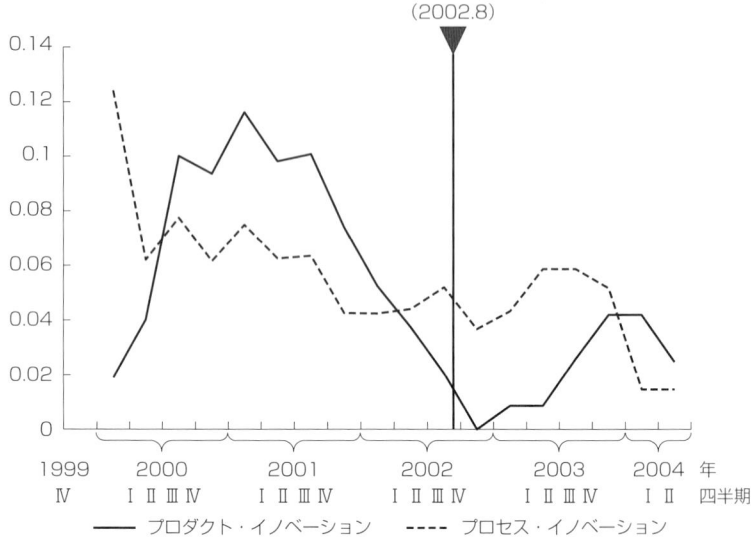

の残存企業数は高止まりすることになったのだと考えられる。ちなみに，退出例の多くは，親会社の合併や地場証券の業務の見直しを原因とするものであった（Takai, 2017a）。

一方，図7-8は，個人による株式取引に占める各企業のシェアの推移を示したものである。この図からは，松井証券が業界ではじめてドミナント・デザインを採用した1999年10月頃を境に，有力なオンライン専業企業が店舗営業を中心とする既存の証券企業のシェアを急速に侵食し，その集中度を急激に高めていったことが見てとれる。

これらより，オンライン証券業界では，「ドミナント・デザインの登場を境に，シェイクアウトは限定的にしか起きなかったが，寡占化のプロセスは急速に進行した」と言えよう。これらは，予想2を部分的にしか支持しない結果だと言える。

4.3 ドミナント・デザインの採用と企業業績との関連

次に，ドミナント・デザインの採用と各社の業績との関連について見ていく

図7-6 5社のプロダクト／プロセス・イノベーションの平均

(1) プロダクト・イノベーション

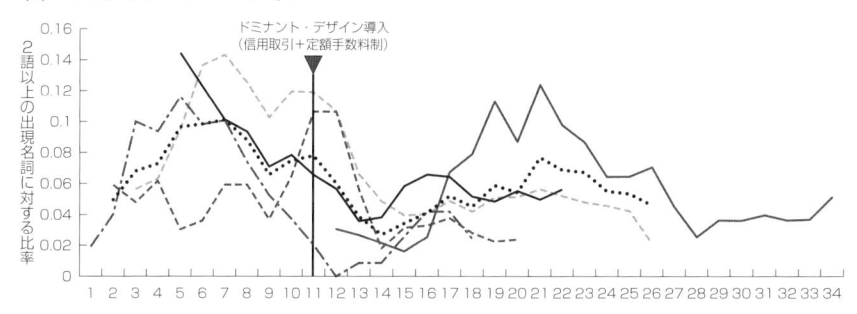

(2) プロセス・イノベーション

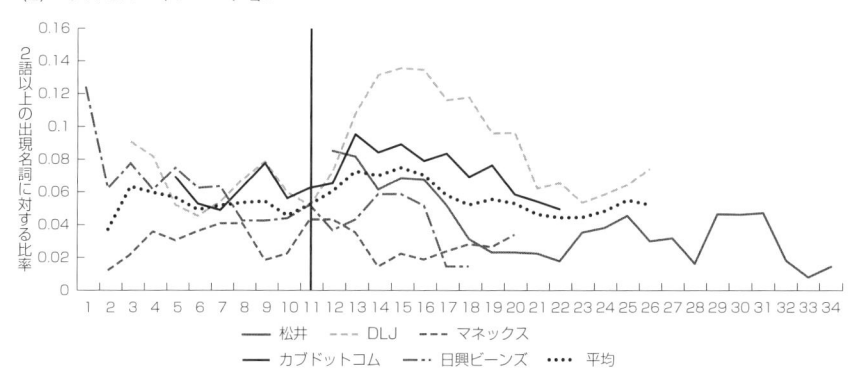

凡例：── 松井　--- DLJ　--- マネックス　── カブドットコム　-·- 日興ビーンズ　···· 平均

(3) A-U モデル（平均値）

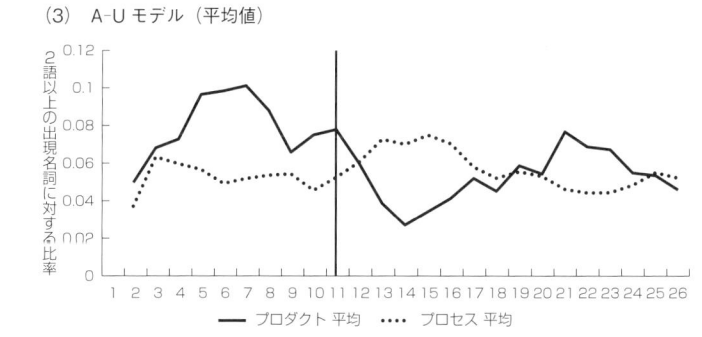

── プロダクト 平均　···· プロセス 平均

注）横軸の数字は，各社のドミナント・デザイン出現を 11 と統一したときの，四半期ごとの区切り。
(3)図は，2 社以上得られた期間のみ。

図7-7　オンライン証券業界への新規参入，撤退・合併

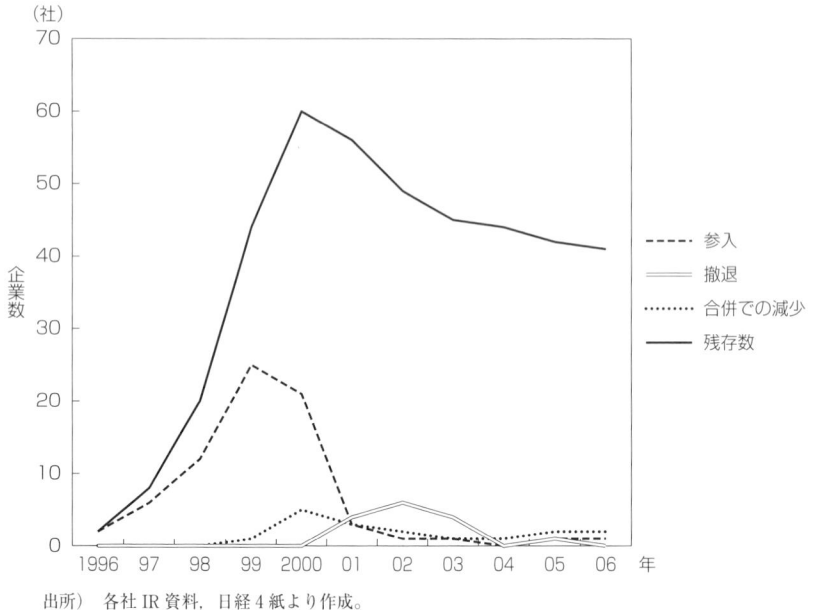

出所）　各社IR資料，日経4紙より作成。

図7-8　個人株式委託売買代金のシェアの推移

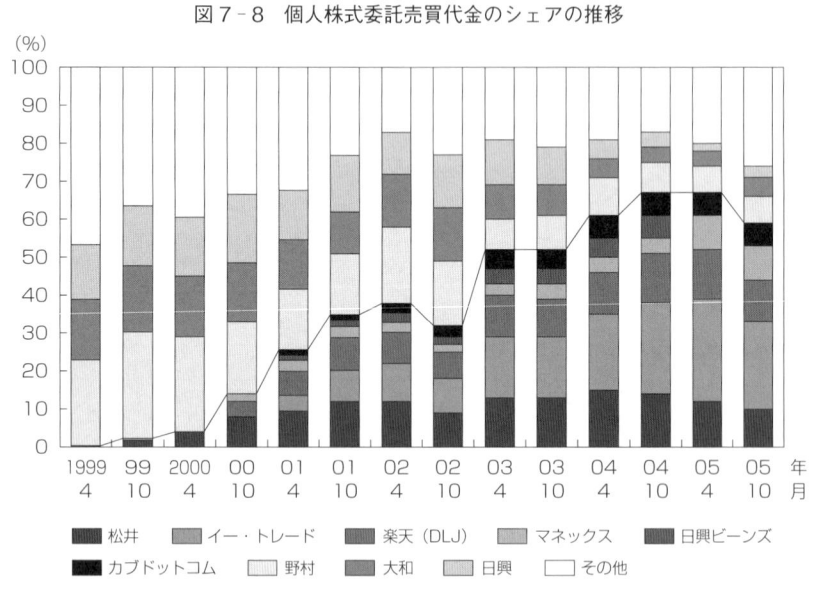

出所）　松井証券IR資料，イー・トレード証券IR資料より作成。

図7-9　ドミナント・デザインと採用パフォーマンス

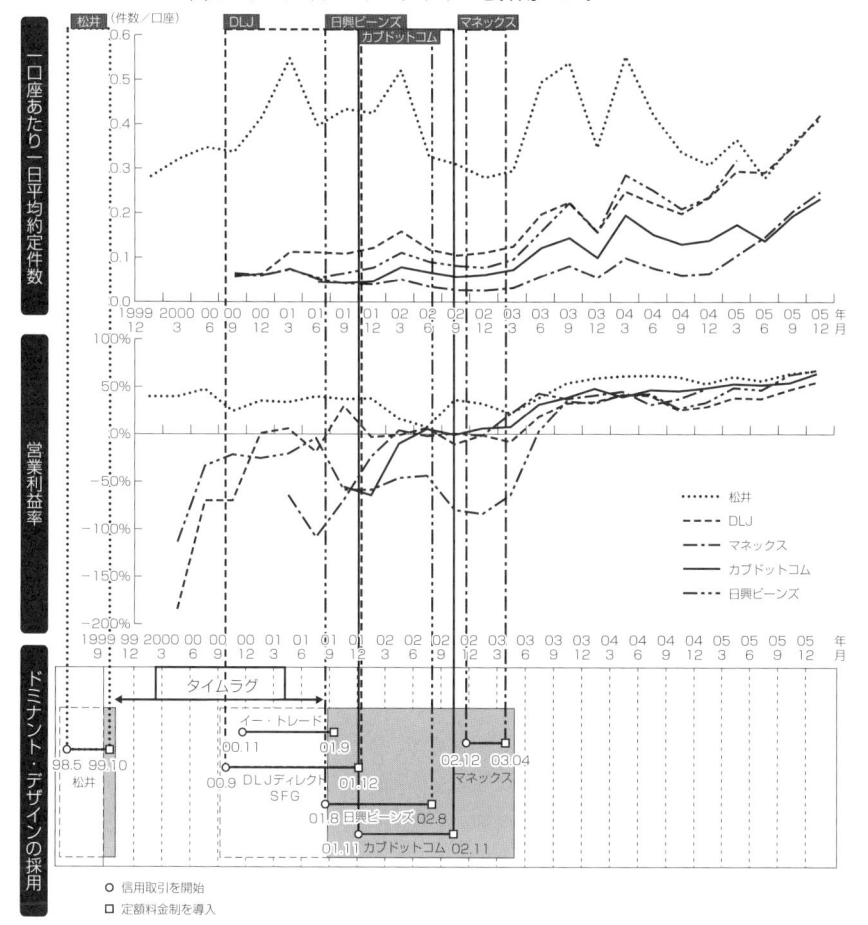

　ことにしたい。図7-9は，ドミナント・デザインの採用時期と各社の業績との関係についての3つの図を，暦年で揃えて描写したものである。ただし，松井証券については，先に述べたようにドミナント・デザインの確立以降の図であることに留意が必要である。
　まず一番上の1口座あたり1日平均約定件数のグラフは，口座を開設している顧客が1日あたりどれだけ約定（売買取引が成立）したかの推移を示している。一般に，約定件数が多ければ多いほど株式の売買取引額が大きくなり，したが

表7-4 ドミナント・デザイン導入の前後における各社の営業利益率に関する t 検定の結果

| 企業名 | 時期の区分（ドミナント・デザイン変数の出現以前あるいは出現以降） | | | | | | t 値 |
| | 出現以前 | | | 出現以降 | | | |
	時期	平均 (SD)	N	時期	平均 (SD)	N	
DLJ ディレクト SFG証券	1999年度4Q〜 2001年度3Q	−.36514 (.68654)	8	2001年度4Q〜 2005年度3Q	.25988 (.20783)	16	−2.518*
カブドット コム証券	2002年度2Q〜 2001年度3Q	−1.76971 (.31586)	6	2001年度4Q〜 2005年度3Q	.46048 (.14219)	12	−4.710**
マネックス 証券	1999年度4Q〜 2003年度1Q	−.44225 (.32449)	14	2003年度2Q〜 2005年度3Q	.45725 (.13027)	10	−9.369**
日興ビーンズ 証券	2000年度4Q〜 2001年度2Q	−3.53483 (.43269)	7	2001年度3Q〜 2004年度3Q	.35613 (.15346)	9	−4.141**

注) ＊：$p<0.05$，＊＊$p<0.01$

ってオンライン証券会社が顧客から得られる売買委託手数料も大きくなる。この数値で見ると，当初は松井証券とその他の企業とは大きな差があり，その他の企業はほぼ横一線と言えるレベルであった。しかしその後は，一番下の図に示されているドミナント・デザインを採用した順に数値が上昇しはじめ，松井証券との差が詰まっていった。

　また，それに伴い，図の中段に示されている各社の営業利益率も改善が進み，次第に松井証券に追いついていき，それと軌を一にして松井証券は逆に減少傾向に転じた。さらに，ドミナント・デザインの採用がかなり遅れたマネックスは，他の企業の利益率の改善が進むなかで唯一厳しい状況に陥っていた。

　こうした点をもう少し定量的に明らかにするために，ドミナント・デザインを採用した前後で営業利益率の平均値に差があるかどうかについて，t 検定を行った結果を示したのが表7-4である[8]。ここでは，DLJについては5%水準で，カブドットコム，日興ビーンズ，マネックスについては1%水準で，それぞれの平均値に統計的に有意な差があるという結果が得られた。

　これらの分析の結果をまとめると，オンライン証券業界では，ドミナント・デザインを採用することで有力各社の業績が向上したと言える。これらは，予想3を概ね支持する結果だと言える。

4.4 ドミナント・デザインの採用の進展と差別化の様相

　最後に，ドミナント・デザインの採用の進展と差別化の様相との関連につい

て見ていくことにしたい。図7-10は，表7-3に掲載したプロダクト・イノベーションとプロセス・イノベーションのカテゴリーを，プロセス・イノベーションは「サポート関連」（情報サービス，リアル対応）と「システム関連」（オンラインサービス，モバイル，入出金，情報システム）の2つのサブ・カテゴリーに，プロダクト・イノベーションは「ドミナント・デザイン関連」（信用取引，定額手数料），「ドミナント・デザイン以外の商品関連」（国内株，外国株，その他，夜間），「価格競争関連」（手数料値下げ）の3つのサブ・カテゴリーへと区分し直した上で，その出現頻度を企業・年次ごとに図示したものである。ただし，図を見やすくするため，抽出された名詞のなかからプロダクト・イノベーションとプロセス・イノベーションに関係ないものをすべて除き，プロダクト・イノベーションおよびプロセス・イノベーション関連の名詞出現頻度を100% とした場合の比率で表している。

　この図からは，各社ともドミナント・デザイン採用前後に関連する名詞の出現頻度が増えるが，すぐにその頻度は低下しはじめ，逆にシステム関連やサポート関連，あるいはドミナント・デザイン以外の商品関連の名詞の出現頻度が増えていることが見てとれる。詳細は省くが，プレスリリースの本文を時系列で追うと，こうした動きはすべて，ドミナント・デザインの枠内での競合他社との差別化や，業務効率化の試みとしてとらえることが可能である。具体的には，ドミナント・デザインを採用することは顧客に対する重要な訴求ポイントになるため，各社ともその前後の時期に積極的にプレスリリースを打つのだが，いったんドミナント・デザインを採用したことが顧客の間に浸透した後は，他社との競争上，むしろそれにプラスして何ができるのか，どんなメリットが享受できるのかが重要になる。そのため，信用取引と定額手数料制の下でどのような証券銘柄を取引することができるのか，そうした新サービスがモバイルにも対応しているのか，サポート体制はどうなっているのかといった，より周辺的な部分での改善が主となり，それについてのプレスリリースが増えるのである。同様に，他社との競争上，コスト競争力がますます重要となるため，業務効率化についてのプレスリリースも増える。

　このように，オンライン証券業界では，ドミナント・デザインの採用が進むにつれて，今度はそうして確立したドミナント・デザインの枠内での差別化や業務の効率化を狙った小規模なイノベーションが増えたと言える。これらは，

図7‑10 ドミナント・

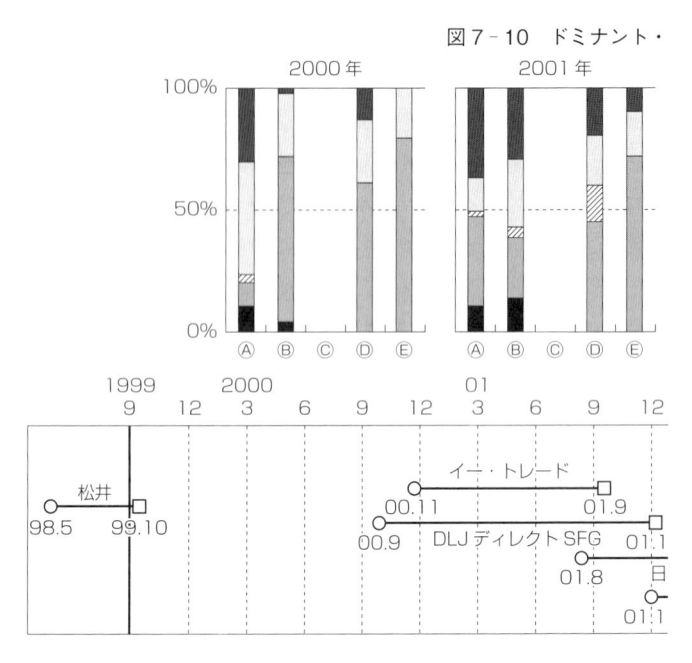

上段棒グラフ：　■サポート関連（情報サービス，リアル対応）　□シ
　　　　　　　　　連（手数料値下げ）　■商品関連（国内株，外国株，そ
　　　　　　　　　Ⓐ松井，ⒷDLJ，Ⓒカブドットコム，Ⓓ日興ビーンズ，Ⓔ
下段年表グラフ：　○信用取引を開始，　□定額料金制を導入

予想4を概ね支持する結果だと言える。

　以上の結果をまとめると，黎明期のオンライン証券業界では，ドミナント・デザインである信用取引と定額手数料制の採用が進むのと相前後して，企業の業績が大きく変化するだけでなく市場の寡占化が進み，競争の焦点がドミナント・デザインの枠内での業務の効率化や差別化へと移行するといった形で，産業や競争の様相が大きく変化したと言えよう。つまり，サービス産業においても製造業の場合とほぼ同様に，A-Uモデルに沿った産業進化のプロセスが生じたと言えよう。

　ただし，シェイクアウトについては，先行研究で紹介されている製造業の場合と比較すると，かなり限定的な規模でしか生じなかった。この理由については，次節で考察を行うことにしたい。

デザイン後の戦略変遷

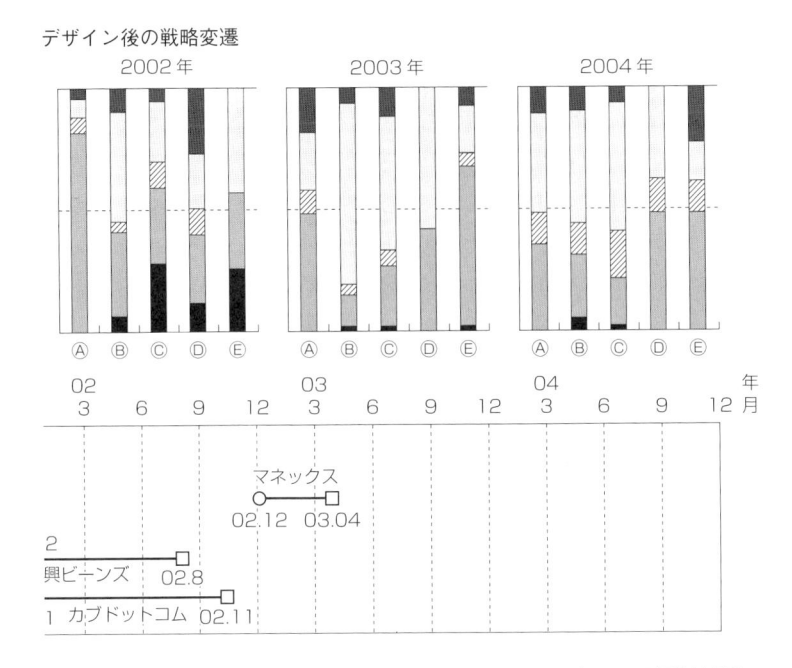

ステム関連（オンラインサービス，モバイル，入出金，情報システム）　░░価格競争関
の他，夜間）　■ドミナント・デザイン関連（定額手数料，信用取引）
マネックス

5　ディスカッション

5.1　結論と考察

　これまでの議論や分析結果を踏まえて，黎明期のオンライン証券業界におい
て，企業レベルでのイノベーション・プロセスがどのように進行していったの
か，それに伴って産業や競争の様相がどのように変化していったのか，を考察
してみたい。

　流動期には，そもそも誰が，何のために，どのように消費する商品やサービ
スなのかという，商品やサービスのコンセプトの根幹部分さえ不確定なため，
企業の側でも顧客の側でも試行錯誤が繰り返されていく。オンライン証券業界
の場合には，松井証券以外の企業が追求した「これまで株式投資の経験の乏し

い膨大な新しい顧客層を取り込むために，一般的な株式取引のメニューを低い手数料で提供する」というやり方が「正解」なのか，それとも松井証券が追求した「株式投資の経験が豊富で，いちいち証券会社の営業マンを介することなく，必要な時に必要なだけ機動的に株式の売り買いをしたいと考える顧客層（アクティブユーザー）を取り込むために，信用取引や定額料金制といった高度な金融取引のメニューを提供する」というやり方が「正解」なのか，あるいは別の「正解」があるのか，当初の段階では混沌としていた。

こうした状況の下では，企業が市場に投入する商品やサービスは，顧客ニーズに関する不確実性の高い仮説に基づいて企画・開発されることになるので，当たるか当たらないかは結果を見てみるまでわからない。したがって，まずは多様な商品やサービスを市場で試すことが優先され，そうした商品やサービスを実施・提供するためシステムやオペレーションの抜本的な変更は後回しにされる。また，仮にシステムやオペレーションの変更を行うにしても，商品やサービスそのものが抜本的に変更されるリスクが高いということで，特定のシステムやオペレーションの仕様（スペック）に大規模な投資を行うことはなるべく避けられる。したがって，この流動期には，プロダクト・イノベーションの生起率は非常に高くなるが，プロセス・イノベーションの生起率は非常に低くなる。

ところが，ドミナント・デザインが登場すると，商品やサービスコンセプトの根幹部分が確定するので，顧客ニーズに関する不確実性は一気に晴れる。このドミナント・デザインの登場によって，誰が主要な顧客であり，その顧客によって商品やサービスがどのように消費されるのか，その商品やサービスにおいて重視される機能は何であるのかといったことが，はじめて明確になる。日本のオンライン証券業界の場合には，松井証券が追求したやり方が「正解」であることが，次第に誰の目にも明らかになっていった。

また，ドミナント・デザインの採用が進むにつれて，競争の様相も変化することになった。早い段階でドミナント・デザインを採用した企業の業績が急速に向上する一方で，それ以外の企業の業績は低位に留まり続け，産業の寡占化が急速に進むことになった。さらには，その後も企業間の商品やサービスの面での改善競争は続いたのだが，それは周辺的な部分での差別化に留まることになった。むしろ，サイトへのアクセスや画面の見やすさ，証券取引の約定や決

済の手続き，各種情報の入手方法，セキュリティなど，システムの使い勝手の面での改善や，オペレーションの効率化によるコスト低減の方が競争上重要になり，企業はシステム投資を大幅に増やすことが求められることになった。この結果，移行期に移ると，プロダクト・イノベーションの生起率が低下し，プロセス・イノベーションの生起率がプロダクト・イノベーションのそれを上回るようになった。このような動きの総体として，サービス業である日本のオンライン証券業界でも，製造業の A-U モデルとほぼ同様のイノベーション・プロセスのパターンが生じたと考えられるのである。

　ただし，日本のオンライン証券業界では，ドミナント・デザインが登場する前後には非常に数多くの企業が参入してきたのだが，ドミナント・デザインの採用が進んでも，こうした企業の多くは淘汰されることなく，その後も市場に留まり続けた。彼らのほとんどは，既存証券会社の一部門ないし子会社であり，オンライン証券市場での競争からは早々に脱落し，店舗中心の営業に戻ったものの，ホームページなどは残し，店舗営業の補助的な位置づけで細々とオンラインでの証券サービスを提供し続けた。

　こうした対応が可能となった背景としては，大手証券会社系のシステム会社が，オンライン証券業務に対応した情報システムをパッケージ製品として広く提供していた，という事情が大きかったと考えられる。松井証券は，主要企業のなかで唯一，情報システムを自前で構築しており，こうした同社の情報システム構築能力が，信用取引と定額手数料制をはじめとする数々の独自のサービスを業界に先駆けてリリースし，競争優位性を確立していく上での源泉となったと考えられる（高井，2004）。一方，松井証券以外の企業は，証券系のシステムを構築する大手 2 社のベンダーのいずれかのパッケージシステムを導入していたため，新しい商品・サービスに対応するためには，かなりのコストを負担して独自にシステムのアドオンや組み替えを行うか，上記ベンダーがそうした新しい商品・サービスに対応するパッケージのアドインソフトをリリースするまで待って導入する必要があった。ただし，上記大手 2 社のベンダーも，新しい商品・サービスへの対応を意欲的に行っており，定額手数料制といった新サービスにも，数ヶ月程度の遅れで対応していた。そのため松井証券以外の企業は，市場で容易に購入することが可能な出来合いのパッケージシステムを利用することで，松井証券ほどの高いパフォーマンスは得られないものの，比較的

短いリードタイムと低いコストで，松井証券の商品やサービスに追随すること
が可能だったのである（高井，2006；2009）。

製造業の場合，ドミナント・デザインの成立を契機に，製造ルーティンの確
立や機械化の進展と相まって大量生産システムへの巨額かつ不可逆的な（した
がってサンクコストの大きい）投資が求められることになり，この投資に乗り遅
れると競合他社との競争で著しい劣位に立たされてしまうことが，短期間に大
量の企業が市場から退出する大きな原因となっていた。ところが現代の先進国
におけるサービス産業の場合には，商品やサービスを提供するための情報シス
テムの構築には，確かに相応の投資は求められるものの，市場で容易に購入す
ることが可能な出来合いのパッケージシステムを利用できるケースが多いため，
投資額は製造業の場合に比べるとはるかに低く済み，また不可逆性も低い（し
たがってサンクコストも小さい）。そのため，競争からは事実上脱落していても，
他に収益源が確保されている限りは細々と営業を続けることは可能となってお
り，したがってシェイクアウトの規模も，製造業の場合に比べると小規模に留
まるのだと考えられる。

5.2 本章の貢献と今後の課題

本章では，オンライン証券業界を対象として，サービス産業におけるイノベ
ーション・プロセスの進展と，産業や競争の様相，企業業績の変化について，
実証的な分析を行った。これまで実証的な研究がほとんど行われてこなかった
なか，日本経済のなかで急速に存在感を増しつつあるサービス産業において，
A-U モデルとほぼ同様のイノベーション・プロセスの進行パターンを確認で
きたことは，理論面での本章の最大の貢献だと思われる。

また本章の議論は，実務的にも意義があると考えられる。サービス産業，な
かでも変化のスピードの速いネットビジネスの世界において，イノベーション
のプロセスが仮にラフにではあっても，A-U モデルとほぼ同様のパターンを
描いて進行する可能性が高いのであれば，企業は事前に準備を行って，それぞ
れの段階に合わせたさまざまな施策を適切に打ち出すことが可能だからである。
特にドミナント・デザインの採用が進み，産業が流動期から移行期へと転換す
る前後では，戦略転換のタイミングとスピードが，その後の企業業績を左右し，
ひいては淘汰過程をしのいで次の段階での急成長につなげることができるかど

うかの決定的な分かれ目になる。したがって，そうした転換点がいずれ訪れることを事前に想定し，いざそうなった場合の備えを怠らないようにすることが大切なのである。

　とはいえ，本章には依然として多くの問題が残されている。特に，実証面での難点は大きい。まずは，テキストマイニング分析における変数選択の問題が挙げられる。今回はプレスリリースの「名詞」を採用したが，これらがどの程度，イノベーションの代理変数として適切かということについては十分な検討ができていない。また，テキストマイニングは，テキストデータに対して評価者の私見が入らず定量的な操作が可能な優れた手法ではあるが，当然ながら文章の「行間」は読むことができない。そうした限界をどのように補完すべきかといった検討も必要であろう。加えて，プレスリリースそのものの素材としての限界もある。プレスリリースは，特に上場企業の場合はIR活動の中核を担うため，ある一定の基準を担保された文書であることは間違いないのだが，今回の分析においても，企業間や同じ企業のなかでも，時期によって書き方の癖に差が見られるケースがあった。さらには，今回はデータの制約があり，十分な期間のデータを収集できない企業もあった。今後，このような点について検討を深めていきたい。

6　小　括

　本章では，サービス産業分野に属する日本のオンライン証券業界を対象として，まず，企業レベルでのプロダクト・イノベーションとプロセス・イノベーションの採用がどのようなパターンを描きながら進んでいくのか，次にそれに伴って産業や競争の様相，企業の業績にどのような影響が及ぶのか，という2点について，ドミナント・デザインが登場する前後の時期に特に焦点を当てて，限定的ではあるもののテキストマイニングの手法を用いた実証的な検討を行った。

　その結果，①個々の企業レベルにおいて，当初はプロダクト・イノベーションの生起率が高く，プロセス・イノベーションの生起率が低いが，ドミナント・デザインの登場と相前後して，プロダクト・イノベーションの生起率が下がる一方で，プロセス・イノベーションの生起率が上がり両者が逆転するとい

う傾向が見られること，また，②ドミナント・デザインを採用した前後で，市場シェア，パフォーマンス，イノベーションの様相に変化が生じたことが明らかとなった。

注 ————————

1) 本章でオンライン証券会社という場合には，インターネット回線を用いて，個人顧客を対象に，株式・債券・投資信託など有価証券の取引を行う企業のことを意味する。

2) テキストマイニング分析の手法については松村・三浦（2009）を，その経営学分野への応用については宮崎（2001）や喜田（2007）などを，それぞれ参照のこと。

3) この 5 社は，分析期間を通じて主要な企業群としてマスコミなどでも認知されている。この 5 社のオンライン証券全体におけるシェアは 80% 以上，インターネットを介さない取引（既存店舗での営業を主とする証券会社などでの取引）もすべて含んだシェアでも 2004 年以降は概ね 6〜7 割を確保している（図 7 - 8）。したがって，これらの企業のプレスリリースを分析対象とすれば，業界内におけるイノベーションの変遷についての考察が十分把握できると判断した。

4) 松井証券 IR 資料（2003 年 3 月期決算報告資料）参照。松井証券 IR 資料の出典は，東証統計資料，JASDAQ 統計資料，日本証券業協会「インターネットに関する調査結果」，各種決算短信，各社ホームページとある。

5) 四半期ごとに集計を行ったのち，1 語のみ出現した名詞を除いた数，すなわち 2 語以上出現した名詞を年ごとに集計した数である。ただし，マネックスは他企業に比べてプレスリリースの数が少ないため，四半期での分析対象の語がきわめて少なくなってしまった。そこで，マネックスのみ，年単位で 2 語以上出現した語を母数として採用することとした。マネックスについては一貫して上記方針を採用するため，同社に関する推移や比較を行う上では支障ないものと考えられる。

6) 5 社のプロダクト・イノベーションとプロセス・イノベーションを，暦年の経過に沿って合計したところ，明確なパターンは見出すことができなかった。これは，初期のオンライン証券市場において「支配的通念」が生み出され，それによって松井証券が打ち出した「信用取引と定額手数料制の導入によるアクティブユーザーの獲得」こそがドミナント・デザインであると認識することが遅れ，2001 年末から 2003 年半ばにかけて五月雨式に各社がこのドミナント・デザインを採用していった（高井，2006）ためだと考えられる。つまり，図 7 - 1〜5 を見ればわかる通り，各社のプロダクト・イノベーションとプロセス・イノベーションの増減は A-U モデルと似たパターンで推移したのだが，ある種の雁行形態でドミナント・デザインの採用が進んでいったため，全体としては各社のプロダクト・イノベーションとプロセス・イノベーションの増減のパターンが，キャンセルアウトされてしまったのだと考えられるのである。

7）　ただし，**2.1**でも述べたように，1998 年 12 月と 1999 年 10 月に 2 つの大きな規制緩和が行われているため，「新規参入企業数の急増がドミナント・デザインの登場と関連している」と強く主張することはできない。

8）　すでに述べた通り，松井証券については分析期間開始と同時にドミナント・デザインを採用していたので，ここでは分析対象から外した。

第8章 オンライン証券業界における黎明期の競争と企業間差異形成・持続のメカニズム

1 はじめに

　これまで何度も述べてきたように，本書の目的は，「模倣が比較的容易な環境の下で，模倣がなかなか行われず，ある特定企業の競争優位が長期にわたって維持されたのはなぜなのか」と「模倣による戦略同質化が起きた際，同一戦略グループ内での競争が激しさを増したにもかかわらず，模倣された先行企業のパフォーマンスが伸び続けたのはなぜなのか」という2つのリサーチクエスチョンについて分析することにある。

　第Ⅱ部の実証分析のセクションでは，第4章と第5章で，信用取引や定額手数料制を導入（後者についてはその予告も含む）し，頻繁に取引を行うアクティブユーザーを獲得して口座あたりの稼働率向上を目指す戦略をとった企業は，営業利益率で見ても，生存確率で見ても，パフォーマンスに優れていたことを検証した。第6章では，オンライン証券業界の黎明期の競争を，オンライン証券専業の有力企業6社に主たる焦点を当てて，詳細に記述した。第7章では，黎明期の日本オンライン証券市場が，概ね A-U モデルが想定するイノベーション・プロセスを経て，競争環境がダイナミックに変動したことを検証した。

　以上を受けて，本章では，第6章で詳細に記述したオンライン証券業界の黎明期の競争を，第3章で提示した競争優位の企業間差異の形成・拡大・持続・収斂メカニズムを記述するフレームワークに当てはめて再解釈する作業を通じて，その有効性を検証するとともに，上記の第一のリサーチクエスチョンに対

する一定の解答を提出したいと考える。

2　フレームワークの振り返り

　本書のフレームワークは，Noda & Collis（2001）のフレームワークをベース
としている。この Noda & Collis（2001）では，同一産業内における企業間差異
の形成・拡大・持続・収斂プロセスが，①企業間差異の「種」を生む「初期条
件」と「初期体験」，②企業間差異を拡大する「分岐作用力」，③企業間差異の
収斂をもたらす「収斂作用力」およびそれを妨げて持続させる「持続条件」の，
大きく3つの構成要素の強弱と相互関係によって規定されるというフレームワ
ークが示されている。この研究は，企業に持続可能な競争優位をもたらすよう
な独自のポジションや資源・能力が形成されるプロセスを探る経時的アプロー
チに属する一連の研究のなかで，現在までのところ最も包括的なフレームワー
クを提示しており，本書の問題関心に相当程度答えるものとして評価できる。
　ただし，そもそも企業の成功は他企業の模倣を呼び，時間を追ってその差は
減少していくものであり（Williams, 1994），特に世界的な規模で激しい競争が繰
り広げられる現代において，企業の中核的な資源や能力は，たとえ模倣困難な
ものであっても他社に流出していく恐れが高い（e. g., Teece, Pisano, & Shuen,
1997）。にもかかわらず，彼らによる競争優位の企業間差異の形成・拡大・持
続・収斂メカニズムの説明は，やや「偶然」と「初期条件」の違いに頼りすぎ
ており，必ずしも十分とは言えなかった。たとえば彼らのフレームワークでは，
企業間の競争優位の差異を拡大させる要因としては，初期条件と初期体験が規
定する企業内部の慣性だけしか挙げられていなかった。また，企業間の競争優
位の差異を持続させる要因としては，他社が慣性に陥ってしまうという点と，
特許や情報の粘着性の存在，因果関係の曖昧さなど，企業内部で形成された独
自の資源・能力が持つ模倣困難な性質の，2つだけしか挙げられていなかった。
そのため，オンライン証券業界のように模倣が比較的容易な業界において，企
業が長期にわたって競争優位を持続するメカニズムを説明するには大きな限界
があった。
　そこで本書では，業界の立ち上がり時期におけるダイナミックなプロセスを，
複数主体の意図に基づく行為とその合成プロセスとしてとらえる，行為システ

ムのアプローチ（e. g., 沼上, 2000）を取り入れることにした。一般に市場の生成期には複数の企業から多様な技術やサービスが提案されるが，ドミナント・デザインの出現によってそれが1つに集約されていく。行為システムのアプローチでは，この過程において，「技術やサービスそのものが優れているから市場から選ばれる」といった単線的因果関係は成り立たず，むしろ企業間の相互作用や企業を取り巻く社会的・政治的プロセスが生み出す意図せざる結果に着目することが重要だと主張される。具体的には，「各社のコア技術へのこだわりやアメリカの先行事例」（福島, 1999），「政府による技術政策」（島本, 2001），「学会でたびたび発表される技術成果」（藤井, 2002）といったものが，企業間の社会的相互作用を通じて当事者たちが意図しなかった結果をもたらし，イノベーションのプロセスや市場黎明期の競争に非常に大きな影響を与えた事例が報告されている。

　そこで，本書の第3章で説明したフレームワークでは，Noda & Collis（2001）のフレームワークに，①初期体験の違いをもたらす要因としての「技術や顧客ニーズに対する解釈の違い」と，②持続条件の強さを規定する要因としての「制度的同型化」の議論という，行為システムのアプローチに基づく2つの要素を新たに組み込んだ。さらに，組織生態学の「正当性効果」の議論（Carroll & Hannan, 1989）に基づき，③有力企業間での競争優位の差異の収斂によって，当該企業たちの競争優位のレベルはむしろ高まる，という要素も新たに組み込んだ。

　ここで①の要因追加は，客観的に見た場合の企業内外の要件が仮にまったく同じであったとしても，各企業のトップ経営者や一部マネージャーの技術や顧客ニーズに対する解釈が異なれば，初期条件や初期体験に違いが生じて競争優位の企業間差異の種となると同時に，その後の分岐作用力としても作用することになる，というメカニズムの存在を想定したものである。

　また，②の制度的同型化とは，市場黎明期のようなきわめて不確実性が高い状況において，複数の戦略案のなかからある戦略案を選択する際に，法律や上位組織，あるいは他企業などに同調することによって，正当性を得るプロセスのことを指している。ある戦略が広く普及していくと，この制度的同型化のプロセスを通じて，やがては業界における「支配的通念」へと転化することになる。ただし，このようにして多くの企業で採用されるに至った戦略が，もし仮

に事後的に見て戦略的優位性を確保できる合理的なものではなく（つまり「誤った」戦略であり），さらにそうした事後的に見て「誤った」戦略を採用した各企業の内部で変化を拒む要因が重なり合った場合には，合理的でない「軸」にしたがった競争が生じ，その結果，成功している企業の戦略が長期にわたって模倣されないという事態が生じうる。これが，②の要因が意味するところの，Noda & Collis（2001）では無視されていた，競争優位の企業間差異が拡大・持続していく重要なメカニズムである。

　一方，③の要因追加については，組織生態学における以下のような議論を踏まえている（Carroll & Hannan, 1989）。第一に，一般に同じような戦略を実行する企業が増えると，競合が増えることによって競争が増し，資源獲得や生き残りが難しくなるというマイナスの効果が生じる。これが，「競争効果」と呼ばれるものである。第二に，市場が立ち上がったばかりの時期においては，同じような戦略を実行する企業が増えて，グループが形成され拡大していくと，当該戦略グループが正当性を獲得し，社会的認知や信用が増していくことを通じて，資源獲得や生き残りが容易になるというプラスの効果が生じる。これが，「正当性効果」である（DiMaggio & Powell, 1983）。第三に，この2つの効果の大小関係は市場のライフサイクルを通じて変化するが，新市場が確立する以前の段階では，一般に競争効果＜正当性効果だとされる。

　一方で，有力企業間での競争優位の差異が収斂するということは，市場で支配的な戦略グループが確立するということをも意味している。それゆえに，新市場の黎明期において有力企業間での競争優位の差異が収斂すると，当該有力企業群が形成する戦略グループの正当性も著しく高まり，当該有力企業群の競争優位のレベルは，一時的に大幅に上昇するものと考えられる。

　こうした3つの要素を組み込むことで，本稿では，競争優位の企業間差異の形成・拡大・持続・収斂プロセスをより包括的に記述できるような新たなフレームワークを提示した。

　以下では，第4章で詳細に記述したオンライン証券業界の黎明期の競争を，上のフレームワークに当てはめて再解釈する作業を行っていきたいと考える。以下の記述は，複雑な現実を理解するにあたって，フレームワークの助けを借りることで，重要な比較的少数の変数とその間の関係だけに着目して事例を解釈した一種のフィクションである。とはいえ，各社の戦略策定者が，出来事に

対して主観的な意味づけを行った記述データやインタビュー・データなどの質的データと，競争状況に関する量的データとによって裏づけられており，理論的に意味のある洞察をもたらしてくれる限りにおいて，十分に意味あるフィクションだと考えられる。

3　オンライン証券業界の黎明期の競争の再解釈[1]

3.1　オンライン証券業界と専業6社

すでに述べてきた通り，日本のオンライン証券業界を牽引してきたのは，先に参入した大手証券会社や中堅証券会社ではなくて，オンライン専業の証券会社であった。以下では，松井証券，イー・トレード，DLJ，マネックス，日興ビーンズ，カブドットコムという，黎明期のオンライン証券業界をリードしたオンライン専業企業6社[2] を主な分析対象とし，業界の狭義の黎明期である1999年10月から2003年6月頃にかけての競争の推移を，第3章で提示したフレームワークに当てはめながら追っていくことにしたい。

3.2　初期条件と初期体験

(1)　初期条件

松井証券は，6社の中で唯一，競争開始となる1999年以前にオンライン証券業界に参入していたが，その時期は国内で13番目[3] の1998年5月であり，大幅に先行していたわけではなかった。ただし，松井証券はすでに1992年の時点で営業マンによる対面営業の完全廃止を宣言し，1996年頃にはコールセンターのみの受注による証券会社へと完全に転換していた。松井社長は，入社以前に体験した海運業界における規制緩和後の競争から，「営業マンのコストは自由化になったときに必ず顧客から否定される」と確信し，自由化が未だ決定しない状況の下で，大きな抵抗を乗り越え4年間かけて営業マンを完全廃止したのである[4]。その後，1998年のオンライン証券参入時には，すでに唯一の営業窓口であったコールセンターにインターネットという新たなラインを付け加え，さらにその半年後にはコールセンターを廃止することで，同社は日本初の「オンライン専業証券」へと転換した[5]。つまり松井証券は，オンライン証券事業を「営業マンを排した証券ブローキング」の延長として位置づけ，コー

ルセンターで蓄積したノウハウとデータを利用して，この競争に臨んだのである[6]。これは，自由化前に参入していた他社すべてが，インターネットを「店舗営業の補完ライン」として位置づけたのとはまったく異なるアプローチであった[7]。

一方，松井証券以外の5社は，規制緩和によって参入してきた新規参入企業である。彼らは，アメリカの有力ディスカウント・ブローカーや，国内の金融機関などの出資を受けていたが，基本的には国内の証券業界における経営ははじめてであった[8]。つまり，ノウハウやデータ，有力な顧客基盤，あるいは固定的なコストや資源をほとんど持たずに事業をスタートさせたのである。

(2) 初期体験

各社は，1999年10月の手数料自由化とともに本格的な競争に入った。松井証券以外は，約定金額帯ごとに比較すると異なる手数料であったり，預かり資産残高によって差を設けるなどの独自性を出しつつも，基本的には「約定金額に比例した1回あたりの手数料」という同じ体系を採用した。松井証券以外の企業は，経営の最重要課題を口座数の獲得とし[9]，口座数を発表していたDLJ，マネックス，イー・トレードは先行していた松井証券の口座数をわずか半年で追い抜くなど，当時，この面に限れば目覚ましい成果をあげた[10]。

一方の松井証券は，オンライン証券業界の市場規模とその動向について，自社が保有する顧客データからの予測に基づき[11]，口座数獲得競争に走る他社とは一線を画した戦略をとった。実際，当時の松井社長は，「100万口座，200万口座だとか言っていますが，馬鹿な話です。（中略）20万〜30万口座ぐらいですね。」[12] と，他社が軒並み1社で数十万という目標を立てるなかで，新規の顧客は多くないとの見方を示していた。その上で松井証券は，ターゲットを「株式投資経験者」に設定し，「回転率」の指標に注目した[13]。ここで「回転率」とは，顧客1人あたりの取引率を表す指標である。すなわち，他社が顧客数を増やすことに注力するなかで，松井証券だけは株式投資経験者にターゲットを絞り，その人たちに最大限取引を行ってもらうことに着目したのである[14]。

まず，松井証券は業界で唯一，約定金額が設定範囲内（300万円以内）であれば1日3回までの取引が同額（3000円）となる，「定額手数料制」（複数回取引しても定額となる手数料体系）というユニークな価格体系を打ち出した。他社が1回あたりの取引に対して手数料を課金したのに対して，松井証券の体系では，

1回のみの取引であれば他社に比べ割高[15] であるが，設定範囲内の取引であれば1日あたりの取引を複数回繰り返すことによってどんどん割安となるので，1日に何回も売買を繰り返す「玄人」に向いていた。併せて松井証券は，「信用取引」や「オプション取引」といった，リスクが高く，専門知識も必要であるが，オンラインによるリアルタイム処理のメリットを活かせるメニューを用意した[16]。

このように株式投資経験者をターゲットとして，回転率の向上を目指した定額手数料制と信用取引やオプション取引の提供を特色とする取引サービスは，好調な滑り出しを見せた[17]。すなわち，松井証券は，投資家の行動と心理を熟知したサービスで，信用取引を頻繁に手がける中高年の投資家層を取り込むことに成功したのである[18]。

3.3 分岐作用力

(1)　松井証券以外の企業の競争：口座数獲得競争

手数料が自由化された1999年10月時点で，松井証券以外の有力企業が提示した手数料額は，すでに採算ラインを割る水準であった[19]。その上さらに，新たな顧客層を他社より先に大量に獲得するため，すぐに激烈な価格競争が開始されることとなった。まず仕掛けたのが，アメリカでも価格破壊の口火を切ったイー・トレード[20] である。まず手数料が自由化された後すぐに，期間限定のキャンペーンという形で，「手数料0円」という究極の手数料設定を行った。この後，イー・トレードが2000年3月に手数料の一律20% の引き下げを行うと，今度はマネックスが間髪入れずに約定金額200万円超の比較的高額な取引の手数料を引き下げるとの発表を行った。

一方で，合併による規模，すなわち口座数の拡大を目指す動きも始まった。2001年4月に合併によってカブドットコムが誕生[21] し，続いて日興ビーンズとマネックスが，それぞれ吸収合併によって規模を拡大した[22]。

こうしたことが刺激になり，またオンライン証券口座数が業界の事前の予想を超える伸びを見せるなかで，各社は2000年度下期から価格低下にさらに拍車をかけ，競争は泥沼の様相を呈していった。このように，松井証券以外の各社は，手数料引き下げや合併による口座数獲得に重点を置いた，激しい競争を繰り広げていくことになったのである。

(2) 松井証券の戦略：「信用取引と定額手数料制」

一方の松井証券は，1回のみの取引であれば他社に比べて割高となる手数料を維持していた。さらに，実際に競争が始まった後に，大手証券会社から多くの顧客が移動していることや回転率も高いことを確認し，この戦略が正しいとの手応えをつかんでいた[23]。そこで，2001年10月には「1日3回まで」という回数制限を取り，「300万円までならば1日に何回取引しても3000円」の定額手数料制へと変更した[24]。

そしてこの後も，「信用取引と定額手数料制」の組み合わせに象徴される，株式投資経験者をターゲットとし回転率を重視した戦略の実現のために，情報システムの独自開発[25]や，サービス・商品の充実を図っていった[26]。

(3) 差異の拡大

ここで，競争開始2年後となる2001年9月の口座数を比較してみると，トップのイー・トレードは16万8000，マネックスが17万8000，DLJが11万1000，日興ビーンズが7万8000，カブドットコムが7万6000である一方，松井証券は後塵を拝して6万3000口座に留まっていた。しかしながら，1口座あたりの1日の約定件数，あるいは1日の売買代金を比較して見ると，松井証券と他社の間には3倍から10倍以上の圧倒的な開きがあった[27]。その結果，2002年3月期決算の経常利益率[28]を見ると，松井が19%，イー・トレードが17%，DLJ 1%である一方，カブドットコム△9%，日興ビーンズ△22%，マネックスは△44%と，参入から3年を経ても大幅な赤字を出していた。なお，イー・トレードは，株式ブローカレッジ業務では赤字[29]であったと表明しており，事実上利益を出していたのは松井証券のみであった。

このように，松井証券と松井証券以外の企業は，まったく異なった方向に進んでいくこととなった。松井証券以外の企業が，口座数の獲得のために価格競争を続けて業績が厳しくなる一方，松井証券だけは信用取引と定額手数料制という組み合わせを肝とする戦略によって，順調に利益をあげ続けたのである。

3.4 持続条件と収斂作用力

(1) 持続条件としての「支配的通念」

興味深いことに，業績にこれだけ明白な差がありながら，ほとんどの企業が2年以上にわたって松井証券の戦略を模倣しなかった。この背景には，この時

期に業界で形成された「支配的通念」が，強い影響力を及ぼしていたと考えられる。

　手数料自由化前の日本の証券業界では，相対的に高い一律の手数料体系の下で，余剰資金のある中高年の富裕層に対し，投資情報の提供や個々の投資家のニーズに合わせた投資アドバイスを行うことによって，良質の顧客をできるだけ多く，そしてできるだけ長く囲い込むことが，共通かつ唯一の勝利のビジネスモデルであった[30]。

　ところが，1997 年頃から本格化したいわゆる金融ビッグバンの議論のなかで，1999 年 10 月からの株式委託手数料の自由化が決定し，いよいよ日本の証券業界にも規制緩和の波が押し寄せることが確実になると，これまでターゲットとしていなかった富裕層以外の「大衆層の個人資産」が，手数料自由化によって，株式へと大量に流れてくるという期待が生まれた。さらに，この頃はちょうどいわゆる IT バブルが頂点に向かう時期であり，日経平均株価も全体として上昇傾向にあった[31]。

　すでにアメリカでは，日本より 20 年以上遡る 1975 年に株式委託手数料の自由化が行われており，これを契機に投資情報やコンサルティング業務は，ほとんど提供しないかわりに手数料を割り引くという，「ディスカウント・ブローカー」と呼ばれる新しいタイプの証券会社が誕生し，株式投資は富裕層だけでなく一般に広く浸透していた。にもかかわらず，アメリカでは，インターネットの急速な普及に伴って 1996 年以降，急速にオンライン証券の口座数が拡大を遂げた。このことが，日本の証券界で非常に注目を集めることとなったのである。

　実際，データをもとに比較すると，日本では，手数料自由化直前の 1999 年 9 月のオンライン証券口座数は 13 万口座[32]であったが，同年のアメリカ市場では 1300 万口座[33]であり，人口や個人の資産構成，金額を考慮してもきわめて規模が小さかった[34]。つまり，未だ小規模な日本の証券市場に，「オンライン証券の利便性」と「手数料自由化」という，アメリカ市場を変革した大きな 2 つの波が同時に訪れるということで，各証券会社は日本のオンライン証券市場の爆発的な伸びを期待することになったのである。

　ここで，オンライン証券専業の各社は，業界への参入こそ大手証券会社より後であったが，「既存顧客へのしがらみ」がなかったため，ここがチャンスと

積極果敢な競争戦略に打って出ることが可能であり，瞬く間にオンライン証券市場の主要プレーヤーとなった。そして，「証券取引の経験がなかった若い世代や，忙しくて証券会社に足を運べなかったビジネスマン」[35]といった莫大かつ新たな顧客を，「他社より先に大量に獲得する」ことを目指したのである。

　以上をまとめると，日本の証券業界におけるこれまでの顧客は，長きにわたって中高年の富裕層という限られた層であったが，手数料の自由化によって大衆層の増加が期待されるなか，オンラインというチャネルへの期待が高まった。そしてアメリカの先行事例による爆発的な市場の伸びへの期待，およびITバブルという環境の後押し[36]によって，「顧客が爆発的に増える」という「支配的通念」が作られ，松井証券以外の各社はこうした「支配的通念」のもとに口座獲得競争を繰り広げることになったのである。

　松井証券の独自の動きは，競争開始時よりマスコミが大きく取り上げ，他社も十分に把握していた。それにもかかわらず，このような「支配的通念」にとらわれていたために，他社は松井証券に注目しつつも，「一部のデイ・トレーダーを対象にしている。結局大衆を取れない」[37]「ニッチとしてとらえている。主流にはなり得ない」[38]と見くびり続け，一方で，口座数を増やすことを目標とした，手数料引き下げの泥沼の競争を続けていったのである。

　(2)　他社の松井証券への追随：収斂作用力

　このような競争が2年あまり続いたのち，2001年の後半に入った頃から，他社も松井証券の戦略やターゲットを真似るようになった。これは各社とも，この時期になると，松井証券に圧倒的な業績の格差を突きつけられたことに加えて，「1人のお客さんが4〜5口座を使い分けているのは当たり前」であり，自社が抱えている口座のなかで実際に取引を行っている「実働顧客」の数は限られていると認識するようになっていたからである[39]。そのため，それまで「莫大に増加する大衆の顧客層」をターゲットにして，1回あたりの手数料額の安さをアピールして口座数の獲得に躍起になっていた各社が，上級者向けの信用取引や定額手数料制を導入し，松井証券に倣った「信用取引と定額手数料制による，回転率の向上戦略」を打ち出すようになったのである。

　1回あたりの手数料取引額で競争し苦しんでいた各社では，「松井証券の戦略」に追随したことによって，口座数の増加の勢いこそ止まったものの，業績は好転することになった[40]。実際，手数料競争を最も積極的に繰り広げていた

イー・トレードも，「『定額制』と『小口の保証金で開始できる信用取引』とい
う松井証券の確立した顧客サービスセット。イー・トレードの北尾吉孝会長は
『これを取り入れた会社から収益が拡大した』と認める。」[41] と，松井証券に追
随した戦略による成功を認めている。また，松井証券への追随がさらに1年以
上遅れたマネックスは，「他社が業績を回復するなかで置いて行かれてしまっ
たことについて，『読みが甘かった』と松本大社長は唇をかむ。」[42] と追随が遅
れたことを敗因と評価した。

　その後，イー・トレードやDLJ，マネックスといった各社は，松井証券の
戦略に追随することによって同社から顧客を奪い[43]，その結果同社との差を縮
めていった[44]。

　その一方で，模倣された側の松井証券の業績を見てみると，営業収益（一般
企業の売上高），ならびに利益は，むしろ増えていた。つまり，模倣によって戦
略が同質化したことによって，模倣した側も模倣された側も，どちらも業績を
大幅に伸ばすことに成功したのである（図0-8「営業収益額」「営業利益額」参照）。

3.5　企業間差異が形成・維持された原因の検討：フレームワークの再確認

　すでに述べたように，オンライン証券業界は，基本的には他社の戦略に追随
することが比較的容易な業界だと言える。それにもかかわらず，この業界の立
ち上がりの大事な時期において，明らかに成功している松井証券のやり方が，
2年間にわたって他社から模倣されなかったのは非常に興味深い現象であると
言える。では，他社が松井証券の戦略にすぐに追随しなかったのは，どうして
であろうか。

　松井証券は，オンライン証券市場が本格的に立ち上がる前にコールセンター
のみの証券会社に転換していたという「初期条件」の下，単なる口座の数は重
要ではなく，実際に株式取引をアクティブに行う稼働顧客を取り込んで「回転
数」を上げることが重要であることと，これまでは証券会社の店舗営業を使っ
ていた株式投資経験者のなかに，「いくら少額でも，何回売買を繰り返しても
文句を言わないシステム」[45] を通じて取引を行うことにメリットを感じる顧客
が相当数いる，ということを学んだと思われる[46]。そのため松井証券は，「信
用取引と定額料金制」を組み合わせた商品やサービスを独自開発・提供すると
いう選択を行い，中高年の富裕層を取り込むことに成功した。こうした「初期

体験」は，松井証券のなかに，「株式投資経験者をターゲットとし，回転数を向上させる」戦略をより徹底化するモーメンタムを生み出したと考えられる。そして，実際に同社は，1日の取引回数制限を撤廃するなど商品・サービスを向上させ，必要とされる情報システムを独自に構築していったのである。

一方，松井証券以外の各社は，手数料価格の引き下げや合併によって口座数を獲得することに注力し，実際に口座数が急増するという「初期体験」を経験した。こうした松井との「初期体験」の差異は，各社のなかにその後も口座数増加に注力していくモーメンタムを生み出し，松井証券とそれ以外の企業との差異を拡大する「分岐作用力」として働いたと考えられる。

ただし，これは企業間差異を持続的に維持できるほどの決定的な要因ではなかったと考えられる。また，差別化されたサービス・商品のメニューを提供するにあたって松井証券が独自に開発した情報システムは，確かにある程度は競合他社の模倣を妨げる役割を果たしうるものであったが，とはいえ，他社が本気になれば数ヶ月で模倣できる程度の障壁であった[47]。

他社による戦略的模倣は「収斂作用力」として働くが，これを阻んだ最大の「持続条件」は，実は松井証券以外の企業が「支配的通念」にとらわれて行動したということであった。つまり，松井証券以外の企業は，アメリカの先行事例やITバブルのなかで醸成されていった「顧客が爆発的に増える」という「支配的通念」にとらわれ，「価格競争に勝ち，多くの新規顧客を他社よりも先に囲い込み，その後で儲ける」という戦略を遂行していった。そして，顧客獲得を第一目標に置くなかで，実際に口座数は増えていたため，当初は自らの戦略が成功だと認識していたと考えられる。さらには，そもそも松井証券を自分たちとは異なる戦略をとっている企業とみなしており，「松井は一部のニッチ層にしか評価されず，成長が期待され規模も大きい顧客層からは支持されない」と誤認していた。そのため，松井証券との間で，利益率という当時の主たる関心事ではない指標で差がついていたとしても，それは失敗ではない，一時的な現象だと考え，あえて戦略的模倣を行わなかったと考えられるのである。

むろん，実際には，オンライン証券業界の黎明期において松井証券がとった「稼働顧客の獲得による回転率の向上」という戦略は，その時期における真の顧客ニーズに合致した「正解の戦略」であり，公表データや松井社長の発言などによって，当時からその戦略の有効性は明らかであった。それにもかかわら

ず，競合企業は「顧客が爆発的に増える」という「支配的通念」にしたがって，他社が手数料を引き下げるとこちらもさらに下げる，といった相互作用を繰り返しながら，際限のない泥沼の競争を続けてしまったのである。

　市場の本格的な立ち上がりから2年あまりを経てようやく，「松井はデイ・トレーダーという特殊なユーザー層をとらえているだけのニッチ企業だ」という見方から，「オンライン証券の少なくともこの時期の中心層をとらえている」という見方への，一種のコペルニクス的な市場観の転換が生じた。しかし，その時点ではすでに，松井証券と他社との業績の差は相当な開きとなっていた。他社は，「支配的通念」にとらわれてしまっていたため，松井の戦略や意図を熟知し，それが有効だと知りつつも，2年間にわたって同社の戦略に追随することがなかった。その結果，松井証券は市場が立ち上がる重要な時期に，あたかも「複数の企業の集中によって発生した間隙」（島本，2001）のなかで成長し続けることができたのである（図3-2参照）。

4　ディスカッション

4.1　本章の意義

　本章では，新しいフレームワークに，第6章で詳細に記述した事例を当てはめながら再解釈を行う作業を行い，その有効性を明らかにした。結論を端的に述べれば，黎明期の新市場では，模倣が比較的容易な業界においてさえ，数々の要因によって「事後的に見た正解」（以下「正解」とする）への収束は速やかには進まず，むしろ「事後的に見た不正解」（以下「不正解」とする）への逸脱が相当程度の期間にわたって持続することがありうるということが明らかになったと言える。

　松井証券以外のオンライン証券専業の有力企業たちは，アメリカの先行事例やITバブルのなかで醸成されていった「新規顧客が爆発的に流入する」という当時の「支配的通念」にとらわれ，松井証券の戦略的模倣を行わなかった。実際には，松井証券がとった戦略は，その時期における真の顧客ニーズに合致した「正解の戦略」であり，当時からその戦略の有効性は明らかであった。他社はそのことを十分に認識していたにもかかわらず，「支配的通念」にとらわれて松井証券を「ニッチ企業である」と見くびり，相互作用を繰り返しながら

際限のない泥沼の手数料競争を続けてしまったのである。

このように，黎明期の企業の戦略においては，他社の戦略とパフォーマンスが即時的に把握でき，また当該戦略の有用性が明らかであってもなお，多数の企業を支配する通念が形成され，それが企業間の作用によって強められることによって，数年にもわたって成功企業の戦略が模倣されないことがありうる。近年のように，情報が豊富に得られる環境にあっても，必ずしもすぐに戦略的模倣が行われない理由とメカニズムを記述できたことは，競争戦略論の議論にとって一定の意義があると言えよう。

4.2 補完的要因

ただし，事後的に見て誤った支配的通念が2年もの間にわたって維持され続けた理由に関しては，他の補助的な要因についても検討する必要があるように思われる。Haunschild & Miner (1997) は，模倣的同型化には，原因別に，①他の多くの組織が行っている行動を模倣する「頻度による模倣 (frequency-based imitation)」，②ある特徴（企業規模や名声など）を持った他組織の行動を模倣する「特徴による模倣 (trait-based imitation)」，③ある行動が組織にもたらした結果に基づいて当該慣行を模倣する「結果による模倣 (outcome-based imitation)」の少なくとも3種類があるとした上で，一般に原因・結果の因果関係が明確に観察できるのであれば，企業は③の模倣モードに従うと述べている。つまり，ある企業がある戦略をとったとして，その結果としてのパフォーマンスが外から容易に観察できるのであれば，「誤った」戦略への模倣は続かないと予想されるのである。また，①か②の模倣モードだったとしても，顧客とのインタラクションを繰り返し，あるいは戦略実施の結果（パフォーマンス）のフィードバックが積み重なるにつれて，不確実性はどんどん晴れていき，「誤った戦略」への模倣は続かないはずである。

この点，オンライン証券業界では，パフォーマンス指標は公開されていたので，自社のパフォーマンスと松井証券のそれとを比較することは容易であった。また，松井社長が自社の戦略を声高に語り，しかも同証券が「成功している」ことが各種マスコミによって繰り返し報道されてもいた。したがって，「誤った」支配的通念にとらわれてしまったというのは，2年あまりにわたって松井証券の戦略が模倣されなかった理由としては若干弱いのではないだろうか。言

い換えると，「『誤った』支配的通念にとらわれてしまった」のはそうだとして
も，「なぜそこからの脱却が難しかったのか」が問われなければならないので
はないだろうか。そこで以下では，第1〜3章で行った文献サーベイに立ち返
って，その理由について考察を深めていくことにしたい。

　まず第一が，解釈を異にするさまざまな社会集団の並列である。市場黎明期
のオンライン証券業界では，少なくとも「株式投資の経験が豊富な顧客層」と
「株式投資の経験に乏しい新しい顧客層」という，まったく異なる2種類の社
会集団が存在していた。そして前者は，営業店を介した取引と同等以上のサー
ビスを，「いくら少額でも，何回売買を繰り返しても文句を言わないシステム」
を通じて取引をすることにメリットを感じるアクティブユーザーであり，後者
は，高度なサービスは必要としないので，手数料が安いことやリスクが低くて
わかりやすい商品のラインアップが充実していることにメリットを感じるユー
ザーであるといった具合に，「オンライン証券はこうであるべき」という解釈
もまったく異なっていた。そして，松井証券は前者に，それ以外の有力企業は
後者にコミットしたため，（潜在的な顧客も含めた）主要顧客から「解決されな
ければならない」として提起される問題がそれぞれ異なり，それに対する解答
としての「解」も異なり，それを受けて再び提起される問題も異なるといった
具合に，顧客とのインタラクションを介した学習プロセスの軌道が交わること
はなかったのだと考えられる。

　第二に，認知的なバイアスが，松井証券以外の有力企業の学習プロセスをさ
らに歪めたのだと考えられる。一般に，企業は顧客から多くを学ぶが，同様に
ライバル企業の行動からも多くを学ぶ。とはいえ，企業は業界内の他のすべて
の企業を学習の対象としているわけではなく，業界をいくつかのグループに分
類した上で，自らにとって学ぶべき価値があると考えるグループのみに関心を
払って「学習の参照点」とする。そのため，学習の対象とすべきだとされた企
業（群）についてはよく観察し，その行動から多くを学ぶのだが，逆に学習の
対象から外れた企業（群）については完全な関心外となり，したがって観察も
しないし，その行動から学ぶこともしないといったことが生じうる（e. g., Po-
rac & Thomas, 1990; Reger & Huff, 1993)。この点で，いったん準拠する社会集団
が異なると，認知的な戦略グループが完全に別々にわかれ，相手に対する関心
が薄れてしまい，企業間の相互学習が断ち切られてしまうことになりがちだと

考えられる。

日本のオンライン証券業界の事例で言うと，「新たな顧客が爆発的に流入する」という「誤った」支配的通念にとらわれてしまった松井証券以外の有力企業の戦略は，「価格競争に勝ち，爆発的に増える新規顧客を他社よりも先に囲い込み，その後で儲ける」というものであった。そのため，アクティブユーザーの獲得に邁進する松井証券を，そもそも自分たちとは異なる戦略をとっている異質な企業だとみなし，「松井は一部のニッチ層にしか評価されず，成長が期待され規模も大きい顧客層からは支持されない」と誤認し，学習の参照点から外してしまったのだと考えられる。そうした認知枠組みがいったんできあがってしまうと，実際に口座数は増えているし，顧客獲得が第一目標なので，利益率という（主たる関心事ではない）指標で松井証券に劣っていても，それが失敗であるとは認識されず，あえて戦略的模倣を行う必要性を感じなかったに違いない。

つまり，準拠する別々の社会集団からの強い影響を受けて形成された認知枠組みが，「同じ戦略グループに属している」と認知している競合企業の情報の獲得を促進する一方で，「まったく別の戦略グループに属している」と認知している松井証券の情報の獲得を阻害することにより，結局は企業間の相互学習プロセスがうまく機能しないという事態を招いたと考えられるのである。

第三に，強固な支配的通念の存在が，こうした企業間の相互学習の分断状態をさらに強めたのだと考えられる。「新たな顧客が爆発的に流入する」という誤った支配的通念の果たした役割についてはすでに本稿で何回も触れているが，ここで強調したいのは，松井証券がとった「信用取引と定額手数料制の導入」という戦略が，当時の証券業界の強固な社会的通念に照らして，「正当的ではない」と判断されるようなものであったのではないかということである。

この点では，松井証券のとった戦略のうち，定額手数料制の導入が，信用取引の導入よりも1年以上遅れて他社に模倣されていることが，この問題を考える上でのヒントになるように思われる。信用取引というのは，株式投資の経験が豊富な顧客層向けの商品であり，しかも金融上のリスクも大きいが，すでに既存の証券会社も提供しており，「オンライン証券会社が提供すべき多彩な商品メニューのひとつである」と認識されやすく，認知的なバリアー（心理的な抵抗感）は比較的小さかったと考えられる。しかし，定額手数料制については

そうではなかったのではないだろうか。そもそも「証券会社とは売買委託手数料で儲けるもの」という社会的通念が確立していたため，「ある一定期間内に，一定量を超えて取引をしても，支払う手数料は変わらない」というのは，従来の証券業界の範疇外の発想であり，採用にあたっての認知的なバリアーはより大きかったと考えられる。しかも，信用取引と定額手数料制を組み合わせると，儲からない上に，いわゆる「デイ・トレーダー」と呼ばれるセミプロばかりが集まり，頻繁に取引を繰り返し，システムに多大な負荷を与えてしまう恐れがあった。つまり，経営上のリスクも大きいと認識されていた。

　実際には，個別の取引では儲からない場合があっても，「大数の法則」で，一定量を超えて取引を繰り返す人ばかりでなく，一定量を超えずに取引を済ます人も大勢集まるので，金額の設定さえ適切であれば平均的には損をすることはない。しかも，信用取引と定額手数料制を組み合わせると，信用取引の量が増えるので，そこからの金融手数料が増えて，仮に手数料単体では損が出たとしても，トータルとしてはむしろ儲けが出る可能性が高い。つまり，信用取引と定額手数料制のそれぞれ単体ではなく，この組み合わせを提供したことが，松井証券のビジネスモデルの肝であった。

　この「信用取引＋定額手数料制」は，正にこれまでアクティブユーザーが抱いていた「いちいち証券会社の営業マンを介することなく，必要な時に必要なだけ機動的に株式の売り買いをしたい」というニーズにピッタリと合った商品であった。逆に言うと，アクティブユーザーでないと魅力を感じない，「株式投資の経験の乏しい新しい顧客層」にはまったく魅力のない商品であった。そのため，後者を準拠集団とする松井証券以外の有力各社には，認知的なバリアーを越えて一歩を踏み出す動機は生まれようもなかったと考えられるのである。

　さらに，松井証券は，そもそも手数料が自由化される以前に，「株式保護預かり口座管理料の無料化」「店頭株式の手数料半額化」を率先して行い，業界から大反発を買っていた。こうして，オンライン証券に参入する以前から「業界の掟破り的な行動」を行っていたことも，他社が松井証券を異端児視して，その戦略を模倣する企業がすぐには出なかったひとつの大きな理由かもしれない。つまり，松井証券は，そもそも制度の枠組みの外側の存在（アウトサイダー）だと思われていたため，「模倣すべきでない」という規範（norm）が生じていたのではないだろうか。Jonsson ＆ Regnér（2009）は，「制度的なバリア

ー」が心理的な障壁になり，模倣が生じにくくなる場合があることを論じている。松井証券の場合も，それに近い状態が生じていた可能性は高いと考えられるのである。

このように，「『誤った』支配的通念にとらわれてしまったこと」がひとつの大きな要因であったことは確かだとしても，それにプラスして，解釈を異にするさまざまな社会集団の並立，認知的なバイアス，制度的なバリアーといった要因が互いに絡み合って，松井証券以外の有力各社の学習プロセスを歪めたことが，「不正解」への逸脱が少なからぬ期間にわたって持続した本当の理由だと考えられる。

実際には見えているのに脳がそれを映像として認識しない状態のことを，心理学では「心理的盲点（scotoma: スコトーマ）」と呼ぶ。複合的な要因が絡み合うことによって，松井証券以外の有力企業にとっての松井証券は，正に「学習の盲点」になってしまった。それゆえに，松井証券の戦略は2年あまりにわたって模倣されなかったのだと考えられるのである。

5 小　括

本章では，新しいフレームワークに，第6章で詳細に記述した事例を当てはめながら再解釈を行う作業を行い，その有効性を明らかにした。

松井証券は，オンライン証券市場が立ち上がる前にコールセンターのみの証券会社に転換していたという初期条件の下，アクティブユーザーを取り込んで回転率を上げることが重要であることなどを学んだ。そこで，「信用取引と定額手数料制」を組み合わせた商品やサービスを独自開発・提供するという選択を行い，投資経験者の中核をなす中高年の富裕層を取り込むことに成功した。こうした初期体験は，松井証券のなかに，「投資経験者をターゲットとし，回転率を向上させる」戦略をより徹底化するモーメンタムを生み出した。

一方，松井証券以外の各社は，手数料価格の引き下げや合併によって口座数を獲得することに注力し，実際に口座数が急増するという初期体験を経験した。こうした松井との初期体験の差異は，各社のなかにその後も口座数増加に注力していくモーメンタムを生み出し，松井証券とそれ以外の企業との差異を拡大する分岐作用力として働いた。

しかしながら，この差異は，他社が本気になれば数ヶ月で模倣できる程度の障壁であった。ここで模倣を阻んだ最大の持続条件とは，松井証券以外の企業がアメリカの先行事例やIT バブルのなかで醸成されていった「新規顧客が爆発的に流入する」という当時の「支配的通念」にとらわれ，松井証券の戦略的模倣を行わなかったことにあった。

実際には，松井証券がとった戦略は，「事後的に見た正解」の戦略であり，当時からその戦略の有効性は明らかであった。他社はそのことを十分に認識していたにもかかわらず，「支配的通念」にとらわれて松井証券を「ニッチ企業である」と見くびり，相互作用を繰り返しながら際限のない泥沼の手数料競争を続けていったのである。

市場の本格的な立ち上がりから2年あまりを経てようやく，他社は松井証券の戦略を導入して追撃を図るに至った。しかし，新市場立ち上がりの重要な時期に他社から模倣されずに独走することができた効果は，その後も長期間にわたって持続することになった。

このように，本研究で提示したフレームワークの有効性は，黎明期のオンライン証券業界の事例研究によって検証されたと言えよう。

注 ———

1）　第3節の事例については，公刊資料における記述やデータをもとに記述を行った。なお，筆者は，業界関係者15名（調査対象全社を含む。また各社の社長か会長も含む）にインタビュー調査を実施しており，本解釈に大きな異論はないと認識している。

2）　これら6社で，オンライン証券における個人取引の取引額シェアの8割以上を占め，また，店舗営業を介した個人取引を含めても6割以上のシェアを占めている（2004年4〜6月；「東証統計資料」「各社決算短信」「松井証券決算報告会資料」）。したがって，業界に与えるインパクトから見て6社を取り上げれば十分だと考えられる。なお，業界の有力企業として記述される際には，この6社を取り上げることが通例である。

3）　大崎（1999）p.173。

4）　この内容は，「ハーバード大学ビジネススクール　ポーター教授の戦略論サブノート第三回」『週刊東洋経済』（2002年7月27日）に詳しい。なお，以下の注において，高井（2004）に掲載されている内容に関しては，出典のみを示すこととする。

5）　『週刊東洋経済』2002年7月27日。

6）　『NIKKEI BP リアルインタビュー』2002年5月31日。

7）　『日経マネー』（1999年8月号）の，手数料自由化直前のサービス一覧より。この

時期に，オンライン証券事業に参入していたすべての企業の商品・サービスなどについての記述に基づき記述。

8)　イー・トレードは，アメリカの E*TRADE（日本に進出する直前の 1998 年における，アメリカのオンライン証券取引高シェア 2 位）とソフトバンクが出資したイー・トレードが，大沢証券を 100% 子会社化して設立された（大崎，1999；イー・トレード会社沿革 HP）。大沢証券は，それまで 7 期連続で最終赤字を計上した会社であり，顧客基盤は脆弱で，イー・トレードは一足早く免許を取得する目的で子会社化した（『日経産業新聞』1998 年 10 月 5 日）。その後，すぐに新社長としてソフトバンクの井土氏が就任しており（『日経産業新聞』1998 年 10 月 18 日），「イー・トレード」としては，大沢証券の戦略・顧客基盤はほとんど継承していないと見てよい。

9)　各社は経営目標として，イー・トレード「ウチは 1 年間で 10 万口座を獲得してみせる（北尾社長）。」（『日経産業新聞』1999 年 10 月 4 日），日興ビーンズ「損益分岐点は三十万口座。若年層など新たな投資家層の掘り起こしを進めていく。」（『日経金融新聞』1999 年 9 月 27 日），DLJ「今年の末までに，10 万口座突破は確実（国重社長）」（『日経流通新聞』2000 年 2 月 12 日），マネックス「年内に，20 万口座を目指す（松本社長）」（『日経流通新聞』2000 年 2 月 12 日），イー・ウイング・日本オンライン「(2001 年 3 月末までに) 10 万口座の獲得」「(同) 5 万〜6 万口座の確保」（矢野経済研究所，2000）をあげている。

10)　2000 年 4 月時点の口座数は，松井 3 万 226，DLJ 5 万 1491，マネックス 5 万 6594。イー・トレードは 1 ヶ月前の 2000 年 3 月の口座数を 7 万 9247 と発表している（「各社　プレスリリース」より）。

11)　『NIKKEI BP リアルインタビュー』2002 年 5 月 31 日。

12)　松井証券松井社長の発言（『金融国際情報技術展（FIT 21）特別セミナー』2000 年 9 月 22 日）。

13)　松井・松本（2001）p.52。

14)　『日経産業新聞』2001 年 1 月 10 日。

15)　2000 年 10 月における約定金額 50 万円の手数料は，イー・トレード 800 円，DLJ 1900 円，マネックス 1000 円，日興ビーンズ 2400 円，カブドットコム 1000 円であるが，松井は 1 回の取引でも 3000 円となる。

16)　矢野経済研究所（2000）p.149。

17)　松井証券の 1 日平均売買代金は，手数料自由化直前である 1999 年 9 月の 19 億 3000 万円に対し，直後となる 10 月には 48 億 9000 万円，半年後の 2000 年 3 月には 113 億円へと急増した（『松井証券プレスリリース』）。

18)　『日経産業新聞』2001 年 1 月 10 日。

19)　『日本経済新聞』1999 年 9 月 27 日；『日経金融新聞』1999 年 9 月 27 日；1999 年 8 月 10 日。

20)　大崎（1999）p.16。

21)　『日経金融新聞』2000 年 12 月 6 日。

22)　「日興ビーンズ　プレスリリース」(2000 年 12 月 26 日)；「マネックス　プレスリ

リース」2000 年 12 月 27 日。

23）　松井・松本（2001）p. 61。

24）　「松井証券　プレスリリース」2000 年 7 月 28 日；2000 年 7 月 18 日。

25）　『日経産業新聞』2000 年 1 月 21 日。

26）　「松井証券　プレスリリース」2000 年 4 月 14 日；2000 年 5 月 1 日；2000 年 6 月 15 日；2000 年 7 月 7 日；2001 年 2 月 14 日。

27）　1 口座あたりの 1 日の約定件数は，松井を 100 とすると，DLJ 27，マネックス 13，日興ビーンズ 15，カブドットコム 10，同売買代金は，イー・トレード 23，DLJ 38，日興ビーンズ 9，カブドットコム 8（高井，2004）。

28）　各社 2002 年 3 月期決算 IR 資料より。

29）　『日経金融新聞』2003 年 4 月 24 日。

30）　佐賀（2001）。

31）　1998 年 9 月の 1 万 3406 円より，2000 年 3 月の 2 万 337 円にかけては，一貫して上昇の後，2003 年 4 月の 7831 円に向けて，下降へと転じた（「日本銀行 HP」）。

32）　『日経金融新聞』1999 年 10 月 21 日。

33）　佐賀（2000）より，1999 年の口座数。

34）　1999 年における個人の株式保有金額の総額は，アメリカ約 860 兆円（個人資産に占める割合 24.2％）であるのに対し，日本は約 100 兆円（同 6.4％）であった（『松井証券会社説明会資料』2001 年 8 月）。

35）　『日本経済新聞』1999 年 11 月 2 日。

36）　カブドットコム証券執行役員業務統括部長雨宮猛氏のヒアリングより（2004 年 3 月 25 日）。

37）　イー・トレード証券会長北尾吉孝氏の発言（『日経産業新聞』2001 年 8 月 9 日）。

38）　日興ビーンズ証券の初代社長で，当時リテール事業推進共同担当であった須田則雄執行役員の発言（『日経産業新聞』2001 年 8 月 10 日）。

39）　『日経 MJ』2000 年 9 月 25 日。

40）　松井証券への追随となる「信用取引」「定額手数料制」の組み合わせを導入した後，各社とも口座数の伸びは，絶対数・増加率ともに減少したにもかかわらず，利益率は向上した。しかしながら，追随が遅れたマネックスのみ，大幅に利益が下がった。

41）　『日経金融新聞』2003 年 4 月 24 日。

42）　『日経金融新聞』2003 年 4 月 24 日。

43）　2003 年 3 月期決算における，各社間の口座移動を表す「株券の入庫・出庫」の差を分析した結果，松井証券への模倣を行った企業は，松井証券からの顧客移動が自社からの松井証券への顧客移動を上回っていたが，唯一模倣を行っていないマネックスのみ，松井証券への顧客移動が，松井証券からの顧客移動を上回った（『日本におけるオンライン証券取引の現状』2004 年 12 月，金財総研）。

44）　1 口座あたりの約定件数ならびに売買代金の変化（2001 年 9 月→2003 年 3 月）を比較すると，松井証券は件数では約 7 割，代金では約 6 割へと下がっている。一方，

それ以外の企業は，データが公開されていないイー・トレードの約定件数，マネックスの売買代金を除くと，減少しているのは，追随が遅れたマネックスと日興ビーンズの約定件数のみである。しかし，日興ビーンズでは売買代金においては大幅な向上が見られる（高井，2004）。

45）　『読売新聞』2004 年 3 月 15 日。

46）　『NIKKEI BP リアルインタビュー』2002 年 5 月 31 日。

47）　マネックス証券チーフインフォメーションオフィサー南波幸雄氏のヒアリングより（2004 年 6 月 21 日）。

第**9**章　テキストマイニングによる
オンライン証券業界の戦略グループ分析

1　はじめに

　これまで何度も述べてきたように，本書の目的は，「模倣が比較的容易な環境の下で，模倣がなかなか行われず，ある特定企業の競争優位が長期にわたって維持されたのはなぜなのか」と「模倣による戦略同質化が起きた際，同一戦略グループ内での競争が激しさを増したにもかかわらず，模倣された先行企業のパフォーマンスが伸び続けたのはなぜなのか」という本書の2つのリサーチクエスチョンについて分析することにある。

　前章では，第6章で詳細に記述したオンライン証券業界の黎明期の競争を，第3章で提示した競争優位の企業間差異の形成・拡大・持続・収斂メカニズムを記述するフレームワークに当てはめて再解釈する作業を通じて，その有効性を検証するとともに，上記の前半の問題意識に対する一定の解答を提出した。これを受けて本章では，第6章で詳細に記述したオンライン証券業界の黎明期の競争を，第3章で提示した新市場における四段階の進化プロセスのフレームワークに当てはめて再解釈した上で，作業仮説を導出し，できる限り定量的に検証していく。ダイナミックに変動する競争環境の下で，業界の有力な戦略グループがいかに形成され，変遷していったのか，その結果として各戦略グループならびにその構成企業の業績がどのように推移していったのかを検証していくことを通じて，四段階の進化プロセスのフレームワークの有効性を検証するとともに，上記の後半の問題意識に対する一定の解答を提出したいと考える。

　第1章で詳細に述べたように，各社各様にさまざまなプロダクト・イノベーションを提案し，顧客が選択をしていくという繰り返しのなかから，ドミナント・デザインと呼ばれるひとつの「事後的に見た正解」（以下「正解」とする）が確定していくまでの競争プロセスは，必ずしも整然と進行していくわけではない。企業間の相互作用や，経済的・社会的・政治的・認知的な力学による強い影響を受けて，一時的に「不正解」への逸脱が持続するなど，むしろ複雑な様相を呈することが多い。

　このような市場黎明期の複雑でダイナミックな企業間競争のプロセスを分析するためには，1社ないし比較的少数の企業に焦点を絞ったケース分析を行い，厚い歴史記述を積み重ねていく研究スタイルが望ましい（e. g., 沼上，2000）。定性分析には，要因間の単なる相関関係で示されるような単純な因果関係だけではなく，複数の要因間のダイナミックな相互作用の様相を描き出すことができるという長所があるからである。また，現実問題として，「戦略そのもの」を定量的かつ経時的に把握することはきわめて困難だという問題もある。そのため，市場黎明期の企業間競争を扱う研究においては，もっぱら定性的な分析に依拠し，定量的に分析する研究は少なかった。企業戦略を実施した「結果」としてのパフォーマンスデータを用いた定量的な分析を行うことはあっても，「戦略そのもの」を定量的かつ経時的に把握する研究はほとんどされてこなかったのである。

　ただし，定性分析には，内的妥当性や外的妥当性への疑義を晴らしにくいという欠点があるので，できることならば定量的な分析によって補完されることが望ましい（e. g., Eisenhardt, 1989）。本書では，黎明期の日本オンライン証券市場を対象として，第6章ですでに事例を詳細に記述している。そこで本章において，新たにテキストマイニングの手法を用いた定量的分析を行うことによって，定性・定量の両面から実証的な検討を行っていきたいと考える。

　以下では，まずは第2節でフレームワークの確認を行い，第3節では事例の必要部分の振り返りを行った上で，検証を行うための作業仮説を導出する。第4節では，その作業仮説を，テキストマイニングの手法を用いて定量的に検証する。第5節では，分析の結果を受けて若干のディスカッションを行う。先行研究では，模倣による競合企業の増加がもたらす効果については，十分に考慮されていないか，あるいはマイナスの効果のみがとらえられていた。そこで本

書は，模倣を通じた競合の増加がもたらすプラスの効果にも目配りをし，定量的な分析による実証的な面を強化し，新たな知見を得たいと考えている。

2 フレームワークの確認

ここで分析に入るに先だって，第3章で提示した，黎明期の市場における四段階の進化プロセスのフレームワークと模倣の効果について確認しておきたい。

黎明期の市場では，企業から多種多様な製品やサービスが数多く提起され，顧客が購買活動を通じてそれらの評価・選択を行っていくなかから，やがてドミナント・デザインと呼ばれる，製品やサービスの支配的な大きな枠組みが確定していく（Abernathy & Utterback, 1978）。

このプロセスは，一面では，新市場のなかにいくつもの戦略グループが生じ，競合していくなかで，特定の戦略グループが次第に顧客の支持を集め成長し，やがては新市場全体を代表する存在として認識されるようになっていくプロセスとしてとらえることも可能である。実際，市場が誕生したばかりの時期には，企業側からは多種多様な戦略的アプローチが提起され，それに対する顧客の想定内・想定外の反応との相互作用を通じて，一般にいくつかのニッチ市場，および戦略グループが形成されることになる（松嶋・水越, 2008）。その後，そうした戦略グループ間では，顧客やその他ステークホルダーの支持を集められるかどうかで淘汰が進み，生き残ったもののなかから次第に支配的な戦略グループが確立し，遂には新市場全体を代表する存在として認識されるようになっていくことになるのである[1]（Porac et al., 1995）。

こうしたプロセスで大きな役割を果たすことになるのが，「成功」しているとみなされる企業への模倣行動である（淺羽, 2002）。すでに「成功」しているとみなされる他の企業を模倣すれば，環境の不確実性を削減するために必要な探索コストを節約することができる。しかも，そうした行動は，企業内外のステークホルダーの理解を得やすく，正当性の獲得につながり，ひいては当該企業の生存にもつながりやすい。こうして，「成功」しているとみなされるような企業への模倣行動を通じて，企業間の差異は時間を追って減少していくことになる（Noda & Collis, 2001）。

ただし，こうしたプロセスのなかで，ある戦略グループの初期構成企業（以

下「先行企業」）が，他企業の模倣から受ける影響には二面性がある（Carroll & Hannan, 1989）。ひとつは「競争効果」であり，競合が増えることによって競争が増し，資源獲得や生き残りが難しくなるというマイナスの効果である。もうひとつは「正当性効果」であり，競合が増えることによって，当該戦略グループが正当性を獲得し，社会的認知や信用が増していくことを通じて，資源獲得や生き残りが容易になるというプラスの効果である（DiMaggio & Powell, 1983）。この2つの効果の大小関係は市場のライフサイクルを通じて変化するが，先行企業が他企業による模倣から受ける影響は，市場の確立前後を境にして，前半は競争効果＜正当性効果，後半は競争効果＞正当性効果と，大きく2つの局面に分けることができると考えられる。

　製品コンセプトや判断軸が確定していない黎明期の新市場では，ある戦略を多くの企業が採用しているという状況は，他企業や顧客に対して，その戦略グループの正当性を示す有力なシグナルとして働きうる（Deephouse, 1999）。こうした状況の下では，模倣による戦略グループの拡大は，競争の激化で自らのパイが減るマイナスの効果よりも，その戦略グループが正当性を獲得して資源獲得や生き残りが容易になり，パイの総量が増大するというプラスの効果が強く働き，結局のところ先行企業の最終的な取り分もまた増えていく可能性が高いと考えられるからである。一方，ひとたび製品コンセプトや判断軸が確定してしまえば，今度はドミナント・デザインに従うこと自体が正当性の源泉となるため，戦略グループの拡大はパイの総量の増大をもたらすことなく，競争の激化で逆に先行企業のパイが減るマイナスの効果ばかりが目立つことになると考えられる。

　以上を踏まえると，新市場における有力な戦略グループと，その構成企業の成長プロセスは，次のような段階を経るものと予想される。まずはじめに，次第にいくつかの戦略グループ，およびニッチ市場が形成されていくことになる（第一段階）。そのうちに，ある特定の戦略グループおよびその先行企業が次第に顧客の支持を集めながら成長していくが，それとともに，他企業の模倣を通じた参入も増加していく（第二段階）。これによって当該戦略グループ内の企業数が増え，一方では，競争の激化によって先行企業の取り分が他の競合企業に奪われてしまう割合が増えていく。しかし他方で，企業数の増加によって当該戦略グループの社会的認知・信用が高まり，パイの総量が増大する。黎明期の

新市場では，こうしたプラス効果の方がマイナス効果よりも大きいので，結局のところ，先行企業の最終的な取り分も増えていくと予想される（第三段階）。

　しかし，当該戦略グループが拡大を続け，やがて新市場の支配的な存在となっていくのに伴って，今度は企業数の増加によるプラス効果よりもマイナス効果の方が大きくなる。こうなると，当該戦略グループからの企業退出が増加するようになる。そして，厳しい淘汰の時代を生き延びることができれば，その時点での当該戦略グループの構成メンバーは，最終的に寡占化された市場のなかでの主要プレーヤーとなる（第四段階）。

　図3‐4に，こうした4段階の進化プロセスのイメージを図示した。

　このプロセスのうち，本章では主に中間部分，すなわち，第二・第三段階に着目し，実証的な検証を行う。次節では，実証研究の対象となる市場黎明期の日本のオンライン証券業界の状況について簡単に説明した後に，検証すべき具体的な予想を導出していくことにしたい。

3　日本のオンライン証券業界の市場黎明期の競争

　この節では，まずは第6章の事例分析のうちで戦略グループの形成と変遷に関わる部分だけを抜き出し，簡単に振り返った上で，次節で定量的な検証を行っていくにあたっての作業仮説を導出することにしたい。

3.1　市場の立ち上がりと3つの戦略グループの形成

　日本のオンライン証券の歴史は1996年4月の大和証券のサービス開始によって始まったが，競争が本格化したのは，金融ビッグバンと呼ばれる一連の規制緩和の一環として，株式委託手数料が自由化された1999年10月以降であった。

　この新市場において主役となったのは，インターネット上のみでビジネスを展開するオンライン専業証券であった。松井証券，DLJ，イー・トレード，マネックス，カブドットコム，日興ビーンズといったオンライン専業証券会社が，規制緩和を機に積極果敢な戦略に打って出て，個人の株式取引の中心となった。これら6社で，オンライン証券業界が事実上立ち上がった1999年からわずか5年後の2004年時点で，既存の大手証券会社3社を含むすべての個人取引に

おいても6割以上のシェアを占めるに至った。

　この立ち上がった当初の日本のオンライン証券業界では，主として3つの戦略グループが形成された。1つめが，松井証券が主導して形成された戦略グループ（以下，本章では「戦略グループA」と呼ぶ）である。松井証券は1918年創業の老舗地場証券であったが，バブル崩壊後の1992年に営業マンによる対面営業の完全廃止を宣言。その後4年間かけてコールセンターのみの証券会社へと転換し，比較的富裕で経験豊かなセミプロ投資家を主たる顧客層としてビジネスを展開していた。1998年5月には，インターネットでのサービスを開始し，その半年後にはコールセンターを廃止して，オンライン専業証券に転換した。

　松井証券は，オンライン専業証券へ転換する以前からのこうした経験を活かし，株式投資の経験が豊富なセミプロ投資家が，自己判断で自由に売買をしたいと考えていることを理解していた。そこで松井証券は，こうした顧客層に向けて，「いくら少額でも，何度取引を行っても文句を言わないシステム」を通じて，信用取引[2]や定額手数料制[3]といった上級者向けの高度な金融取引のメニューを導入する戦略に打って出た。一方で松井証券は，口座あたりの回転率を増やすことを重視していたため，口座数を増やすためにいたずらに価格競争に走るということはしなかった。こうした松井証券の戦略は，当初想定していた旧来からのセミプロ投資家だけでなく，「デイ・トレーダー」と呼ばれる金融自由化後にもっぱらオンライン証券で取引経験を積み，短期売買を積極的に行うようになっていった新たな顧客層（以下，両者を合わせて「アクティブユーザー」とする）をも惹きつけ，大きな成功を収めることになった。

　本章では，最終的にこの業界のドミナント・デザインとなった，信用取引や定額手数料制の導入を特徴とするこうした戦略グループA（当初の構成企業は松井証券のみ）の戦略を，「稼働率向上戦略」と呼ぶことにしたい。

　2つめは，松井証券以外のオンライン専業証券5社によって形成された戦略グループ（以下，本章では「戦略グループB」と呼ぶ）である。彼らはいずれも証券業界の規制緩和の動きを受けて設立された新規企業であったが，アメリカの事例などを参考に，「これまで株式投資の経験に乏しい新しい顧客層が爆発的に増え，それがメインの顧客になる」と考え，投資初心者を含めた幅広い顧客層を対象に，株式取引だけでなく，さまざまな金融商品を提供する戦略を展開した。また，そうした新たな顧客層を他社より先に大量に獲得し，いち早く顧

客基盤を築くことが重要だと考え，激しい口座数獲得競争を繰り広げ，手数料を急速に引き下げていった。しかし実際には，投資初心者の流入量は予想をはるかに下回り，そのわずかな新規顧客を他社よりも先に囲い込むべく，泥沼の価格競争が繰り広げられ，どの企業も体力を消耗していった。

　本章では，手数料の引き下げや株式投資初心者向けの商品ラインアップの充実を特徴とするこうした戦略グループB（当初の構成企業は，有力なオンライン専業証券会社6社のうち，松井証券を除く5社）の戦略を，「口座数獲得戦略」と呼ぶことにしたい。

　そして，価格競争が始まってから2年以上が経過した2001年後半から，この戦略グループBに属する各社は松井証券の戦略に順次追随しはじめ，先に模倣に走った企業から順に急速に業績を改善することができた。つまり，この戦略グループは，メンバーの企業が松井証券が主導し開拓した第一の戦略グループAに順次移行していくことによって，最終的には消滅したのである[4]。

　最後の3つめは，オンライン証券部門を別会社化せずに参入した，大手・準大手・中堅を含めた大半の既存証券会社によって形成された戦略グループ（以下，本章では「戦略グループC」と呼ぶ）である。彼らは，従来型の営業店舗で抱えていた余剰資金のある中高年の富裕層を対象に対面取引を維持したまま，その補完としてネット取引を導入する戦略を展開した。しかし，この戦略グループCに参入した企業群は，従来からの重要な顧客がオンライン取引に移行して売上や収益が下がってしまうカニバリゼーションが生じることを懸念し，手数料引き下げ競争に追随することができなかった。またこれらの企業群は，オンライン証券取引専用のシステムを構築するのではなく，営業店業務を前提とした従来からのシステムに接ぎ木をするような形でオンライン証券取引に対応したため，松井証券を模倣した高度な金融取引のメニューを導入することも難しかった。結局，これら企業群は顧客の支持を得ることができず，当該戦略グループも早々に存在感を失った。

3.2 作業仮説の導出

　このように，黎明期のオンライン証券市場では主に3つの戦略グループが形成されたが，そのうちで実質的に競争に参加したのは，戦略グループAと戦略グループBの2つであった。戦略グループCは，消滅こそしなかったもの

の，早々に競争から脱落していったからである。そして，戦略グループ A で唯一の先行企業である松井証券の戦略への模倣を通じて，戦略グループ B を構成していた他のオンライン専業証券 5 社が順次戦略グループ A へと移動していき，戦略グループ B は消滅したのである。

こうした過程を，これから定量的な検証を行っていくにあたっての作業仮説に落とし込むと，次の 4 つを導くことができる。

（作業仮説 1）　黎明期のオンライン証券市場において，当初，松井証券以外の有力オンライン専業証券 5 社は「口座数獲得戦略」を，松井証券は「稼働率向上戦略」を，それぞれ追求していた。

（作業仮説 2）　黎明期のオンライン証券市場では，松井証券以外の有力オンライン専業証券 5 社が，途中から順次，「口座数獲得戦略」から「稼働率向上戦略」への転換を図った。

（作業仮説 3）　黎明期のオンライン証券市場では，松井証券の取り分が，松井証券の戦略を模倣した他のオンライン専業証券会社に奪われてしまう割合が増えた。

（作業仮説 4）　黎明期のオンライン証券市場では，松井証券の戦略を模倣する企業の数が増加することによって，模倣した企業たちはもちろん，模倣された松井証券の最終的な取り分も，むしろ増加した。

次の節から，これら 4 つの作業仮説について，定量的な検証を行っていくことにしたい。ただし，ここでの目的は厳密な仮説検証を行うことではなく，本節で導いた予想の確からしさを，分析を通じて補強することにある。

4　リサーチデザインと分析結果

4.1　分析手法，サンプル，分析の手順

本章では，第 7 章と同様，プレスリリースを素材としたテキストマイニング分析により，上記作業仮説を定量的に検証することを試みる。

本章の分析において扱う素材も，第 7 章と同じである。すなわち，市場黎明期における大手オンライン証券 6 社（松井証券，イー・トレード，DLJ，マネックス，カブドットコム，日興ビーンズ）のプレスリリースのうち，2004 年まではリリースされたものが公開されていないイー・トレードを除いた 5 社のものであ

表9-1　概念カテゴリー

稼働率向上戦略	口座数獲得戦略	
1　信用取引 2　定額手数料制	3　国内株 4　外国株 5　その他商品 6　手数料引き下げ 7　キャンペーン 8　夜間取引 9　オンラインサービス	10　モバイル 11　情報サービス 12　リアル対応（コールセンター・店舗） 13　入出金 14　情報システム 15　企業組織戦略 16　合併

る。分析の対象とした大手オンライン証券5社のデータ採用期間と分析対象月数を表7-1に示した。

　分析の作業手順も，途中までは第7章と同様である。まずはそれぞれの企業のプレスリリースから，商品・サービスやそれらを提供するためのプロセス，あるいはそれらの特性に関するものをすべて選び出し，それぞれの本文をMicrosoft Excel 2007に企業ごと・四半期ごとに整理し，SPSS Text Analysis for Surveys 3.0を用いて単語の出現頻度を計測した。

　本章でも，「名詞」を対象として，2回以上出現したものはすべて抽出することにした。その後，明らかに分析に不要な語を削除するなどのクリーニング作業を行った。表7-1には，以上の作業を経て抽出された，企業ごと，年度ごとの名詞の数も合わせて記載されている[5]。

　次に，これらについて，その意味や内容ごとに16のカテゴリーに分類した[6]。この16のカテゴリーを示したのが表9-1である。これは，内容的には第7章の表7-2と同じだが，後の分析との関係で，表示の仕方を若干変えてある。

4.2　「口座数獲得戦略」と「稼働率向上戦略」の変数構成

　本章では，松井証券とそれ以外の企業が採用した戦略の違いを表す変数として，「口座数獲得戦略」と「稼働率向上戦略」の2つを導入する。

　まず，口座数獲得戦略の変数は，松井証券以外の各社が「新規顧客が爆発的に増える」と考え，競争を続けていった戦略を代理する変数である。そのための手段は，大きく分けて，(1)手数料自体の引き下げ，あるいは期間を絞った手数料無料キャンペーンと，(2)株式投資の経験や知識のない人でも気軽に証券会社に口座を作ってもらうための商品ラインアップの充実の2つであった（高井，2004：2006）。表9-1のカテゴリーのなかでは，③国内株，④外国株，⑤その

他商品，⑥手数料引き下げ（無料），⑦キャンペーンが該当する。

　一方の稼働率向上戦略の変数は，松井証券がとった「株式投資経験者をターゲットとし，回転数を向上させる」戦略を代理する変数である。そのための手段は，大きく分けて，⑴上級者向けのサービスである信用取引の開始と，⑵定額手数料制の導入の２つであった（高井，2004：2006）。表９‐１のカテゴリーのなかでは，①信用取引，②定額手数料制が該当する。

　分析対象である５社について，それぞれの変数に分類された語の，当該期間における２語以上抽出された名詞の総数に対する比率を計測した。できるだけ詳細な推移を計測するために，本書では四半期ごとに集計したが，企業のプレスリリースはそもそも期間によるブレがかなり大きいデータである。そこで，今回はそれぞれの変数を算出するにあたり，３期間の移動平均法を用いた処理を行ったデータを用いることにした。

4.3　分析結果⑴：口座数獲得戦略変数の推移

　図９‐１は口座数獲得戦略の変数の推移をグラフで示したものである。図中に企業名と日付で示したのは，各社が稼働率向上戦略の象徴となる（この業界のドミナント・デザインとなった）信用取引と定額手数料制をはじめて両方合わせて導入した時期であり，松井証券とのタイムラグが，各社が事後的な「不正解」に逸脱した競争を繰り広げていた期間の目安となる。

　まず，データ数が十分に確保できている DLJ に着目してみると，手数料が自由化されてオンライン証券業界が立ち上がった 1999 年後半から競争が激化した 2000 年にかけて，口座数獲得戦略に関連する名詞の頻度が高まり，2001 年に入った頃から減少に転じ，2001 年の 12 月の信用取引と定額手数料制の両方の採用以降も 2003 年前半に至るまで減少を続けている。日興ビーンズに関しても同様の傾向が見られ，また途中からしかデータが入手できないカブドットコムならびにマネックスに関しても，それぞれの企業が信用取引と定額手数料制をはじめて両方合わせて導入した時期に向けて，減少を続けていることが見てとれる。つまり，松井証券以外の各社は，当初は口座数獲得戦略を追求し，順次そこからの脱却を図っていったのだと考えられる。

　一方，松井証券については，他社の手数料引き下げやキャンペーン競争が激しかった時期，すなわち 1999 年 10 月の手数料自由化後から 2001 年 3 月くら

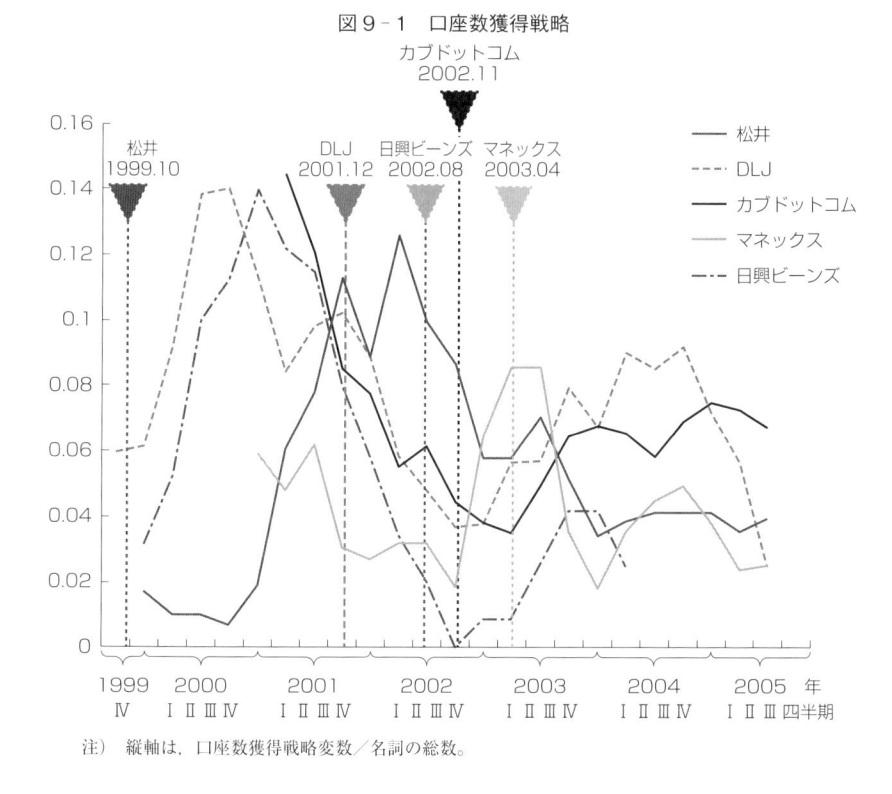

図9‑1　口座数獲得戦略

注)　縦軸は，口座数獲得戦略変数／名詞の総数。

いまでの時期には特に関連名詞の頻度が低く，その後，他社が減少に転じつつ
あるなかで2002年半ば頃まで増加し，その後減少に転じていることが見てと
れる。つまり松井証券は，少なくとも当初は他社の口座数獲得戦略からは距離
を置いていたのだと考えられる。

4.4　分析結果(2)：稼働率向上戦略変数の推移

　図9‑2は，稼働率向上戦略変数の推移をグラフで示したものである。こち
らも同様に，図中には，各社が稼働率向上戦略の象徴となる（この業界のドミナ
ント・デザインとなった）信用取引と定額手数料制をはじめて両方合わせて導入
した時期を示している。

　この図からは，松井証券以外の各社が，信用取引と定額手数料制をはじめて

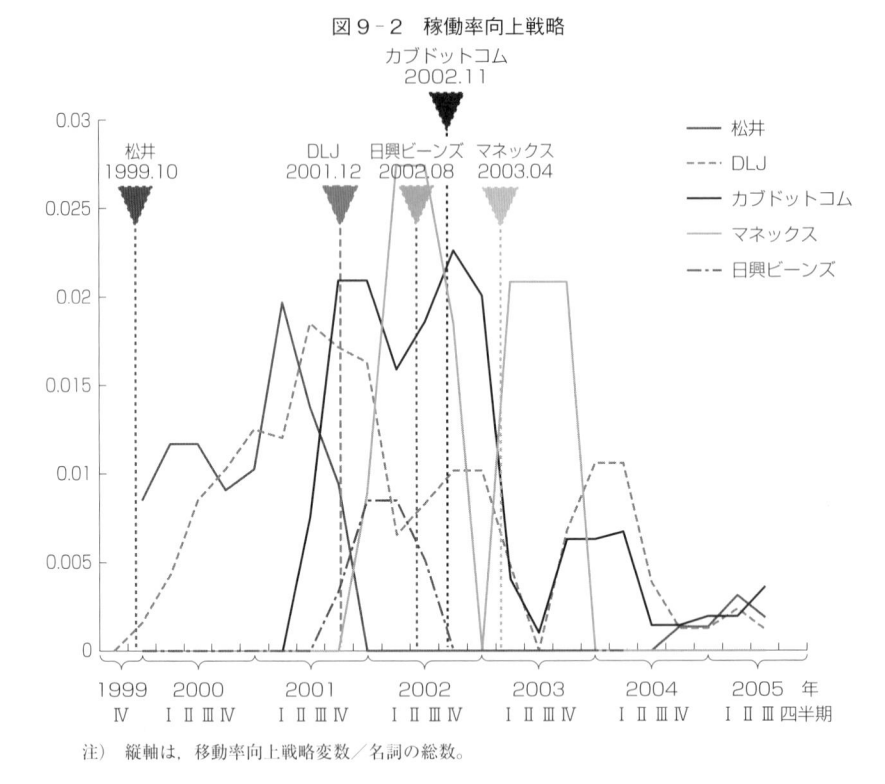

図9-2　稼働率向上戦略

注）　縦軸は，移動率向上戦略変数／名詞の総数。

　両方合わせて導入した時期の直前から，稼働率向上戦略に関わる内容を盛んに
プレスリリースに流しはじめていた様子が見てとれる。つまり，松井証券以外
の各社は，途中から順次，稼働率向上戦略へと転換を図っていったのだと考え
られる。
　一方，松井証券については，他社が稼働率向上戦略への言及をほとんど行っ
ていなかった時期に，唯一，当該戦略に関する言及を行っていたことが見てと
れる。ただし，他社の言及頻度が増えてくる 2001 年半ばくらいからは，松井
証券の言及頻度は急激に減少し，2002 年初頭にはゼロにまで落ち込んでしま
った。この頃までには，松井証券が信用取引と定額手数料制を導入しているこ
とはすでに「周知の事実」となっており，わざわざプレスリリースを行うほど
新規性のあるニュースもなくなっていたのだと考えられる。

図9‐3 コレスポンデンス分析の結果

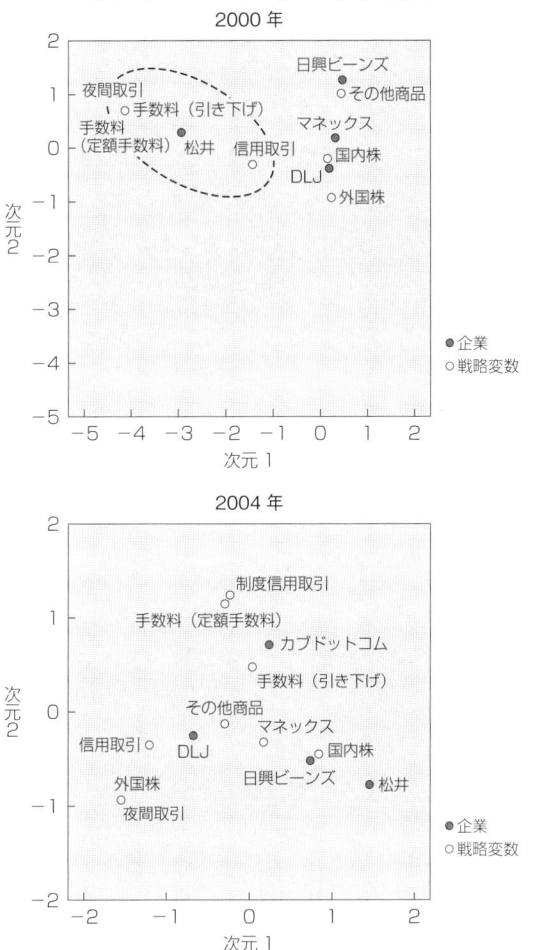

4.5 分析結果(3)：コレスポンデンス分析

　続く図9‐3は，前項で示した2つの戦略に該当するカテゴリーと企業とを変数としたコレスポンデンス分析を行った結果である。コレスポンデンス分析では，テキストマイニングによって得られた単語同士の関係の分析やグルーピングを行うことができ，回答パターンが似ている場合には近いところに配置されるので，どの変数同士の相関が強いかを視覚的にとらえることが可能となる

（内田・川嶋・磯崎，2012；松井，2013）。

この図からは，松井証券のみが稼働率向上戦略をとり，他社は口座数獲得戦略を繰り広げていた 2000 年では，松井証券が「信用取引」「定額手数料」に近い場所にプロットされ，他企業はそれらの点と距離が離れている様子が見てとれる。一方，他社が稼働率向上戦略を模倣した後にあたる 2004 年では，「信用取引」「定額手数料」を含む，すべての各要素間のばらつきを示す残差が小さくなったため，図上で企業・戦略変数ともまとまった位置に描写され，各社の戦略的独自性がなくなっていることが読みとれる。

なお，企業群（松井証券と松井証券以外）と 2 つの戦略（口座数獲得と稼働率向上）の 2×2 のクロス集計表を作成して χ^2 検定を行ったところ，2000 年では有意に差が認められたが，2004 年ではその差が認められなかった[7]。

以上の分析により，当初は口座数獲得戦略の追求一本槍であった松井証券以外のオンライン専業証券各社が，次第に松井証券の稼働率向上戦略を模倣していき，2004 年までにはその差異が消えていたことが明らかになった。したがって，作業仮説の 1 と 2 は支持されたと言える。

4.6 分析結果(4)：株券の移管データの分析

次にこの項では，こうしてオンライン専業証券各社が次第に松井証券の戦略を模倣していくにつれて何が起こったのかを，2002 年 9 月以降という限られた時期ではあるものの，「株券の移管による入庫・出庫の移動金額」のデータ[8] を用いて，以下で検証していくことにしたい。

「株券の移管」とは，すでに他社の口座で取引を行っている株券を別の社へ移すことを意味しており，このうち株券の「入庫」とは株券が移管されて他社から自社に入ってくることを，「出庫」とは逆に株券が移管されて自社から他社に出て行くことをいう。そもそも株券を移管する顧客とは，①これまでに株式取引を行ったことがある経験者であり，すでに他社の口座で取引を行っている株券を，わざわざ手間とコストをかけてまで移動するわけであるから（口座を開設し新たな取引を開始するだけであれば，わざわざ株券を移管する必要はない），②今後，移管先の口座で実際に取引をする可能性が高い顧客だと言える。つまり株券の移管データは，証券会社間でのアクティブユーザーの移動の代理変数とみなしても，それほど大きな乖離はないと考えられる。しかも，どの証券会

図 9-4　松井証券への株券の移管

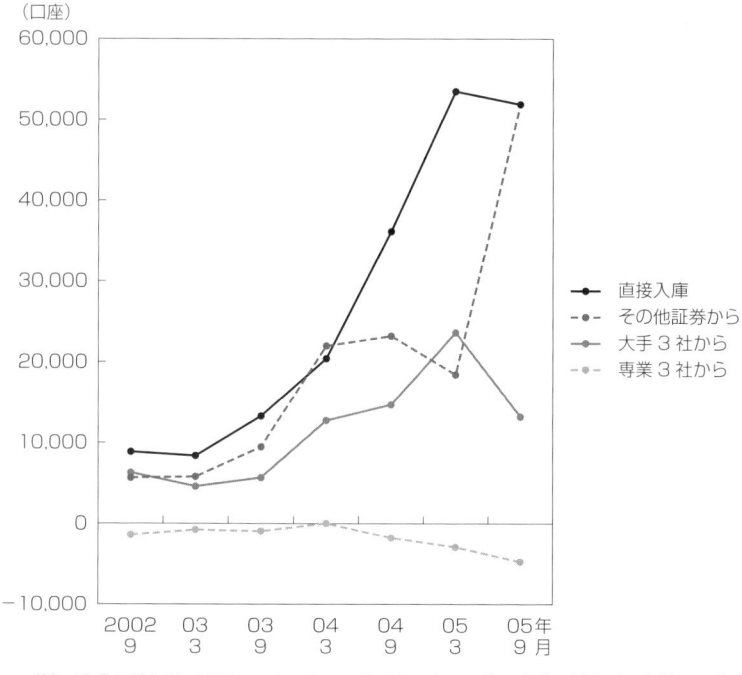

注)　専業3社とは，DLJ，マネックス，カブドットコムを，大手3社とは，野村，日興，大和を指す。

社からどの証券会社へ移管されたのかが追えるため，集計することによって企業間の「勝ち負け」がくっきりと浮かび上がる。以上から，模倣・追随による競合企業数の増加がもたらすプラスの効果とマイナスの効果を計測するには，理想的なデータだと言える。

　まず，松井証券を中心として他社との間でどこにどれだけ株券が移動したかの推移を示した図 9-4 を見ると，2002 年から専業証券 3 社（DLJ，カブドットコム，マネックス）に対しては一貫してマイナス（流出）となり，その幅が徐々に拡大する傾向にあることが見てとれる。これは，全体として，顧客が松井証券からそれらの企業へと株券を移しているということ，すなわち競争効果による顧客の流出がこれだけの規模で生じていたことを意味している。

　一方，図 9-5 は，前述したのと同じ株券移管のデータを，オンライン専業証券 6 社（松井証券＋松井証券以外のオンライン専業証券 5 社）と，大手証券会社

図9-5　企業群間の株券の移管の状況

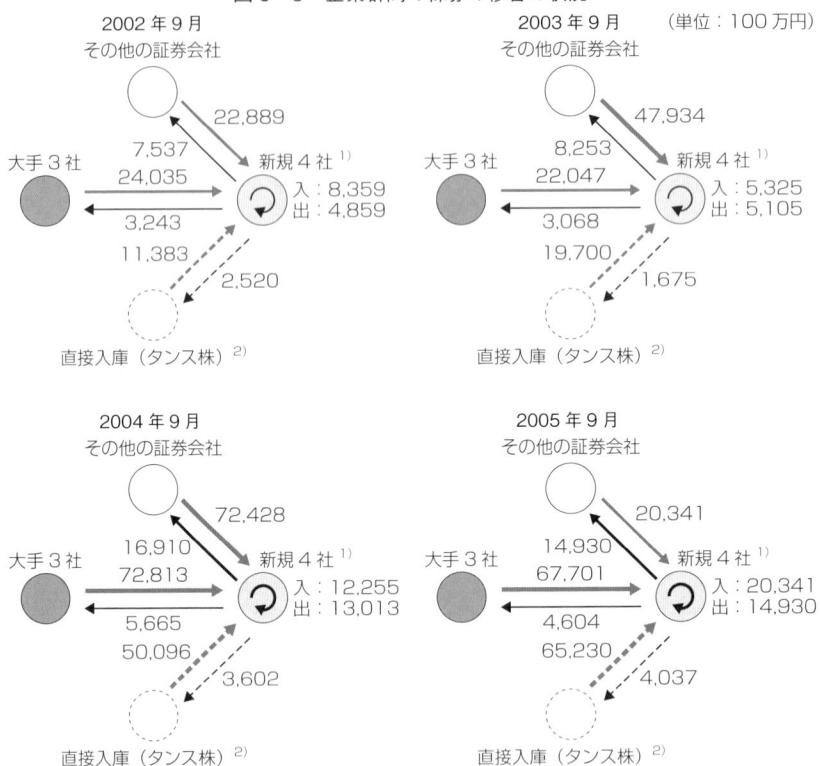

注1)　6社のうち，日興ビーンズ，イー・トレードのデータは得られず。
　　2)　直接入庫のデータは，2002年と2003年は松井証券，2004年と2005年は松井証券とカブドットコムの2社のみのため点線とした。

など他の戦略グループに属する企業群とに分けて示した図である。

　ここからは，オンライン専業証券6社が，2002年時点ですでに大手証券会社やその他証券会社からの移管が「入超」の状況にあったが，戦略グループAへの移動が完了した2年後の2004年には，さらに膨大な株券が流れ込んでいたことがわかる。つまり，松井証券と松井証券を模倣した他のオンライン専業証券とは，互いに競合し顧客を奪い合いながらも，それをはるかに上回るだけの顧客を他の戦略グループから奪っており，戦略グループ全体としてプラスの効果を享受できていたと言える。

図 9-6 ネット証券大手ならびにオンライン証券大手の日経 4 紙の出現記事数の推移

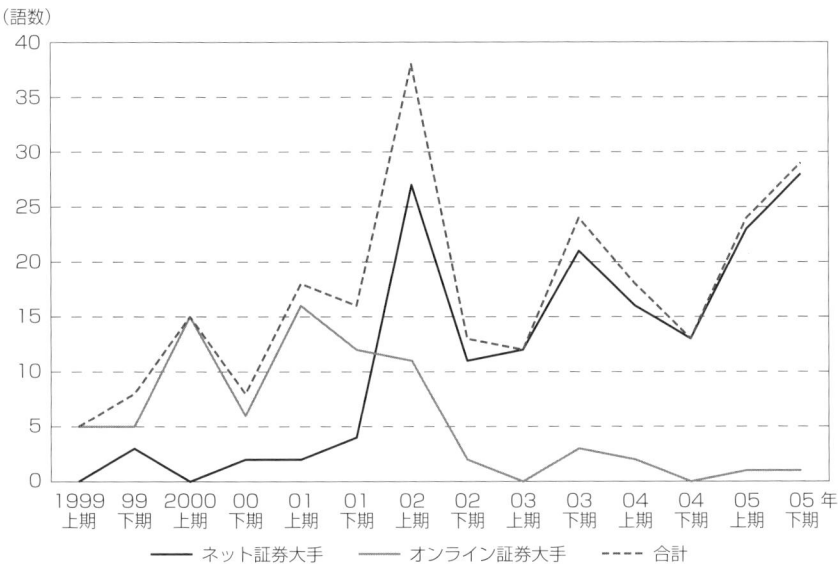

(語数)

また，もう一度図 9-4 に戻ると，松井証券には，専業証券 3 社への流出分を完全に打ち消して余りあるほどの株券が，他の証券会社（大手 3 社＋他の証券）から流入していることが見てとれる。つまり，松井証券にとっても松井証券を模倣した他の有力オンライン専業証券各社にとっても，正当性効果は競争効果をはるかに上回る規模で生じたのである。

4.7 分析結果(5)：記事数の推移データの分析

では，松井証券の戦略に他のオンライン専業証券 5 社が追随することで，本当に社会的認知や信用が高まったのだろうか。図 9-6 は，この点について検証するための傍証として，有力戦略グループを指す新しいラベルが登場したことを示すため，「ネット証券大手」「オンライン証券大手」という語の出現する記事数の推移を調べた結果を図示している。

ここでは増減の波はあるものの，「オンライン証券大手」の登場頻度は 2000 年下期から 2001 年上期をピークに減少し，替わりに「ネット証券大手」の登場頻度が 2002 年上期から増えていることが見てとれる。また，「ネット証券大

手」という用語の登場頻度が増すのにほぼ比例して,「松井証券」という用語の登場頻度が増している[9]。さらに,「オンライン証券大手」という用語は,アメリカのオンライン証券の事情などを解説したり,あるいはアメリカの事情を参考に日本の今後を予測する場合に使用されることが多く,日本の証券会社各社の提供する具体的な商品やサービスに言及したものは驚くほど少なかった。一方,「ネット証券大手」という用語は,日本のオンライン専業証券6社のうちのいずれか,またその集合について,あるいは彼らが提供する具体的な商品やサービスについて言及する場合に使用されることがほとんどであった。

　以上から,あくまでも推測ではあるが,松井証券がとった「アクティブユーザーたちに対して上級者向けの高度な金融取引のメニューを提供する戦略」に追随する企業が増え,社会的な認知度や信用度が増すにつれて,そうした戦略グループに属する企業群や,彼らが提供する商品やサービスについて言及する必要性が増した。こうした事情を背景に,彼らに対して新たに「ネット証券大手」という新たなラベルが付与され,その登場頻度が増し,その一方,オンラインで証券絡みの商品・サービスを提供する企業すべてを指す「オンライン証券」という用語の登場頻度は減少していったのではないかと考えられる。

　ちなみに,松井証券以外のオンライン専業証券5社のうち,最初に松井証券に追随したのが2001年9月のイー・トレード,2番目に追随したのが2001年12月のDLJであり,「ネット証券大手」の登場頻度が増えた2002年上期のほぼ前の期であったことは興味深い。また,図9-7の個人取引におけるシェアを見ると,2002年4月には,松井証券,および当時松井証券に追随していたイー・トレード,DLJを合わせたシェアがちょうど三大証券のシェアと同じくらいに並び,市場において「一大企業群」として影響力を持つようになっていたこともわかる。そしてこの頃から,松井証券を含めたオンライン専業証券6社の成長スピードがさらに加速していることもわかる。以上から因果関係の方向性は不明であるものの,2002年上期頃を境に,松井証券および同社を模倣・追随したオンライン専業証券によって構成される戦略グループへの社会的認知や信用が著しく向上し,成長にさらに加速がかかりはじめたと考えられるのである。

図9-7　個人株式委託売買代金のシェアの推移

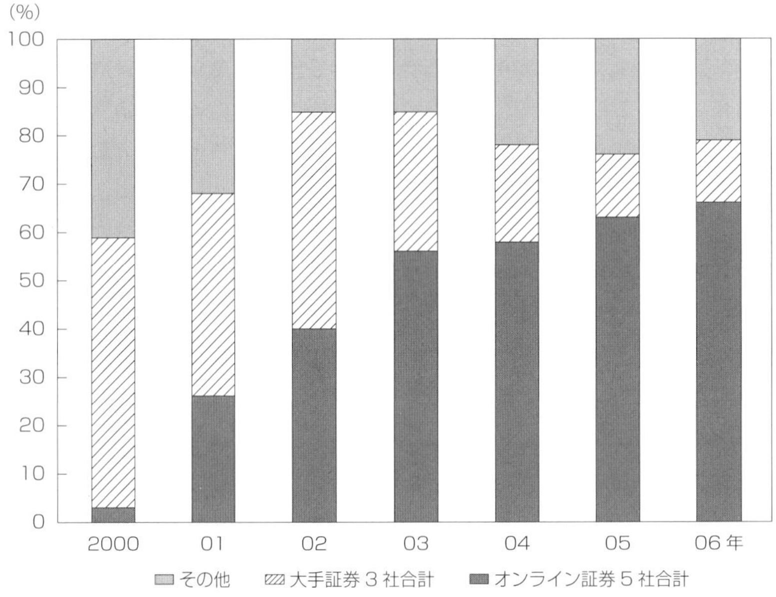

出所）　松井証券 IR 資料，イー・トレード証券 IR 資料，ストック・リサーチ社資料より作成。

5　ディスカッション

5.1　本章の貢献

　以上のように，黎明期の日本オンライン証券業界において，松井証券の戦略が他のオンライン専業証券5社によって次第に模倣されていき，その結果として松井証券の顧客の一部が競合企業に流れていった一方で，それをはるかに上回る顧客が他の戦略グループから流れてきたことが定量的に明らかになった。また，松井証券の戦略が他社によって次第に模倣され，企業数が増えていくのに合わせて，当該戦略グループの社会的認知が高まり，彼らに対して新たなラベルが付与されていったのではないかと推測されることもわかった。

　本章の理論的な貢献としては，黎明期の新市場にいくつかの戦略グループが形成され，やがてそのなかのひとつが支配的な存在へと成長していくまでのプロセスについて検討を行い，そのなかで模倣が果たす役割についての理解を深

めた点が挙げられる。

本章の実証的な貢献としては，次の2点が挙げられる。密度依存理論に関連する先行研究では，競争効果と正当性効果の2つの主要な効果の力関係が変化する結果として，市場内の企業数が逆U字型のカーブを描くと予想し，その形状についての検証が盛んになされてきた。しかしその一方で，この2つの効果の大小関係を実際に計測したものは存在していない。本章では，企業間の顧客の移動を直接に反映するデータを用いることで，こうした2つのプラス・マイナスの効果の大小関係を実際に計測した。この点は，本章の大きな貢献のひとつだと考えられる。

また，本章では先行研究によってすでに定性的分析がなされている業界を対象に，新たにテキストマイニングの手法を用いることによって，先行企業の模倣が次第に進んでいく様子を定量的に示した。市場黎明期の複雑でダイナミックな企業間競争のプロセスを分析した既存研究のほとんどが，定性的分析に依拠するなかで，「戦略そのもの」を定量的かつ経時的に把握し分析するという試みは，新たな研究の可能性を広げたという意味で，一定の成果を得ることができたと言えよう。

一方，本章の分析には，依然として多くの問題が残されている。たとえば，テキストマイニングはテキストデータに対して評価者の私見が入らず，定量的な操作が可能な優れた手法ではあるが，当然ながら文章の「行間」は読むことができない。さらに，データの制約があり，十分な期間の収集ができない企業もあった。今後，こういった点について検討を進めていきたい。

5.2 ディスカッションと今後の課題

黎明期の新市場に参入した新規企業にとって，正当性を獲得できるかどうかは，必要とされる資源を獲得し生存・成長を図る上で切実な問題である（Santos & Eisenhardt, 2005）。ここでは，知的財産権などによって他社による模倣を防ぐ完璧な防御壁を築き，ニッチ市場を独占することは必ずしも望ましいことではない。模倣による競合企業の参入は，一面では新市場，あるいはニッチ市場の正当性を立証することになり，それが顧客の支持を呼び込み，あるいは金融機関や投資家，アナリスト，メディア，優秀な人材などの関心をひきつけ，当該市場の成長を加速させる原動力になるからである。

　そういう意味では，もし仮に松井証券が他社による模倣を完璧に防いでいたとしたら，現在のようなネット証券の興隆は実現していなかったかもしれない。実際，松井社長はオンライン証券業界に参入した当初から，自社の戦略についてマスコミなどを通じて盛んに発言を繰り返していた。こうした行動は，自社の戦略が模倣され利益が損なわれる危険をおかしてまでも，いち早く正当性を確立した方が得だという，「制度的企業家」特有の鋭い嗅覚に裏打ちされていたのかもしれない。

　かといって，もし仮に松井証券が当初から，競合するオンライン専業証券会社や大手証券会社による模倣を受けていたとすれば，松井証券の競争優位性はたちまちのうちに消えていた可能性が高い。つまり結局のところ，黎明期の新市場では，他社による模倣が容易すぎても難しすぎてもよくないということであるが，事前合理的に模倣困難性をコントロールすることは困難であり，偶然性に左右される部分が相当に大きいのではないかと考えられる。

6　小　　括

　本章では，黎明期の日本のオンライン証券市場を対象に，オンライン証券業界という新市場のなかで複数の戦略グループが誕生し，ある戦略グループが支配的となっていくプロセスと，そのなかで模倣が果たした役割について，テキストマイニングの手法を用いた定量的分析を行った。結論としては，第3章で提示した四段階の進化プロセスのフレームワークの妥当性を支持する結果が得られたと言える。市場黎明期の複雑でダイナミックな企業間競争のプロセスを分析した既存研究のほとんどが定性的分析に依拠するなかで，「戦略そのもの」を定量的かつ経時的に把握し分析するという試みは，新たな研究の可能性を広げたという意味で，一定の成果を得ることができたと言えよう。

注

　　1)　本書では，市場のなかで似通った製品やサービス戦略をほぼ同じくする企業群のことを戦略グループと呼び，彼らが形成するニッチ市場と概念的に区別している。ただし，両者を区別すると表記が煩雑になるため，文脈から意味が明らかな場合には，

　　ニッチ市場のことも戦略グループと呼ぶことにする。

2）　信用取引とは，顧客が一定の保証金を証券会社に担保として差し入れることで，買付けに必要な資金や売付けに必要な株券などを借りて売買が行えるというサービスである。

3）　定額手数料制とは，約定金額が設定範囲内であれば，1日に何回取引を行っても手数料が同額となるサービスである。1日に何回も取引を繰り返すような投資家には，メリットが大きい。

4）　ちなみに，松井証券以外のオンライン専業証券の5社のなかで，信用取引と定額手数料制というアクティブユーザーを獲得するための組み合わせを最初に模倣したのは2001年9月のイー・トレードであり，最後に模倣したのはマネックスの2003年4月であった。

5）　ただし，マネックスは他企業に比べてプレスリリースの数が少ないため，四半期での分析対象の語がきわめて少なくなってしまった。そこで，マネックスのみ，年単位で2語以上出現した語を母数として採用することにし，括弧内に1語のみの語数を示した。マネックスについては一貫して上記方針を採用するため，同社に関する推移や比較を行う上では支障ないものと考えられる。

6）　これら16のカテゴリーを作成する際に，特に参考にした資料は，ゴメス社，ストック・リサーチ社，『日経マネー』におけるサービス一覧である。

7）　2000年は，ワード数105，自由度1で，$\chi^2 = 8.657$（$p < 0.01$）。2004年は，ワード数249，自由度1で，$\chi^2 = 2.296$（$p > 0.10$）であった。

8）　「株券の移管による入庫・出庫の移動金額」のデータは，金融財政事情研究会の主任研究員（当時）の佐山雅致氏の調査に基づいている。業界企業向けの氏の独自の調査データであるものを，研究目的としてご厚意で譲り受けたものである。ここに記して，佐山雅致氏への感謝の意を表したい。

9）　紙幅の都合上図には記していないが，本文の記述の通りネット証券大手と松井証券の記述数が比例的に増加していた。

終章　まとめとインプリケーション

1　本書のまとめ

　インターネットビジネスでは，多くの情報が飛び交い，瞬く間に模倣が行われる。また，黎明期の市場における競争では，製品コンセプトや技術選択の根幹に関わる部分が確立しておらず，何をどうするべきなのか誰一人として理解できない不確実性の高い状態にさらされている。では，立ち上がったばかりのインターネットビジネスの市場で戦う企業は，こうした競争環境の下で，どのようにすれば業界として成長する一方で，淘汰を免れ，なおかつ自社の競争優位を確立することができるのだろうか。

　本書では，「模倣が比較的容易な環境の下で，模倣がなかなか行われず，ある特定企業の競争優位が長期にわたって維持されることがあるのはなぜなのか」と「模倣による戦略同質化が起きた際，同一戦略グループ内での競争が激しさを増すにもかかわらず，模倣された先行企業のパフォーマンスが伸び続けることがあるのはなぜなのか」という2つのリサーチクエスチョンに答えるべく，日本のオンライン証券業界の市場黎明期の競争について実証分析を行った。

　より具体的には，第一のリサーチクエスチョンに関しては，「他社による模倣が比較的容易な業界の市場黎明期において，どのようにして企業間の競争優位の差異が形成され維持されていくのか」というプロセスを明らかにするために，これまでのイノベーション研究および競争戦略論研究の「穴」を埋める新たな試みとして，動的な戦略論に属する経時的アプローチの代表的研究である

Noda & Collis（2001）の枠組みをベースとして，行為システムのアプローチの議論を加えたフレームワークを新たに構築し，その有効性を明らかにしていった。また，第二のリサーチクエスチョンに関しては，組織生態学における密度依存理論の議論を援用し，「黎明期の市場における四段階の進化プロセス」のフレームワークを構築し，模倣による競争効果と正当性効果との力関係の変化を実際に計測し比較することで，黎明期の企業間競争で模倣されることのマイナスの効果とプラスの効果との二面性について実証的に示した。

　本書では，その過程において，イノベーション・マネジメントや競争戦略論の理論的な研究に対して，一定の貢献を果たすことができたと同時に，急速に発展しているインターネットビジネスに関する実証的な研究に対しても新たな貢献ができたと考える。そこで本節では，こうした点に留意しながら，これまでの各章で展開した議論を振り返ってみたい。

　(1)　第1章の議論

　まず第1章では，市場黎明期の企業間競争に関するヒントを探るべく，イノベーション論に関する文献サーベイを行った。具体的には，A-U モデルを中心に，イノベーションによって引き起こされる競争構造のダイナミックな変化に注目する一連の研究を検討し，市場黎明期には競争環境の不確実性がきわめて高いため，一般的な競争戦略論が想定するような競争観に立脚して分析を行うことは困難であることを論じた。つまり，業界の構造的特性も，企業の強みも弱みも，所与の条件として考えることはできないため，市場黎明期の企業間競争を分析し記述していくためには，「企業の外部要因も内部要因も，時間経過のなかで相互に影響を与え合いながらダイナミックに変貌していく」との視点を取り入れていくことが必要となることを論じた。

　(2)　第2章の議論

　次の第2章では，競争戦略論研究の文献サーベイを行うことを通じて，これまでの競争戦略論が，本書の2つのリサーチクエスチョンに答える上で限界を有していることを指摘した。まず第一のリサーチクエスチョンに関連しては，企業の競争優位が形成・維持されるダイナミックなプロセスに研究の焦点を当てる経時的アプローチ（longitudinal approach）に大きなヒントがあるものの，その議論には依然として不十分な点があるということについて論じた。

　競争戦略論の研究は，1980年代以降，「同一産業内で競争する複数の企業が，

なぜ異なる競争優位を有し，なぜ異なる業績をあげ続けているのか」という問題意識の下に研究が進められてきた。しかしながら，企業外部の要因に着目するポジショニング・アプローチにおいても，企業内部の要因に着目する資源・能力アプローチにおいても，あるいは両者の統合を図った統合アプローチにおいても，そうした企業間の競争優位の差異が形成された原因やプロセス，メカニズムについてはほとんど何も説明されてこなかった。

　近年になって関心が高まっている動的な戦略論のひとつである経時的アプローチは，こうした企業間の競争優位の差異が形成されるダイナミックなプロセスに焦点を当てる研究として，本書の第一のリサーチクエスチョンの解決に一歩近づいている。しかしながら，「企業間における行為の経時的な相互作用の連鎖プロセス」を考慮する傾向は弱かった。一般に，「正解」がまったく見えないなかで企業同士が互いの行為を観察し，そこから学び合っているような環境の下では，ある企業の行為が他の企業や顧客の行為に影響し，これら他の企業や顧客の行為がさらに他の企業や顧客に影響し，それが再び当該企業の行為に影響するといった，時間を通じて展開していく相互行為の連鎖プロセスのなかで，企業内外の諸変数がダイナミックに変化する。そのため，こうした経時的な相互行為の連鎖プロセスを取り込んでいない経時的アプローチは，本書が対象とする市場黎明期の企業間競争のような企業内外の諸変数が，真にダイナミックに変化する競争環境における戦略を扱うには不十分だったと言える。また，必ずしも市場黎明期でなくとも，グローバルに激しい競争が展開され，技術進歩のスピードも顧客ニーズの変化のスピードも著しく速い，現代の多くの業界の競争を分析する上では，この点が不十分だったと言える。

　また，第二のリサーチクエスチョンに関連しては，既存の競争戦略論研究では狭い範囲のプレーヤーだけを視野に入れ，競争の側面のみに焦点を当てる傾向が強かったため，模倣のプラスの側面を扱うことも難しかったことを論じた。市場黎明期の何が「正解」であるのかが未だ判然としない段階の競争においては，戦略を同じくする企業が増えるという事態は，競争を激化させるという側面よりも，むしろ当該戦略の「正しさ」を（潜在的な）顧客やその他のステークホルダー（利害関係者）といったさまざまな行為者にアピールするという側面が強く，それゆえに模倣された企業が必要とされる資源を外部から獲得していく上で有利に働く可能性が高い。しかし，既存の競争戦略論では，こうし

た模倣のプラスの側面を扱うことは難しいのである。

　以上を踏まえた上で，最後に本章では，既存の競争戦略論研究が抱えるこうした問題点を，行為システムのアプローチの考え方を取り入れることで克服できる可能性があることを論じた。

(3)　第3章の議論

　続く第3章では，本書の2つのリサーチクエスチョン，すなわち「模倣が比較的容易な環境の下で，模倣がなかなか行われず，ある特定企業独自の競争優位が長期にわたって維持されたのはなぜなのか」と「やがて模倣による戦略同質化が起きた際，激しい競争が起きたにもかかわらず，模倣された先行企業，および模倣した追随企業の両方のパフォーマンスが伸び続けたのはなぜなのか」という問題を分析するための，2つの新たなフレームワークを構築した。

　まず，第一のリサーチクエスチョンに対応した分析を行うための新たなフレームワークとして，第2章で紹介した経時的アプローチの代表的研究であるNoda & Collis（2001）のフレームワークをベースとし，行為システムのアプローチの視点を取り入れて，「競争優位の企業間差異の形成・拡大・持続・収斂プロセス」のフレームワークを構築した。

　Noda & Collis（2001）は，同一産業内における競争優位の企業間差異の形成・拡大・持続・収斂プロセスについての戦略理論構築を試みた研究であり，①競争優位の企業間の差異の「種」を生む「初期条件」と「初期体験」，②競争優位の企業間の差異を拡大する「分岐作用力」，③競争優位の企業間の差異の収斂をもたらす「収斂作用力」およびそれを妨げて持続させる「持続条件」の，3つの構成要素の強弱と相互関係に焦点を当てた包括的なフレームワークを提示している。このフレームワークは，企業間のポジションや資源や能力に差異が生じ，各企業の内部要因によってそうした差異が拡大する一方で，他企業による模倣を通じてそうした差異が次第に収斂していくダイナミックなプロセスを記述することが可能となっており，上述のリサーチクエスチョンに相当程度答えるものとなっている。

　しかし，彼らのフレームワークでは，競争優位の企業間の差異を拡大させる要因としては，初期条件と初期体験が規定する企業内部の慣性（inertia）だけしか挙げられていない。また，競争優位の企業間の差異を持続させる要因としては，他社が慣性に陥ってしまうという点と，特許や情報の粘着性の存在，因

果関係の曖昧さなど，企業内部で形成された独自の資源や能力が持つ模倣困難な性質の，2つだけしか挙げられていない。そのため，オンライン証券業界のように模倣が比較的容易な業界において，企業が長期にわたって競争優位を持続するメカニズムを説明するには大きな限界があった。

　そこで本章では，この Noda & Collis（2001）の分析枠組みに，①初期体験の違いをもたらす要因としての「技術や顧客ニーズに対する解釈の違い」と，②持続条件の強さを規定する要因としての「制度的同型化」の議論を新たに盛り込むことで，競争優位の企業間の差異の形成・拡大・持続・収斂プロセスをより包括的に記述できるような新たなフレームワークを提示した。

　この①の要因が意味するのは，客観的に見た場合の企業内外の要件が仮にまったく同じであっても，各企業のトップ経営者や一部マネージャーの技術や顧客ニーズに対する解釈が異なれば，企業間に行動の違いが生み出され，そのことがその後の初期体験の違いを生み，競争優位の企業間の差異の種となる。それと同時に企業が向かうベクトルの方向づけと大きさに影響を与えることを通じて，競争優位の企業間の差異を増幅し拡大する分岐作用力としても作用することになる，ということである。

　②の制度的同型化とは，市場黎明期のようなきわめて不確実性が高い状況において，複数の戦略案のなかからある戦略案を選択する際に，法律や上位組織，あるいは他企業などに同調することによって，正当性を得るプロセスのことを指している。ある戦略が広く普及していくと，この制度的同型化（なかでも特に模倣的同型化）のプロセスによって，やがては業界における「支配的通念」へと転化する。このようにして，多くの企業で採用されて支配的通念となった。したがって強力な同型化圧力を生むような戦略は，事後的に見れば戦略的優位性を確保できるものでなかったとしても，それぞれの企業の内部で変化を拒む要因が重なってしまうと，なかなか変更されないままになる。そのため，合理的でない軸に従った際限のない競争が繰り広げられ，その結果，成功している企業の戦略が長期にわたって模倣されないという現象が生じうる。これが，②の要因が意味することである。

　この修正された新たなフレームワークでは，各企業の戦略の経路，そしてその集合として形成される競争優位の企業間差異の持続性は，上の2条件を取り込んだ上での3つの要素が，それぞれどのくらい強く働くかによって決定され

る。もし仮に,「技術や顧客ニーズに対する解釈の違い」が初期条件や初期体験の大きな違いを生み出すか, あるいは「支配的通念」が形成されることによって3つの要素のうちで持続条件がきわめて強くなれば, 競争優位の企業間の差異が通常より大きくなり, はるかに長い間にわたって持続される可能性が高くなるのである。

　続いて, 第二のリサーチクエスチョンに対応した分析を行うための新たなフレームワークとして, Aldrich (1999) の進化論アプローチを基礎に置く,「新市場における四段階の進化プロセス」のフレームワークを構築した。

　このフレームワークでは, 新市場におけるある特定の戦略グループと, その先行企業の成長プロセスは, 次のような段階を経るものと想定する。ある特定の戦略グループおよびその先行企業は次第に顧客の支持を集めながら成長するが, それとともに他企業の模倣を通じた参入が増加してくる。これによって当該戦略グループ内の企業数が増え, 一方では競争の激化によって先行企業の取り分が, 他の競合企業に奪われてしまう割合が増えていく。しかし, 他方で企業数の増加によって, 当該戦略グループの社会的認知・信用が高まり, パイの総量が増大する。黎明期の新市場では, こうしたプラス効果の方がマイナス効果よりも大きいので, 結局のところ, 先行企業の最終的な取り分も増えていくと予想される。しかし, 当該戦略グループが拡大を続け, やがて新市場の支配的な存在となっていくのに伴って, 今度は企業数の増加によるプラス効果よりもマイナス効果の方が大きくなる。こうなると, 当該戦略グループからの企業退出が増加するようになる。そして, こうした厳しい淘汰の時代を生き延びることができれば, その時点での当該戦略グループの構成メンバーは, 最終的に寡占化された市場のなかでの主要プレーヤーとなる。

　このフレームワークは, 模倣の影響には2つの側面, すなわちマイナスの効果とプラスの効果があること, そして進化のプロセスを経るごとに, それらの差し引きであるトータルの効果が変化していくこと, さらに市場黎明期にはプラスの効果がマイナスの効果を上回るため, 他社に模倣されることによって先行企業のパフォーマンスがむしろ向上することがありうることを示している。

　(4)　第4章と第5章の議論

　続く第4章と第5章では, 第3章で提示したフレームワークを事例分析に適用するにあたっての事前準備として, これまでデータ的な根拠に基づいた検証

が十分に行われておらず，逸話的な議論に終始しているだけであった「オンライン証券業界の成功要因」について，定量的な分析を行った。

　第4章では，「黎明期の日本のオンライン証券業界では，どのような企業が高いパフォーマンスをあげているのか」という点について，当該業界の黎明期をリードしたオンライン専業の有力新規企業6社を対象として，重回帰分析による検証を行った。

　その結果，この業界の黎明期の競争においては，口座数が増えるとかえってパフォーマンスが悪化するという規模の不経済が生じていたということが示された。また，信用取引と定額手数料制の導入（後者についてはその予告も含む）は，パフォーマンス向上に正の影響を及ぼしていたということも示された。つまり，単純に口座数の増加を目指す戦略はパフォーマンスの悪化をもたらす一方で，頻繁に取引を行うアクティブユーザーを獲得して口座あたりの稼働率向上を目指す戦略は，パフォーマンスの向上をもたらした，ということが定量的に明らかになったのである。しかし，この点で実際の各社の戦略には大きな差異があり，その背景には企業の資源や能力の違いが影響を及ぼしていたのではないかと考えられるということについても，議論を行った。

　次の第5章では，「どのような企業が激しい生存競争を生き残っているのか」という要因を探るため，日本のオンライン証券業界の黎明期に参入した全企業を対象として生存時間分析を行った。

　その結果，この業界の黎明期の競争においては，アクティブユーザーを獲得しつなぎ止めるのに重要である信用取引や，手数料の低さ，提供商品の多さといった施策が，生存時間に正の影響を与えていたことが示された。また，「早期に参入していた企業の方がオンライン証券業界から撤退するリスクが低かった」という先行者の優位性が見られた一方で，比較的早い段階で参入していても，上で挙げられているようなアクティブユーザーを獲得しつなぎ止めるのに重要である施策を打っていない企業は撤退する可能性が高かった，ということも明らかになった。

　こうした第4章と第5章での結果は，これまで十分な根拠もないままに逸話的に語られているだけであった「オンライン証券業界の成功要因」を定量的に検証した，非常に意義深いものであった。しかしそれと同時に，企業の戦略の差異が，企業の業績や存続の明暗を分けたということを示すものでもあった。

ここで，オンライン証券業界では成功している他社の戦略の模倣が容易であることを前提とすれば，「市場黎明期の，しかも模倣が比較的容易な業界において，なぜ企業間に差異が生じ，それが維持されていくのか」というダイナミックなメカニズムが次に問われなければならないことになる。つまり，「オンライン証券業界の成功要因」を定量的に分析した結果，本書の第一のリサーチクエスチョンがよりクローズアップされることになったのである。

(5)　第6章から第9章にかけての議論

そこで，続く第6章から第9章においては，オンライン証券業界の黎明期の競争の事例を詳細に紹介し，第3章で提示した本書のフレームワークなどに当てはめて再解釈する作業を行い，その有効性を検証した。

まず第6章では，日本のオンライン証券業界において競争優位の企業間差異が生まれていった経緯を，時系列的に詳細に記述した。ここでは，現在業界をリードしているオンライン証券専業の有力新規企業6社（合併により後に5社となっている）に主たる焦点を当てて，戦略行動とその結果であるパフォーマンスを，各社の参入時にまで遡って丹念に追った。

日本のオンライン証券市場の黎明期では，多くの企業が，「新しい顧客が市場に爆発的に流入する」ことを期待し，そうした新たな顧客を大量に獲得しようと手数料引き下げによる「口座数獲得戦略」を繰り広げていったものの，実際には新しい顧客の大量流入は生じず業績の悪化に苦しんだ。一方，松井証券だけは独自路線を貫き，信用取引や定額手数料制のメニューを導入してアクティブユーザーを獲得し，口座あたりの稼働率（回転率）の向上を図る「稼働率向上戦略」を実行し，「唯一の勝ち組企業」と称されるまでの成功を収めた。本章では，こうした事実関係を明らかにしていくとともに，当時から松井証券の戦略が非常に有効であり，各種の客観的指標や松井社長の言動を通じてそのことはよく知られていたにもかかわらず，他社はこの戦略に追随せず，結果的に松井証券のみが2年あまりにわたって利益を出し続けることができたことを確認した。

また，2年あまりを経て，遅ればせながら他社も松井証券の戦略の模倣に走り，その結果として多くの顧客が流出するなど，松井証券にとってマイナスの面が見られたものの，反面では他社に模倣されたことによって松井証券のパフォーマンスはかえって向上したことも確認した。

　第7章では，黎明期の日本のオンライン証券業界を対象として，企業レベルでのプロダクト・イノベーションとプロセス・イノベーションの採用がどのようなパターンを描きながら進んでいったのか，また，それに伴って産業や競争の様相，企業の業績にどのような影響が及んだのかという2点について，テキストマイニングの手法を用いた実証的な検討を行った。

　その結果，①個々の企業レベルにおいて，当初はプロダクト・イノベーションの生起率が高く，プロセス・イノベーションの生起率が低いが，ドミナント・デザインの登場と相前後して，プロダクト・イノベーションの生起率が下がる一方でプロセス・イノベーションの生起率が上がり，両者が逆転するという傾向が見られたこと，また，②ドミナント・デザインを採用した前後で，市場シェア，パフォーマンス，イノベーションの様相に変化が生じたことが明らかとなった。

　続く第8章では，第3章で構築した「競争優位の企業間差異の形成・拡大・持続・収斂プロセス」のフレームワークをもとに，第6章で詳細に記述した事例の再解釈を行い，フレームワークの有効性を明らかにした。その概要は，以下の通りである。

　松井証券は，オンライン証券市場が本格的に立ち上がる前にコールセンターのみの証券会社に転換していたという初期条件の下，単なる口座数は重要ではなく，アクティブユーザーを取り込んで口座あたり稼働率を向上させることが重要であることなどを学んだ。そのため松井証券は，信用取引と定額手数料制を組み合わせた商品やサービスを独自開発・提供するという選択を行い，結果として株式投資経験者の中核をなす中高年の富裕層を取り込むことに成功した。こうした初期体験は，松井証券のなかに，アクティブユーザーをターゲットとした「稼働率向上戦略」をより徹底化するモーメンタムを生み出した。

　一方，松井証券以外の各社は，手数料価格の引き下げや合併によって口座数を獲得することに注力し，実際に口座数が急増するという初期体験を経験した。こうした松井証券との初期体験の差異は，各社のなかにその後も「口座数獲得戦略」を追求していくモーメンタムを生み出し，松井証券とそれ以外の企業との差異を拡大する分岐作用力として働いた。

　しかしながら，この差異は，他社が本気になれば数ヶ月で模倣できる程度の障壁であった。ここで模倣を阻んだ最大の持続条件は，松井証券以外の企業が

「支配的通念」にとらわれて行動したということであった。つまり，松井証券以外の企業は，アメリカの先行事例やITバブルのなかで醸成されていった「新規顧客が爆発的に流入する」という「支配的通念」にとらわれ，「価格競争に勝ち，多くの新規顧客を他社よりも先に囲い込み，その後で儲ける」という戦略を遂行していき，松井証券の戦略的模倣を行わなかったのである。

実際には，オンライン証券業界の市場黎明期において松井証券がとった「アクティブユーザーの獲得による稼働率の向上」という戦略は，その時期における真の顧客ニーズに合致しており，公表データや松井社長の発言などによって，当時からその戦略が有効であることは明らかであった。しかし，他社は松井証券の戦略の有効性を十分に認識していたにもかかわらず，「松井証券のターゲット市場はニッチであり，その戦略は主流になりえない」と見くびってしまい，口座数伸び率の勝ち負けにこだわり，際限のない泥沼の手数料引き下げ競争を続けていったのである。

市場の本格的な立ち上がりから2年あまりを経てようやく市場観の転換が生じたものの，その時点ではすでに，松井証券と他社との業績の差は相当な開きとなっていた。2001年後半から2002年にかけて，他社はようやく松井証券の戦略を模倣して追撃に転じたものの，松井証券が他社から模倣されずに2年間独走し続けた効果はその後，長期間にわたって持続することとなった。つまり，松井証券は市場が立ち上がる重要な時期に，あたかも「複数の企業の集中によって発生した間隙」のなかで成長し続けることができたのである。

このように模倣が比較的容易でありながらも，2年あまりもの間にわたって模倣が起こらず，松井証券が圧倒的な優位を確立していったという市場黎明期のオンライン証券業界の事例研究によって，第3章で提示した「競争優位の企業間差異の形成・拡大・持続・収斂プロセス」のフレームワークの有効性が明らかになったと言える。

最後の第9章では，オンライン証券業界という新市場のなかで複数の戦略グループが誕生し，ある戦略グループが支配的となっていくプロセスと，そのなかで模倣が果たした役割について実証的な検討を行った。

競争戦略論の研究の議論では，模倣による戦略の同質化は模倣される側の企業にとって忌むべきもの，できる限り避けるべきものとしてとらえられている。しかし，組織生態学の密度依存理論では，他企業による先行企業の模倣には，

2つの効果があると論じられている（e. g., Carroll & Hannan, 1989）。ひとつは競争効果であり，競合が増えることによって競争が増し，資源獲得や生き残りが難しくなるというマイナスの効果である。もうひとつは正当性効果であり，競合が増えることによって，当該戦略グループが正当性を獲得し，社会的認知や信用が増していくことを通じて，資源獲得や生き残りが容易になるというプラスの効果である。競争戦略分野の研究においては，もっぱら競争効果，すなわちマイナスの側面ばかりがクローズアップされてきたものの組織生態学分野の研究を援用すれば，特に市場黎明期の企業にとっては模倣によるプラスの側面も大きいと考えられる。そこで本章では，これまであまり議論されてこなかったこうした「模倣の二面性」についても焦点を当て実証を行った。

　黎明期のオンライン証券市場では，3つの戦略グループが形成された。1つめは松井証券が主導して形成したグループ，2つめは松井証券以外の専業5社によって形成されたグループ，3つめは大手・準大手・中堅を含めた多くの既存証券会社のグループであった。テキストマイニングによる定量的な分析，ならびに株券の移管データによる顧客の分析により，松井証券の戦略が他のオンライン専業証券5社によって次第に模倣されていき，その結果として松井証券の顧客の一部が競合企業に流れていった一方で，それをはるかに上回る顧客が他の戦略グループから流れてきたことが定量的に明らかになった。

　また，松井証券の戦略が他社によって次第に模倣され，企業数が増えていくのに合わせて，当該戦略グループの社会的認知が高まり，彼らに対して新たなラベルが付与されていったのではないかと推測されることもわかった。すなわち，これまで組織生態学の密度依存理論において議論されてきた競争効果と正当性効果との力関係の変化を，実際に計測し比較することで，黎明期の企業間競争で模倣されることのマイナスの効果とプラスの効果との二面性について実証的に示すことができたのである。

2　リサーチクエスチョンへの解答

2.1　リサーチクエスチョン(1)への解答

　以上の議論を踏まえて，この節では本書のリサーチクエスチョンに対する解答をまとめてみよう。まず第一のリサーチクエスチョンは，「模倣が比較的容

易な環境の下で，模倣がなかなか行われず，ある特定企業の競争優位が長期にわたって維持されたのはなぜなのか」である。

日本のオンライン証券業界の狭義の市場黎明期，すなわち日本のオンライン証券が始まった 1996 年から 2003 年 6 月頃までの時期において，当初，松井証券が得た「顧客の回転率を向上させることに成功した」という「初期体験」と，他社が得た「手数料引き下げで口座数が増えた」という「初期体験」の違いによって，戦略の差異，およびその帰結としてのパフォーマンスの違いが生まれた。この業界は，商品やサービスならびにパフォーマンスが即時に公開され，また他社の商品・サービスに追随することが比較的容易なことから，他社で成功した戦略を模倣することが容易な業界であった。しかし，松井証券以外の各社は，戦略の違いを十分に認識しながらも，「新規顧客が爆発的に流入するので，これを獲得することが先決で，利益は後からついてくる」という「（事後的に見れば誤った）支配的通念」に従った企業間競争を繰り広げたことが「差異の持続条件」としてきわめて強く働き，2 年以上も松井証券の戦略を模倣せず，その結果，松井証券と他社とのパフォーマンスの差はさらに一層開いてしまったのである。

2.2 リサーチクエスチョン (2)への解答

第二のリサーチクエスチョンは，「模倣による戦略同質化が起きた際，同一戦略グループ内での競争が激しさを増したにもかかわらず，模倣された先行企業のパフォーマンスが伸び続けたのはなぜなのか」というものである。

競争戦略論の研究では，競争優位の企業間差異の収斂は，焦点となる企業独自の競争優位の喪失を意味する「忌むべき出来事（イベント）」としてとらえられている。しかし，組織生態学の密度依存理論の考え方に従うと，黎明期の新市場における有力企業間での競争優位の差異の収斂は，有力な戦略グループの確立や，当該戦略グループが正当性を確立し生き残りに成功したことを意味しており，むしろ「祝うべき出来事」としてとらえる方が適当である。

実際，ある戦略グループおよびその構成企業が，初期段階から順調に成長できることは稀である。多くの場合，当初は社会的認知も信用も低く，そのため資金も設備も人材も，必要とされる諸資源のすべてが不足することになる。そのため，戦略グループおよびその構成企業は，生き残りをかけて，たとえば先

行事例や他国の事例を引き合いに出したり，有名な経営者や学者，評論家などの「お墨付き」などを示したりして，自らの戦略の「正しさ」をアピールしていく。また，公的な研究機関や大学などとの共同研究や，国や地方自治体などからの補助金の獲得，なるべく有名な賞の受賞などの実績を積み上げたり，あるいは有力な支援者（スポンサー）や提携先を確保するなど，非市場的なつながり（ネットワーク）を構築していくことを通じて，何とか必要とされる諸資源を確保しようと努めることになる。

　しかし，事後的に見た「正解」の戦略（＝ドミナント・デザイン）への収斂が進み，有力な戦略グループ（戦略グループＡ）が確立されると，その戦略グループに属しているということ自体が正当性をもたらすことになり，必要とされる諸資源を確保することは格段に容易になる。当該戦略グループの社会的な認知度や信用が高まるので，その構成企業は，たとえば顧客の支持や，金融機関からの資金調達，労働市場からの優秀な人材の確保など，さまざまなステークホルダーからの諸資源の獲得が容易になる。

　この時期以降，有力企業間での戦略の差異は些細なものに留まるため，競争の焦点は，いかに効率的にオペレーションを行ってコストを下げていくのかに向けられることになる。この段階では，規模の経済や経験曲線効果が強く作用するようになるので，諸資源の獲得が容易で，したがって大規模なオペレーション体制を容易に築くことのできる（戦略グループＡに属する）有力企業の（それ以外の企業に対する）優位性はますます増大し，ひいては成長もますます加速する可能性が高くなる。

　このようにして，競争優位の企業間差異の収斂が進むにつれて，（戦略グループＡに属する）有力企業間での競争優位の差異の幅は縮小するものの，その他企業との間ではむしろ競争優位の差異の幅は拡大し，したがって先行企業と模倣企業を含む有力企業（すなわちその時点で戦略グループＡに属する企業群）の競争優位のレベルはむしろ急激に上昇していくことになり，先行企業のパフォーマンスも一定期間伸び続けることになるのである。

　事実，しばらくの間はどの企業からも模倣されなかった「アクティブユーザーの獲得による稼働率の向上」という松井証券の戦略は，実質的な競争が始まってから２年以上経過した後，いくつかの企業によって模倣されるようになり，それによって，かなりの顧客が松井証券から松井を模倣した企業へと流れてい

った。しかしその一方で，松井証券および松井を模倣した企業以外の証券会社から，それ以上の大量の顧客が流れ込んだため，松井証券の業績はその後も2年近くにわたり，むしろ急速に向上したのである。

3　インプリケーション

3.1　理論的なインプリケーション

　以上のように，本書の論点は多岐にわたり，そこから導かれる理論的・実務的インプリケーションも数多い。そこでここではまず，本書の理論的なインプリケーションについて，議論を行いたいと思う。

（1）　業界黎明期の競争プロセスを規定する要因

　第一は，「業界の黎明期における競争のプロセスを規定する要因は，どのようなものか」という点についてである。

　競争戦略論の既存研究では，ポジショニング・アプローチにおいても，資源・能力アプローチにおいても，あるいは統合アプローチにおいても，企業間における競争優位の差異が形成された原因やプロセス，メカニズムについてはほとんど何も説明してこなかった。そのため，実務家にとっては，「競争優位を獲得するためには，とりあえず何から手をつければいいのか」という点でのインプリケーションは乏しかったと言える。そこで近年，経時的アプローチに属する諸研究が，企業間で競争優位の差異が形成されるダイナミックなプロセスに焦点を当てる研究を行うようになってきた。

　このような経時的アプローチの研究は未だ蓄積が十分とは言えないが，そのなかでも最も包括的なフレームワークを提示しているのが Noda & Collis (2001) である。しかしながらこの研究においては，競争優位の企業間差異を拡大させる要因としては，企業内部の慣性だけしか挙げられていない。また，競争優位の企業間差異を持続させる要因としては，他社が慣性に陥ってしまうという点と，企業内部で形成された独自の資源や能力が持つ模倣困難な性質の，2つだけしか挙げられていない。このうち，オンライン証券業界のような模倣が比較的容易な業界では，「企業内部で形成される独自の資源や能力が持つ模倣困難な性質」という条件は満たされないので，競争優位の企業間差異を形成・持続する要因となる変数は，各企業の慣性だけということになる。つまり

極端な言い方をすれば，このモデルでは，競争優位の企業間差異を形成・持続する要因が，いったん企業内部に形成されればその後は外部要因から影響を受けない固定的なものだけに限定されているのであり，かなり強い前提が置かれていると言える。また，それゆえに，このフレームワークのなかでの他社は，完全な外部要因として，自らの慣性によって妨げられながらも成功した戦略を模倣する，あたかも不完全な自動装置のような存在でしかない。

　一方，近年では，圧倒的多数の情報がインターネット上を行き交うことで，さまざまな業界を取り巻くビジネスの環境が大きく変化している。たとえば，銀行・保険などの金融業界をはじめとして，家電製品やベビー用品，ペット用品に至るまで，さまざまな財やサービスの価格，付帯サービス，性能や具体的な使用感などが，インターネット上で他社と容易に比較検討できるサイトが多数存在する。そのため，これまでに比べて，顧客はもちろんのこと企業も，短時間で競合他社の情報を容易に知ることができる。さらに，競合他社のパフォーマンス・データも，各社の IR ページや各種データベースで簡単に得られるようになっている。加えて，海外の情報も検索エンジンなどを通じて，以前と比べてはるかに豊富に，はるかに安価に得ることができる。

　このように，インターネット上を行き交う豊富な情報を媒介に，各企業が互いの行為を観察し，そこから学び合って自らの行動を変えていくような環境の下で，なおかつグローバルに激しい競争が展開され，技術進歩のスピードも顧客ニーズの変化のスピードも著しく速い，現代の多くの業界の競争を分析するにあたっては，企業内部に形成された要因が，企業外部の要因と独立して影響を与え続けるという極端な前提を置くことは不自然であり，Noda & Collis (2001) のフレームワークは，幅広い業界のケースを包括的に説明するものとは言い難い。

　そこで本書では，こうした企業内外の諸要因が，他企業や顧客との相互作用によって連鎖的に変わりうるという行為システムのアプローチの概念を導入したフレームワークを提示し，その有効性を検証した。先に述べたような現代の企業を取り巻くビジネス環境において，企業が戦略行動を起こす際に他社の戦略に影響され，またそれが他社の戦略に影響を与えるといった連鎖によって引き起こされる相互作用は，常にさまざまなレベルで起こっている。そうした変数を含みつつ，企業間の差異の形成・拡大・持続・収斂プロセスを提示したこ

とで，現代のさまざまな業界における競争プロセスを，より汎用的かつ包括的に説明する可能性を高めることができたと言えよう。

　なお，本書では，行為システムのアプローチの一連の研究と比較して，興味深い点が2点ほど見出されたことを付記しておきたい。

　まず，1つめとして，これまでの行為システムのアプローチの諸研究で取り上げられた事例では，主に政府や学会など，正当性の源泉という観点からすると企業の上位に立つ存在が外生的な方向づけを行うことによって競争の軸が形成され，それに沿って企業間の相互作用が起こっていた。しかし，本書の事例では，手本としてのアメリカの先行事例こそあったものの，基本的には企業間の手数料引き下げによる「口座数獲得競争」自体が，そのなかに巻き込まれた企業に手数料引き下げによる「口座数獲得競争」へさらにのめり込む正当性を与えるといった具合に，企業間の相互作用が補完的に働くことによって，内生的に競争の軸が形成・強化されていったと言える。

　このような特異な現象が見られた理由としては，既存研究が対象とした事例が，もっぱら先端的な技術開発を担う製造業に限定されていたという点を挙げることができるように思われる。つまり，研究開発の不確実性はきわめて高く，方向性は無限にあり，しかし企業内の資源は限られているなかで，研究開発従事者が自らの信じる開発の方向性に資源を動員していくためには，何らかの正当性にすがるしかない。そうした状況の下で繰り広げられる研究開発競争では，確かに外生的に競争の軸が形成されやすいのだと考えられるが，それはむしろ特殊な事例だとも考えられる。その意味で，内生的に，事後的に見れば誤っていた競争の軸が形成・強化されていった本書の事例は，先端的技術開発競争というやや特殊な状況の外でも競争の歪みが生じうることを示している点で，非常に興味深いと言える。

　また，2つめとして，既存の行為システムのアプローチの諸研究では，企業間の社会的相互作用によって，競争を行っていた当事者たちが，当初まったく予想していなかったような「意図せざる結果」が起きたことを強調している。しかし本書の事例では，ある意味で，当事者たちが当初予想していた通りの「意図した結果」が生じており，それが最終的には「意図せざる結果」だと判明するというどんでん返しがあったという点で，因果関係にワンステップが追加されている。

すなわち，松井証券以外の主要オンライン証券会社はすべて，「口座数獲得」を当面の最重要の戦略目標（指標）だと考え，そのために主として手数料引き下げ競争を繰り広げ，各社とも口座数獲得面では相当の成果をあげていた。恐らく途中までは，各社とも着実にゴールに近づいていると，手応えを感じていたであろうと思われる。しかし，実際には各社とも着実にゴールから遠ざかっていた。彼らにとっての誤算は，彼らが当面の最重要の戦略目標（指標）だと考えた「口座数獲得」が本当は不適切な戦略目標（指標）であり，稼働口座（アクティブユーザー）を取り込まなければ，獲得した口座を維持するための費用負担が重くなって，むしろ損失をもたらしてしまう，という点にあった。

繰り返し述べたように，本書で提示したロジックでは，因果関係にワンステップが追加されているために，「成功企業」へのその他企業の追随に時間的なラグが生じることを説明することができる。本書の事例では，松井証券以外の「失敗企業」も，当初は自らの意図した通りの結果が出ていたため，自らが成功していると（事後的に見れば）勘違いしてしまい，当時から業績的には成功していた（そして事後的に見れば唯一の成功企業であった）松井証券に，どの企業も追随しようとはしなかったのである。

また，この本書で提示したロジックは，市場黎明期に限らず，不確実性の高い競争環境の下で日々戦いを繰り広げる多くの企業に対して，戦略の成否を，あるいは「現実」を把握するための指標を適切に選ばないと（あるいは自らが選択した指標が適切か否かを常に問いかけておかないと），「意図した結果が出ている」と安心していたらいつの間にか競争から脱落していたということになりかねない，という警告を与えるものとなっている。これは，実務者にとっても意味があるインプリケーションではないだろうか。

(2) 黎明期新市場における戦略グループの発展過程と模倣の役割

理論的インプリケーションの2点目としては，黎明期の新市場のなかで戦略グループが誕生し，支配的となっていくプロセスと，そのなかで模倣が果たす役割の2つについて，理論的・実証的に明らかにした点が挙げられる。

一般に，黎明期の市場は不確実性がきわめて高い（Santos & Eisenhardt, 2005）。つまり，製品コンセプトや技術選択の根幹に関わる部分は確立しておらず，何をどうするべきなのか誰一人として理解していない。そのため企業は多種多様な製品やサービスを数多く提起するが，顧客による評価・選択が行われること

で，やがて製品やサービスの支配的な大きな枠組みが確定していく（Abernathy & Utterback, 1978）。

このプロセスは，一面では，新市場のなかにいくつもの戦略グループが生じ，競合していくなかで，特定の戦略グループが次第に顧客の支持を集め，成長し，やがては新市場全体を代表する存在として認識されるようになっていくプロセスとしてとらえることも可能である（Porac et al., 1995）。密度依存理論では，このプロセスのなかで，ある戦略グループの初期構成企業（以下「先行企業」）が他企業の模倣から受ける影響には，二面性があると主張する。ひとつは，模倣による参入と，その競争の激化で先行企業の取り分が奪われてしまうという，先行企業にとってマイナスの効果である。もうひとつは，当該戦略グループの社会的認知・信用が高まり，正当性が確立することで資源を獲得することが容易になり，組織の生存に有利になるという，先行企業にとってプラスの効果である（DiMaggio & Powell, 1983）。

製品コンセプトや判断軸が確定していない黎明期の新市場では，ある戦略を多くの企業が採用しているという状況は，他企業や顧客に対して，その戦略グループの正当性を示す有力なシグナルとして働きうる（Deephouse, 1999）。こうした状況の下では，模倣による戦略グループの拡大は，競争の激化で自らのパイが減るマイナスの効果よりも，その戦略グループが正当性を獲得して資源獲得や生き残りを容易にしたり，パイの総量が増大するというプラスの効果が強く働き，結局のところ先行企業の最終的な取り分もまた増えていく可能性が高いと考えられるのである。

このように密度依存理論に関連する先行研究では，競争効果と正当性効果の2つの主要な効果の力関係が変化する結果として，市場内の企業数が逆Ｕ字型のカーブを描くと予想し，その形状についての検証が盛んになされてきた。しかしその一方で，この2つの効果の大小関係を実際に計測したものは存在していない。本書では，企業間の顧客の移動を直接に反映するデータを用いることで，こうした2つのプラス・マイナスの効果の大小関係を実際に計測した。この点は，本書の大きな貢献のひとつだといえよう。

また本書では，先行研究によってすでに定性的分析がなされている業界を対象に，新たにテキストマイニングの手法を用いることによって，先行企業の模倣が次第に進んでいく様子を定量的に示した。市場黎明期の複雑でダイナミッ

クな企業間競争のプロセスを分析した既存研究のほとんどが定性的分析に依拠するなかで,「戦略そのもの」を定量的かつ経時的に把握し分析するという試みは, 新たな研究の可能性を広げたという意味で, 一定の成果を得ることができたと言えよう。

　(3)　イノベーションによる新市場における企業間競争の分析フレームワーク
　第三の理論的インプリケーションは,「イノベーションが起きて新市場が立ち上がった際の企業間競争は, どのようなフレームワークで分析すべきか」という点についてである。

　イノベーションに関する既存研究においては, イノベーションのタイプや, 前提となる社会制度, そして個々の企業の能力などの条件の違いによって, イノベーションが既存企業と新規企業の競争力に与える影響はどのように変わるのか, という点に主たる焦点が置かれてきた。

　こういった既存研究の枠組みに立脚し, オンライン証券業界で, なぜ新規企業が既存企業を差し置いて「勝ち組」になることができたのかを議論することは, 十分な意義があると考えられる。つまり, 証券取引のオンラインへの完全移行というイノベーションが, 過去に蓄積された技術ノウハウがほとんど役に立たないようなタイプ (Tushman & Anderson, 1986) であった, 各個別要素のつなぎ方, あるいは製品としてのまとめ方が変化するタイプであった (Henderson & Clark, 1990),「技術」と「市場」のどちらか, あるいは両方の軸において, 既存の経営資源・スキル・知識の価値を破壊してしまうタイプであった (Abernathy & Clark, 1985), 既存の評価軸とは異なる価値基準をもたらし, したがって顧客との関係の仕方を変えてしまうタイプであった (Christensen, 1997), といった理由づけである。しかしながら, こうした議論をいくら行っても, この業界で実際に起きた現象として注目すべき「新規企業間の戦いにおいて, ある企業が他社に対して, どうして優位に立つことができたのか」という点についての説明はできない。

　そもそも,「既存企業 vs. 新規企業」という枠組みで見ることの前提には, 既存企業の側が資源・能力や顧客とのつながりにおいて圧倒的に優位性を有しているために, その枠組みを超えた議論をすることに意味がないという (暗黙の) 理解があったと考えられる。しかしながら, 近年著しい成長を遂げるインターネットビジネスにおいては, 事情は異なる。

すなわちインターネットビジネスでは，汎用的で，なおかつ安価に利用できる技術であるインターネットがビジネスの根幹をなしているため，ビジネスを立ち上げるまでの投資をかなり抑えることが可能であり，従来までとは異なる新たな取り組みを試してみるためのコストも非常に小さい。そのため，新規参入企業は必ずしも不利にならない。実際，アマゾンなどが主導するインターネット書店業界や，e-Bay などが主導するインターネットオークション業界において，業界を主導し，競争の主体となったのは新規企業群であった。こうした事情は，日本のオンライン証券業界においても同様である。さらには，オンライン証券業界における既存企業の代表格である野村證券が，2006 年にインターネット取引専門のジョインベスト証券という企業を新たに設立するなど，「既存企業 vs. 新規企業」という枠組みではとらえきれないケースも生じた。

このように見ていくと，新規参入企業が比較的容易に競争優位を勝ちうる可能性が高いビジネス分野におけるイノベーションの研究においては，「既存企業 vs. 新規企業」という既存の枠組みを超えた研究が重要であり，本書はそうした示唆を提示することができたと考える。今後も，こういった研究の蓄積が待たれるところであろう。

3.2 実務的なインプリケーション

さらに，本書では，実務的にも新たな貢献を果たすことができたと考えている。

（1） アクティブユーザーをつかむ施策の重要性

まず第一に，「日本のオンライン証券業界では，どのような企業が高いパフォーマンスを実現し，激しい競争のなかで生き残っているのか」ということについて，定量的な検証を行った点を挙げることができる。

オンライン証券業界は，個人市場の約 7 割が 5 年ほどで既存市場からオンライン市場に移行するという，急成長が進むオンラインビジネスのなかでも，最も劇的にインターネット化が進んだビジネスである。そうした競争環境が劇的に変貌するなかで，70 社近い企業が参入して激しい競争を繰り広げたものの，有力企業と目された企業も含め撤退する企業が相次ぎ，新規企業による市場の寡占化が進んだ。マスコミなどでは，この業界の事例がたびたび取り上げられ，その成功要因についての議論が盛んに行われていた。また，Applegate et al.

（2003），松嶋・水越（2008），澤田（2014）など，この業界を取り上げた先行研究はいくつかあり，競争の様相については定性的にかなりの部分が明らかにされていた。その一方で，定量的な検討も含めて，その成功要因について包括的に分析した研究はほとんど存在してこなかった。

　本書の研究の結果として明らかになったのは，「新市場に先行して参入することは，パフォーマンスの向上や業界での生存競争に勝つためには有利であるものの，それだけで成功が約束されるわけではない。その上で重要なのは，企業に本当に利益をもたらしてくれるアクティブユーザーをつかむ施策を打つことである。単に口座数の増加を目指す目的で行われた手数料引き下げの激しい競争は，必ずしもパフォーマンスの向上には貢献しなかった」ということである。

　証券業務は，多くのビジネスのなかでも，最もオンライン化に向いている事業と言える。なぜなら，時々刻々と動く株式情報の提供やリアルタイムの決済などは，証券取引に最も求められる要素でありながら，既存の店舗経由の取引では不可能なサービスであったからである。とはいえ，通信価格の低下や通信スピードの飛躍的アップ，付帯ビジネスの進化によって，今後は他業界でもビジネスの大部分がオンラインビジネスにシフトする可能性は十分にある。したがって，この研究から明らかになった発見事実は，インターネットビジネスの他業界においても意義深いものとなるだろう。

　すなわち，新規企業には，業界の立ち上がりに乗り遅れずに参入して優位性を確保するために，いかに情報を早くキャッチするかということが重要であり，一方の既存企業には，さまざまな内部のリジディティを克服して早期に参入すべきであるということが示唆されるであろう。ただし，単に早期に参入すればいいというわけではなく，いずれの企業にとっても参入する際に最も重要なことは，「アクティブユーザーが最も求めているものは何か」ということを正確に把握し，それに的確に対応することなのである。

　（2）　誤った同質化競争に陥らないために必要な意識的な情報の意味解釈

　第二の実務的貢献としては，「情報が豊富な現代にあっても，企業は不条理な競争に巻き込まれる危険性がある」との警鐘を鳴らすことができた，という点が挙げられる。業界の黎明期のように不確実な状況において，戦略的意思決定を行う際に他社や他業界，海外の事例などに倣うことで社内のコンセンサス

を得るというやり方は，決してオンライン証券業界の企業に特有のものではない。現代のほとんどの業界の，ほとんどの企業においても十分に起こりうることである。

むろん，企業はその時点で最良と判断される戦略を選択することになるのだが，その判断が正しかったかどうかは，事後的にしか判断できない。しかし，ここでの問題は，オンライン証券業界のように，他社の戦略とパフォーマンスが即時的に把握でき，また当該戦略の有効性が即時的に数字で明らかにされるような状態であってもなお，すなわち，比較的短期間で事後的判断によるフィードバックをかけられる状態であってもなお，多数の企業を支配する誤った通念が形成されてしまい，それが企業間の作用によって強められてしまう場合には，数年にもわたって，その時点における最良の戦略が採用されないリスクがありうるということである。こうした，情報の不足が生じていない，（経済学で言うところの）「完備情報」の下でなお，一見すると不合理な戦略的失敗が生じうるメカニズムを示せた点は，実務家にとっても理論家にとっても，大いなる意味を有していると考えられる。

では，このように事後的に見て不合理な競争に巻き込まれない，あるいは巻き込まれてもすぐにそこから抜け出すためには，一体何が重要となるのであろうか。そのためにはまず，経営者自身が，既存のルーティンによって情報を自動的に処理するのではなく，意識的に情報の意味解釈を行うことが必要であろう（e. g., 桑田・田尾，1998）。そもそも，組織のルーティンの目的とは，冗長な情報やデータを排除することによって管理を行いやすくすることにあるため，それが整っていけばいくほど，日々の業務に関係を持たない情報やデータは排除されていく（Levitt & March, 1988）。しかしながら，組織の既存の情報処理手続きによって加工されていないリッチな情報を獲得し，経営者自身がそれの意味するところを解釈することができれば，既存の行動のコンテキストや前提を修正する高次学習が促される可能性が高くなる（桑田，1991）。

このように，経営者が情報をリッチな経験として解釈するためには，競争のなかで異質な他者から学習していく姿勢が重要だと考えられる（沼上・淺羽・新宅・網倉，1992）。オンライン証券業界における松井証券のように，競合他社のなかでも特に異質な戦略行動をとっており，それが成功を収めている場合には，その企業を十分に観察し学習することで，自らの慣性の存在が顕在化・意

識化され，種々の複雑な問題を分析するにあたっての異なるやり方を探索する重要性を認識させ，学習の前提となる規範そのものを疑う機会をも提供する可能性が高い（新宅・網倉，1998）。このように，異質な他者を参照点として利用し，「なぜ他社があのような行動に出たのだろうか」と，自らと比較する視点を持つことが，誤った同質化競争から抜け出すためには必要だと考えられるのである。

(3)　模倣による戦略の同質化がもたらす市場の成長

第三の実務的貢献としては，「模倣による戦略の同質化は，競争の激化で自らのパイが減るマイナスの側面だけではなく，戦略グループが正当性を獲得してパイの総量が増大するというプラスの効果の大きさをも考慮するべきである」ということを示した，という点が挙げられる。

黎明期の市場においては，どの企業が手がけたものであれ，製品やサービスが顧客に支持され，市場自体がスムーズに立ち上がることが最も重要である。市場の立ち上がりが遅いと，その限られたパイのなかでいくらシェアが高くても，しょせんは極小ニッチに留まってしまうことになってしまうし，海外市場で成功した外資企業などに入り込む隙を与えてしまうことにもなりかねない。仮に他社との競合が激しくなり，差別化が難しくなるとしても，顧客に評価される製品やサービスに良い意味で集中することによって，市場の成長が促され，最終的には自らの取り分が増えていく可能性が高いということは，黎明期の市場で戦う経営者が常に頭の片隅に置いておくべき教訓なのではないだろうか。

4　おわりに

近年，さまざまなインターネットビジネスはもちろんのこと，ほとんどの産業においてインターネットを介して情報流通が行われることによって，ビジネスのスピードが飛躍的に高まっている。そうした環境の下で，企業はいかに他社の模倣を阻み，競争優位を維持するかという問題と同時に，いかにしてあふれる情報のなかから正確な情報を獲得し，確度の高い意思決定を行っていくかということが，競争優位の獲得・維持のために最も重要な問題となる。

この研究においては，前節までに述べてきたような，新たなる視点をいくつか提示できたと考えている。しかしながら，本書で提示したフレームワークは，

日本のオンライン証券市場の一事例で検証されただけであり，今後は他の業界の事例によっても検証し，一段の精緻化を図る必要があろう。

　また，日本のオンライン証券市場の事例に限ってみても，本書が分析の対象としたのは，競争優位の企業間差異が模倣によって収斂へと向かっていった2005 年半ば頃までであり，その後の競争については言及できていない。この点に関しても，追加の分析を行うことが必要であろう。

　以上のように，本書は未だ多くの課題を残している。今後も，理論的・実証的な研究の積み重ねが必要とされよう。

参考文献

Abernathy, W. J. (1978). *The Productivity Dilemma: Roadblock to Innovation in Automobile Industry*. Baltimore, MD: Johns Hopkins University Press.

Abernathy, W. J., & Clark, K. B. (1985). Innovation: Mapping the winds of creative destruction. *Research Policy, 14* (1), 3-22.

Abernathy, W. J., Clark, K. B., & Kantrow, A. M. (1983). *Industrial Renaissance*. New York: Basic Books.

Abernathy, W. J., & Utterback, J. M. (1978). Patterns of industrial innovation. *Technology Review, 80* (7), 40-47.

Agarwal, R. (1998). Evolutionary trends of industry variables. *International Journal of Industrial Organization, 16*, 511-525.

Aldrich, H. (1999). *Organizations Evolving*. London: Sage Publications.

Amburgey, T. L., & Miner, A. S. (1992). Strategic momentum: The effects of repetitive, positional, and contextual momentum on merger activity. *Strategic Management Journal, 13* (5), 335-348.

Amit, R. H., & Schoemaker, P. J. H. (1993). Strategic assets and organizational rent. *Strategic Management Journal, 14* (1), 33-46.

Anderson, P., & Tushman, M. (1990). Technological discontinuities and dominant designs: A cyclical model of economic change. *Administrative Science Quarterly, 35* (4), 604-633.

Andrews, K. R. (1971). *The Concept of Corporate Strategy*. Homewood, IL: Dow-Jones Irwin.

青島矢一・加藤俊彦 (2000)「経営学のイノベーション：競争戦略論(1)」『一橋ビジネスレビュー』48 (1-2), 103-114。

Applegate, L. M., Egawa, M., Ladge, J., & Umezawa, H. (2003). *Transforming Matsui Securities*. Harvard Business School Case 804-064.

Argyris, C., & Schon, D. A. (1978). *Organizational Learning: A Theory of Action Perspective* Reading, MA: Addison-Wesley.

Arthur, W. B. (1990). Positive feedbacks in the economy. *Scientific American, 262* (2), 92-99.

淺羽茂 (2002)『日本企業の競争原理：同質的行動の実証分析』東洋経済新報社。

Bain, J. S. (1959). *Industrial Organization*. New York: John Wiley.

Barney, J. B. (1986a). Organizational culture: Can it be a source of sustained competitive advantage? *Academy of Management Review, 11* (3), 656-665.

Barney, J. B. (1986b). Strategic factor markets: Expectations, luck and business strategy. *Management Science, 32* (10), 1231-1241.

Barney, J. B. (1997). On flipping coins and making technology choices: Luck as an explanation of technological foresight and oversight. In R. Garud, P. R. Nayyar, & Z. B. Shapira (eds.), *Technological Innovation: Oversights and Foresights*. New York, Cambridge University Press (pp. 13-19).

Barney, J. B. (2001a). Is sustained competitive advantage still possible in the New Economy? *Diamond Harvard Business Review*, May, 78-87. (In Japanese)

Barney, J. B. (2001b). Is the resource-based 'view' a useful perspective for strategic management research? *Academy of Management Review, 26*, 41-56.

Barras, R. (1986). Towards a theory of innovation in services. *Research Policy, 15* (4), 161-173.

Barras, R. (1990). Interactive innovation in financial and business services: The vanguard of the service revolution. *Research Policy, 19* (3), 215-237.

Bijker, W. E. (1987). The social construction of bakelite: Toward a theory of invention. In W. E. Bijker, T. P. Hughes, & T. J. Pinch (eds.), *The Social Construction of Technological Systems*. Cambridge, MA: MIT Press (pp. 159-187).

Bijker, W. E. (1995). *Of Bicycles, Bakelites and Bulbs: Toward a Theory of Sociotechnical Change*. Cambridge, MA: MIT Press.

Black, J. A., & Boal, K. B. (1994). Strategic resources: Traits, configurations and paths to sustainable competitive advantage. *Strategic Management Journal, 15*, 131-148.

Bower, J. L. (1970). *Managing the Resource Allocation Process: A Study of Corporate Planning and Investment*. Boston, MA: Division of Research, Harvard Business School.

Burgelman, R. A. (1983). A process model of internal corporate venturing in the diversified major firm. *Administrative Science Quarterly, 28* (2), 223-244.

Burgelman, R. A. (1991). Intraorganizational ecology of strategy making and organizational adaptation: Theory and field research. *Organization Science, 2* (3), 239-262.

Burns, L. R., & Wholey, D. R. (1993). Adoption and abandonment of matrix management programs: Effects of organizational characteristics and interorganizational networks. *The Academy of Management Journal, 36* (1), 106-138.

Carroll, G. R., & Hannan, M. T. (1989). Density dependence in the evolution of populations of newspaper organizations. *American Sociological Review, 54* (4), 524-541.

Chakravarthy, B. S., & Doz, Y. (1992). Strategy process research: Focusing on corporate self-renewal. *Strategic Management Journal, 13*, 5-14.

Christensen, C. M. (1997). *The Innovator's Dilemma: When New Technologies Cause Great Firms to Fail*. Boston, MA: Harvard Business School Press.

Christensen, C. M., & Raynor, M. E. (2003). *The Innovator's Solution: Creating and Sus-*

taining Successful Growth. Boston, MA: Harvard Business School Press.

Christensen, C. M., Suárez, F. F., & Utterback, J. M. (1998). Strategies for survival in fast-changing industries. *Management Science, 44* (12), 207-220.

Clark, K. B. (1985). The interaction of design hierarchies and market concepts in techno-logical evolution. *Research Policy, 14* (5), 235-251.

Collis, D. J., & Montgomery, C. A. (1995). Competing on resources: Strategy in the 1990s. *Harvard Business Review, 76* (3), 118-128.

Cool, K. O., & Schendel, D. (1988). Performance differences among strategic group mem-bers. *Strategic Management Journal, 9* (3), 207-223.

Cusumano, M., Suárez, F. F., & Kahl, S. (2006). Product, process, and service: A new in-dustry lifecycle model. *Paper Draft, MIT Sloan School of Management*, 21. 04.

Damanpour, F., & Gopalakrishnan, S. (2001). The dynamics of the adoption of product and process innovations in organizations. *Journal of Management Studies, 38* (1), 45-65.

D'Aveni, R. A. (1994). *Hypercompetition*. New York: The Free Press.

Davis, G., Diekmann, K., & Tinsley, C. (1994). The decline and fall of the conglomerate firm in the 1980s: The deinstitutionalization of an organizational form. *American Socio-logical Review, 59* (4), 547-570.

Deephouse, D. L. (1999). To be different, or to be the same? It's a question (& theory) of strategic balance. *Strategic Management Journal, 20* (2), 147-166.

Dierickx, I., & Cool, K. (1989). Asset stock accumulation and sustainability of competitive advantage. *Management Science, 35* (12), 1504-1511.

DiMaggio, P. J., & Powell, W. W. (1983). The iron cage revisited: Institutional isomorphism and collective rationality in organizational fields. *American Sociological Review, 48* (2), 147-160.

Dosi, G. (1982). Technological paradigms and technological trajectories: A suggested in-terpretation of the determinants and directions of technical change. *Research Policy, 11* (3), 147-162.

Eisenhardt, K. M. (1989). Building theories from case study research. *The Academy of Management Review, 14* (4), 532-550.

Eisenhardt, K. M., & Martin, J. A. (2000). Dynamic capabilities: What are they? *Strategic Management Journal, 21* (Special Issue), 1105-1121.

Faflick, P., Johnson, T., & Murphy, J. (1983). Shake-out in the hardware wars. *Time, 121* (26), 72.

Fiol, C. M., & Lyles, M. A. (1985). Organizational learning. *Academy of Management Re-view, 10* (4), 803-813.

Fligstein, N. (1990). *The Transformation of Corporate Control*. Cambridge, MA: Harvard University Press.

Foss, N. J. (1997). Resources and strategy: Problems, open issues, and ways ahead. In N. J. Foss (ed.), *Resources, Firms, and Strategies: A Reader in the Resource-based Perspective*. New York: Oxford University Press (pp. 345-365).

Foss, N. J., Knudsen, C., & Montgomery, C. A. (1995). An exploration of common ground: Integrating evolutionary and strategic theories of the firm. In C. A. Montgomery (ed.), *Resource-based and Evolutionary Theories of the Firm: Towards a Synthesis*. Boston, MA: Kluwer Academic (pp. 1-17).

Foster, R. N. (1986). *Innovation: The Attacker's Advantage*. New York: Summit Books.

藤井大児（2002）「イノベーションと偶然性：青色 LED 開発の事例分析を通じて」『組織科学』35（4），68-80。

藤本隆宏（1997）『生産システムの進化論：トヨタ自動車にみる組織能力と創発プロセス』有斐閣。

藤本隆宏（2001）『生産マネジメント入門Ⅱ　生産資源・技術管理編』日本経済新聞社。

福島英史（1999）「市場の生成期における『標準』的製品設計の罠：新規事業の組織内正当化の観点からの一考察」『ビジネスレビュー』46（4），69-87。

福澤光啓（2013）「ダイナミック・ケイパビリティ」組織学会編『組織論レビューⅡ：外部環境と経営組織』，白桃書房（pp. 41-84）。

御領謙・菊池浩幸・江草正（1993）『最新認知心理学への招待：心の働きとしくみを探る』サイエンス社。

Grant, R. B. (1991). The resource-based theory of competitive advantage: Implications for strategy formulation. *California Management Review, 33* (3), 114-135.

Hannan, M. T., & Freeman, J. (1984). Structural inertia and organizational change. *American Sociological Review, 49* (2), 149-164.

Haunschild, P. R. (1993). Interorganizational imitation: The impact of interlocks on corporate acquisition activity. *Administrative Science Quarterly, 38* (4), 564-592.

Haunschild, P. R., & Miner, A. S. (1997). Modes of interorganizational imitation: The effects of outcome salience and uncertainty. *Administrative Science Quarterly, 42* (3), 472-500.

Helfat, C. E., Finkelstein, S., Mitchell, W., Peteraf, M., Singh, H., Teece, D., & Winter, S. G. (2007). *Dynamic Capabilities: Understanding Strategic Change in Organizations*. Malden, MA: Blackwell.

Helfat, C. E., & Winter, S. G. (2011). Untangling dynamic and operational capabilities: Strategy for the (n)ever-changing world. *Strategic Management Journal, 32* (11), 1243-1250.

Henderson, R. M., & Clark, K. B. (1990). Architectural innovation: The reconfiguration of existing product technologies and the failure of established firms. *Administrative Science Quarterly, 35* (1), 9-30.

比留間雅人・小林喜一郎（2002）「松井証券」『慶應大学ビジネス・スクール　ケース』。

一橋大学イノベーション研究センター編（2001）『イノベーション・マネジメント入門』日本経済新聞社。

稲垣京輔・高橋勅徳（2010）「企業家研究における分厚い記述：大阪天満界隈で活動展開するクリエイター間の関係形成の変化」（WORKING PAPER SERIES No. 95）法政大学イノベーション・マネジメント研究センター。

Jonsson, S. & Regnér, P. (2009). Normative barriers to imitation: Social complexity of core competences in a mutual fund industry. *Strategic Management Journal, 30* (5), 517-536.

加護野忠男（1988）『組織認識論：企業における創造と革新の研究』千倉書房。

軽部大（2001）「日米 HPC 産業における 2 つの性能進化：企業の資源蓄積と競争環境との相互依存関係が性能進化に与える影響」『組織科学』*35* (2), 95-113.

加藤俊彦（2000）「技術の多義性と企業行動：経営戦略における利用可能性と制約」『ビジネスレビュー』*47* (3), 61-76.

加藤俊彦（2011）『技術システムの構造と革新：方法論的視座に基づく経営学の探究』白桃書房。

喜田昌樹（2007）『組織革新の認知的研究：認知変化・知識の可視化と組織科学へのテキストマイニングの導入』白桃書房。

Klepper, S. (1996). Entry, exit, growth, and innovation over the product life cycle. *American Economic Review, 86* (3) 562-583.

Klepper, S., & Graddy, E. (1990). The evolution of new industries and the determinants of market structure. *Rand Journal of Economics, 21* (1), 27-44.

Klepper, S., & Simons, K. L. (1997). Technological extinctions of industrial firms: An inquiry into their nature and causes. *Industrial and Corporate Change, 6* (2), 379-460.

黄雅雯（2011）「ダイナミック・ケイパビリティ論の課題と可能性」『商学研究科紀要（早稲田大学大学院商学研究科）』*73*, 29-42。

黒澤壮史（2008）「戦略形成プロセス研究の展望：組織論の視座から」『商学研究科紀要（早稲田大学大学院商学研究科）』*66*, 47-62。

桑田耕太郎（1991）「ストラテジック・ラーンニングと組織の長期適応」『組織科学』*25* (1), 22-35。

桑田耕太郎・田尾雅夫（1998）『組織論』有斐閣。

Langlois, R. N., & Robertson, P. L. (1989). Explaining vertical integration: Lessons from the American automobile industry. *Journal of Economic History, 49* (2), 361-375.

Learned, E., Christensen, C., Andrews, K., & Guth, W. (1969). *Business Policy: Text and Case* (5) (Rev. ed.). Homewood, IL: Richard Irwin.

Leonard-Barton, D. (1992). Core capabilities and core rigidities: A paradox in managing new product development. *Strategic Management Journal, 13* (5), 111-125.

Levinthal, D. A., & March, J. G. (1993). The myopia of learning. *Strategic Management*

Journal, 14（Winter Special Issue）, 95-112.

Levitt, B., & March, J. G.（1988）. Organizational learning. *Annual Review of Sociology, 14*, 319-340.

Lieberman, M. B., & Montgomery, D. B.（1988）. First-mover advantages. *Strategic Management Journal, 9*, 41-58.

Lippman, S. A., & Rumelt, R. P.（1982）. Uncertain imitability: An analysis of interfirm differences in efficiency under competition. *Bell Journal of Economics, 13*（2）, 418-438.

MacMillan, I., McCaffery, M. L., & Wijk, G. V.（1985）. Competitors' responses to easily imitated new products: Exploring commercial banking product introductions. *Strategic Management Journal, 6*（1）, 75-86.

Mansfield, E.（1985）. How rapidly does new industrial technology leak out? *The Journal of Industrial Economics, 34*, 217-223.

March, J. G.（1991）. Exploration and exploitation in organizational learning. *Organization Science, 2*（1）, 71-87.

松井道夫（2001）『おやんなさいよ　でも　つまんないよ』日経ラジオ社。

松井道夫（2003）『みんなが西向きゃ俺は東』実業之日本社。

松井道夫・松本大（2001）『「株式投資」改革宣言』徳間書店。

松井剛（2013）「言語とマーケティング：『癒し』ブームにおける意味創造プロセス」『組織科学』*46*（3）, 87-99。

松本大（2000）『マネックス証券松本大が語る e に挑む』ワック。

松村真宏・三浦麻子（2009）『人文・社会科学のためのテキストマイニング』誠信書房。

松嶋登・水越康介（2008）「制度的戦略のダイナミズム：オンライン証券業界における企業間競争と市場の創発」『組織科学』*42*（2）, 4-18。

Miner, A. S., & Haunschild, P.（1995）. Population level learning. *Research in Organizational Behavior, 17*, 115-166.

Mintzberg, H.（1978）. Patterns in strategy formation. *Management Science, 24*（9）, 934-948.

Mintzberg, H., Ahlstrand, B., & Lampel, J.（1998）. *Strategy Safari*. New York: The Free Press.

Mintzberg, H., & Waters, J. A.（1985）. Of strategies, deliberate and emergent. *Strategic Management Journal, 6*（3）, 257-272.

Mitchell, W., & Singh, K.（1993）. Death of the lethargic: Effects of expansion into new technical subfields on performance in a firm's base business. *Organization Science, 4*（2）, 152-180.

三浦麻子・川浦康至（2009）「内容分析による知識共有コミュニティの分析：投稿内容とコミュニティ観から」『社会心理学研究』*25*（2）, 153-160。

宮崎正也（2001）「内容分析の企業行動研究への応用」『組織科学』*35*（2）, 114-127。

Moore, G. A. (1991). *Crossing the Chasm: Marketing & Selling High-tech Products to Mainstream Customers.* New York: HarperCollins.

Murmann J. P., & Frenken, K. (2006). Toward a systematic framework for research on dominant designs, technological innovations, and industrial change. *Research Policy, 35* (7), 925-952.

Navis, C., & Glynn, M. A. (2010). How new market categories emerge: Temporal dynamics of legitimacy, identity, and entrepreneurship in Satellite Radio, 1990-2005. *Administrative Science Quarterly, 55* (3), 439-471.

Nelson, R. R. (1991). Why do firms differ, and how does it matter? *Strategic Management Journal, 12,* 61-74.

Nelson, R. R., & Winter, S. G. (1982). *An Evolutionary Theory of Economic Change.* Cambridge, MA: Belknap Press of Harvard University Press.

Noda, T., & Bower, J. L. (1996). Strategy making as iterated processes of resource allocation. *Strategic Management Journal, 17* (Special Issue), 159-192.

Noda, T., & Collis, D. J. (2001). The evolution of intraindustry firm heterogeneity: Insights from a process study. *Academy of Management Journal, 44* (4), 897-925.

沼上幹 (2000)『行為の経営学：経営学における意図せざる結果の探究』白桃書房。

沼上幹・淺羽茂・新宅純二郎・網倉久永 (1992)「対話としての競争：電卓産業における競争行動の再解釈」『組織科学』*26* (2), 64-79。

大橋靖雄・浜田知久馬 (1995)『生存時間解析：SASによる生物統計』東京大学出版会。

大崎貞和 (1999)『インターネット証券取引の真実：投資家が変わる証券会社が変わる』日本短波放送。

大崎貞和 (2000)『ネット証券取引』日本経済新聞社。

Peteraf, M. A. (1993). The cornerstones of competitive advantage: A resource-based view. *Strategic Management Journal, 14* (3), 179-191.

Pinch, T. F., & Bijker, W. E. (1987). The social construction of facts and artifacts: Or how the sociology of sciece and the sociology of technology might benefit each other. In W. E. Bijker, T. P. Hughes, & T. Pinch (eds.), *The Social Construction of Technological Systems.* Cambridge, MA: MIT Press (pp. 17-50).

Porac, J. F., & Thomas, H. (1990). Taxonomic mental models in competitor definition. *The Academy of Management Review, 15* (2), 224-240.

Porac, J. F., Thomas, H., Wilson, F., Paton, D., & Kanfer, A. (1995). Rivalry and the industry model of Scottish knitwear producers. *Administrative Science Quarterly, 40* (2), 203-227.

Porter, M. E. (1980). *Competitive Strategy.* New York: The Free Press.

Porter, M. E. (1985). *Competitive Advantage: Creating and Sustaining Superior Performance.* New York: The Free Press.

Porter, M. E. (1991). Toward a dynamic theory of strategy. *Strategic Management Journal,* *12* (Winter Special Issue), 95-117.

Porter, M. E. (1996). What is strategy? *Harvard Business Review,* November-December, 61-78.

Porter, M. E. (2001). Strategy and the Internet. *Harvard Business Review,* March, 62-78.

Prahalad, C. K., & Bettis, R. A. (1986). The dominant logic: A new linkage between diversity and performance. *Strategic Management Journal, 7* (6), 485-501.

Quinn, J. F. (1978). Job characteristics and early retirement. *Industrial Relations, 17* (3), 315-323.

Reger, R., & Huff, A. (1993). Strategic groups: A cognitive perspective. *Strategic Management Journal, 14* (2), 103-123.

Rosenbroom, R. S., & Cusumano, M. A. (1987). Technological pioneering and competitive advantage: The birth of the VCR industry. *California Management Review, 29* (4), 51-76.

Rumelt, R. P. (1984). Toward a strategic theory of the firm. In R. B. Lamb (ed.), *Competitive Strategic Managemen*t. Engwood Cloffs, NJ: Prentice-Hall (pp. 556-570).

Rumelt, R. P. (1991). How much does industry matter? *Strategic Management Journal, 12* (3), 167-185.

佐賀卓雄 (2000)「オンライン証券取引をめぐる最近の動向」『正協レポート』平成 12 年 8 月号，1-12。

佐賀卓雄 (2001)「証券会社の経営戦略と今後の課題」『正協レポート』平成 13 年 8 月号，1-10。

榊原清則 (2005)『イノベーションの収益化』有斐閣。

Saloner, G., Shepard, A., & Podolny, J. (2001). *Strategic Management.* New York: John Wiley & Sons, Inc. 邦訳，ガース・サローナー，アンドレア・シェパード，ジョエル・ポドルニー (2002)『戦略経営論』石倉洋子訳，東洋経済新報社。

Santos, F. M., & Eisenhardt, K. M. (2005). Constructing markets and shaping boundaries: Entrepreneurial power in nascent fields. *The Academy of Management Journal, 52* (4), 643-671.

佐藤秀典 (2010)「正当性獲得行動のジレンマ：損害保険業における近視眼的問題対応」『組織科学』*44* (1), 74-85。

澤田直宏 (2014)「競合企業との相互作用に基づくビジネスシステムの形成および同プロセスが生み出す市場ニーズとのミスマッチ」『組織科学』*47* (4), 48-70。

Selznick, P. (1957). *Leadership in Administration.* New York: Harper and Row. 邦訳，P・セルズニック (1963)『組織とリーダーシップ』北野利信訳，ダイヤモンド社。

島本実 (2001)「資源の集中による間隙：ファインセラミックス産業の行為システム記述」『組織科学』*34* (4), 53-66。

清水剛 (2001)『合併行動と企業の寿命』有斐閣。

新宅純二郎・網倉久永 (1998)「戦略スキーマの相互作用：シャープの事業展開と戦略策定の参照点」『經濟學論集』*64* (2), 2-24。

新宅純二郎・網倉久永 (2001)「戦略スキーマの相互作用：組織の独自能力構築プロセス」新宅純二郎・淺羽茂編著『競争戦略のダイナミズム』2章，日本経済新聞出版社。

Staw, B. M. (1981). The escalation of commitment to a course of action. *The Academy of Management Review, 6* (4), 577-587.

Stinchcombe, A. L. (1965). Organizations and social structure. In J. G. March (ed.), *Handbook of Organizations*. Chicago: Rand-McNally (pp. 153-193).

Suárez, F. F., & Utterback, J. M. (1995). Dominant designs and the survival of firms. *Strategic Management Journal, 16* (6), 415-430.

Suchman, M. C. (1995). Managing legitimacy: Strategic and institutional approaches. *The Academy of Management Review, 20* (3), 571-610.

Takai, A. (2004). The early stage competition in the Japanese online securities industry: Research based on case studies of leading companies. *Annals of Business Administrative Science, 3* (4), 53-72.

Takai, A. (2006). Competition and the formation of inter-firm differentiation following the dominant perception: A case study of the online securities industry. *Annals of Business Administrative Science, 5*, 19-40.

Takai, A. (2017a). What kind of companies are withdrawing?: The case of the Japanese online securities industry. *Annals of Business Administrative Science, 16* (1), 41-54.

Takai, A. (2017b). Analyzing the phenomenon of a "shake-out". *Annals of Business Administrative Science, 16* (3), 103-114.

高井文子 (2004)「オンライン証券業界における黎明期の企業間競争」『赤門マネジメント・レビュー』*3* (7), 333-370。

高井文子 (2005)「オンライン証券業界におけるパフォーマンスに与える要因分析」『経営情報学会誌』*13* (4), 35-51。

高井文子 (2006)「『支配的な通念』による競争と企業間相違形成：オンライン証券業界の事例」『日本経営学会誌』*16*, 80-94。

高井文子 (2009)「市場黎明期における生存競争：オンライン証券業界の分析」『イノベーション・マネジメント』*6*, 141-160。

高井文子 (2017a)「市場黎明期における競争と学習の『盲点』」『横浜経営研究』*37* (3・4), 47-61。

高井文子 (2017b)「サービス産業と Abernathy-Utterback モデル：オンライン証券業界におけるイノベーション・プロセスの進展と競争」『横浜経営研究』*38* (1), 49-72。

高井文子 (2017c)「模倣・追随の二面性：日本のオンライン証券市場黎明期における企業間競争の実証的分析」『組織科学』*51* (1), 46-57。

武石彰・青島矢一・軽部大（2012）『イノベーションの理由：資源動員の創造的正当化』有斐閣。

Teece, D. J. (1986). Profiting from technological innovation: Implications for integration, collaboration, licensing and public-policy. *Research Policy, 15* (6), 285-305.

Teece, D. J., Pisano, G., & Shuen, A. (1997). Dynamic capabilities and strategic management. *Strategic Management Journal, 18* (7), 509-533.

Tushman, M. L., & Anderson, P. (1986). Technological discontinuities and organizational environments. *Administrative Science Quarterly, 31* (3), 439-465.

内田治・川嶋敦子・磯崎幸子（2012）『SPSS によるテキストマイニング入門』オーム社。

植草益（1982）『産業組織論』筑摩書房。

Utterback, J. M. (1994). *Mastering the Dynamics of Innovation: How Companies Can Seize Opportunities in the Face of Technological Change.* Boston, MA: Harvard Business School Press.

Utterback, J. M., & Suárez, F. F. (1993). Innovation: Competition and industry structure. *Research Policy, 22* (1), 1-21.

和田剛明（2013）「ダイナミック・ケイパビリティの構築・発揮プロセス：日本的経営理論からの探求」『赤門マネジメント・レビュー』*12* (5), 371-396。

Wernerfelt, B. (1984). A resource-based view of the firm. *Strategic Management Journal, 5* (2), 171-180.

Williams J. R. (1994). Strategy and the search for rents: The evolution of diversity among firms. In R. P. Rumelt, D. E. Schendel, & D. J. Teece (eds.), *Fundamental Issues in Strategy.* Boston, MA: Harvard Business School Press (pp. 229-246).

Winter, S. G. (1988). On coase, competence, and the corporation. *Journal of Law, Economics, and Organization, 4* (1), 163-180.

山田仁一郎・高橋勅徳・松嶋登（2011）「イノベーションの闘争モデル：大学発ベンチャーの生き残りをかけた闘争過程」『日本経営学会誌』*27*, 27-40。

矢野経済研究所（2000）『オンライントレードサービス市場の実態と戦略』矢野経済研究所。

安田雪・高橋伸夫（2007）「同型化メカニズムと正統性：経営学輪講 DiMaggio and Powell (1983)」『赤門マネジメント・レビュー』*6* (9), 425-432。

Zollo, M., & Winter, S. G. (2002). Deliberate learning and the evolution of dynamic capabilities. *Organization Science, 13* (3), 339-351.

索　引

人名索引

アルファベット

Abernathy, W. J.（アバナシー）　18, 27, 28, 179

Aldrich, H.　20, 83, 84, 258

Amit, R. H.　52, 53

Applegate, L. M.　272

Barney, J. B.（バーニー）　51, 53, 70

Barras, R.（バラス）　40, 41, 181

Benz, K.（ベンツ）　31

Bower, J. L.　57, 62, 76

Collis, D. J.　18, 52, 53, 58, 59, 62, 68, 74, 75, 76, 77, 81, 82, 85, 210, 211, 212, 256, 257

Daimler, G.（ダイムラー）　31

DiMaggio, P. J.（ディマジオ）　78, 79

Dunlop, J. B.（ダンロップ）　37

Ford, H.（フォード）　33

Foss, N. J.　57

Frenken, K.　40

Graddy, E.　39

Haunschild, P. R.　222

Jonsson, S.　81, 225

Klepper, S.　39

Knudsen, C.　57

Leonard-Barton, D.　56

Lieberman, M. B.　103

Mansfield, E.　55

Miner, A. S.　222

Montgomery, C. A.　52, 53, 57

Montgomery, D. B.　103

Murmann, J. P.　40

Noda, T.　18, 57, 58, 59, 62, 68, 74, 75, 76, 77, 81, 82, 85, 210, 211, 212, 256, 257

Podolny, J.　53

Porter, M. E.（ポーター）　46, 51, 54, 57, 70

Powell, W. W.（パウエル）　78, 79

Regnér, P.　81, 225

Saloner, G.　53

Schoemaker, P. J. H.　52, 53

Shepard, A.　53

Utterback, J. M.（アッターバック）　18, 28, 179

Watt, J.（ワット）　31

Wernerfelt, B.　49, 54

あ・か行

臼田琢美　149

金子昌資　112

北尾吉孝　98

国重惇史　101

小早川眞希雄　160

さ〜な行

齋藤正勝　149

澤田直宏　273

須田則雄　112

沼上幹　64

は・ま行

藤島久則　160

藤本隆宏　57

松井道夫　22, 213

松嶋登　273

松本大　148

水越康介　273

企業名索引

アルファベット

AT&T　62

BNP パリバ（証券）　141

DLJ ディレクト SFG 証券（楽天証券）　7,
14, 16

e-bay　272

E トレード（アメリカ）　98

GMO クリック証券　13, 14

IBM　30

IIJ　147

SBI 証券　→イー・トレード証券

あ　行

朝日生命保険　149

アマゾン　2

イー・アドバイザー　118

イー・ウイング証券　150

伊藤忠商事　149

イー・トレード証券　7, 14, 16

今川（證券）　4

インズウェブ　118

インターネットトレード証券　161

ウツミ屋（証券）　4

エイチ・アイ・エス協立証券　112

エイチエス証券　140

大蔵省　150

大沢証券　140

岡三オンライン証券　13, 14

か　行

カブドットコム証券　7

金融財政総合研究所　105

クレディ・スイス・ファースト・ボストン
23

ゴールドマン・サックス　148

ゴメス社　104

さ　行

三和銀行　150

ジェット証券　140

シュワブ東京海上証券　102

ジョインベスト証券　272

ストック・リサーチ社　104

住友銀行　147

ソシエテ・ジェネラル証券（フランス）
103

ソニー　148

ソフトバンク　98

ソフトバンク・インベストメント　119

ソロモン・ブラザーズ　148

た　行

第一勧業銀行　149

大和証券　3, 8

チャールズ・シュワブ証券（アメリカ）
102, 103

東京海上火災保険　102, 103

な　行

日興コーディアル証券　3

日興証券　8

日興ビーンズ証券　7

日本オンライン証券　112

日本郵船　145

野村證券　3, 8

は・ま行

パッケージシステム　149

マイクロソフト　149

松井証券　7, 10, 14, 16, 213

マネックス証券　7

マネックス・ビーンズ証券　23

丸三（証券）　4

三井住友銀行　23

モーニングスター　　118

や・ら行
山一證券　　23

豊（証券）　　4
楽　天　　23
楽天証券　→DLJ（ディレクト SFG 証券）

事項索引

アルファベット
A 型（フォード）　　34
ASP　　115
A-U モデル　　17, 20, 22, 27, 28, 29, 31, 34,
　　40, 41, 42, 179, 181, 182, 183, 189, 200, 203,
　　204, 209, 254
B to B　　115
B to C　　4
DSL　　156
ISDN　　5, 156
IT　　13
　　——企業　　13
　　——バブル　　6, 13, 153, 154, 162, 217, 218,
　　220, 221, 227, 262
　　——不況　　112
RBV　　47
SCP パラダイム　　46
SWOT 分析　　53
T 型フォード　　29, 33, 34, 35

あ行
アクティブユーザー　　10, 11, 21, 22, 99, 100,
　　107, 111, 112, 113, 115, 116, 118, 120, 122,
　　123, 124, 131, 132, 133, 134, 135, 136, 163,
　　167, 169, 170, 173, 185, 189, 202, 209, 223,
　　224, 225, 226, 236, 244, 248, 259, 260, 261,
　　262, 265, 269, 273
アップル II　　30
アドインソフト　　203
アメリカ同時多発テロ　　6
移行期　　17, 28, 30, 33, 34, 203, 204
異質性　　48, 51
移転と模倣の困難性　　49, 50

移動式組立ライン　　33
移動障壁　　46
意図せざる結果　　64, 68, 77, 211, 268
意図を持った行為主体　　64, 77
イノベーション　　18
イノベーター組織　　84
忌むべき出来事　　62, 81, 264
祝うべき出来事　　63, 81, 264
因果関係の曖昧さ　　51, 59, 73, 210, 256
インクリメンタル　　40, 181
インターネット　　1
　　——書店　　2, 272
　　——ビジネス　　1
ウィンドウズ 95　　5
運（luck）　　69, 70
営業収益　　11
オンライン証券業界　　2
オンライン専業証券　　8

か行
回転率　　22, 162
概念カテゴリー　　188, 239
外部環境　　52, 53, 54, 56, 77, 80
外部要因　　18, 43, 45, 58, 59, 61, 62, 67, 77,
　　254, 267
学習効果　　71
学習のエコロジー　　79
学習プロセス　　43, 223, 224, 226
隔離メカニズム　　51
寡占化　　44, 85, 90, 183, 184, 190, 194, 200,
　　202, 235, 258, 272
活　用　　80
稼働率向上戦略　　101, 107, 109, 111, 116,

120, 122, 123, 124, 236, 238, 239, 240, 241, 242, 244, 260, 261

カニバリゼーション　154, 237

株券の移管　173, 244, 245, 246, 263

慣　性　19, 58, 59, 62, 77, 210, 256, 266, 267, 274

企業間差異の形成・拡大・持続・収斂プロセス　58, 69, 75, 82, 90, 91, 92, 210, 256, 261, 262

企業間の（競争優位の）差異の「種」　69, 70, 77, 210, 256

企業パラダイム　80

技術的先行　103, 105, 125

技術トラジェクトリー　37

技術の解釈　27

技術パラダイム　27, 37

稀少性　49, 50, 74

規制緩和　4, 8, 128, 145, 152, 213, 214, 217, 235, 236

規範的同型化　78

規模の経済　39, 44, 71, 89, 265

規模の効果　50

規模の不経済　21, 99, 111, 112, 120, 259

逆 A-U モデル　40, 41, 42, 181, 182

逆製品サイクル　40

強制的同型化　78

競争効果　19, 23, 87, 88, 212, 234, 245, 247, 250

競争戦略論　1

競争優位　1

切り替え費用　103, 104, 105, 125

金融制度改革　5, 153

金融ビッグバン　4, 5, 6, 140, 152, 153, 217, 235

経営資源獲得競争　70

計画的戦略　57

経験曲線効果　39, 44, 89, 265

経済価値　49

経時的アプローチ　18, 20, 56, 57, 58, 59, 61, 65, 68, 75, 84, 85, 210, 253, 254, 255, 256,

266

経路依存性　84

経路依存的　51

結果による模倣　222

コア・コンセプト　29, 33, 36, 38, 39, 44

コア・リジディティ　56

行為（の）システム　23, 64

――のアプローチ　21, 43, 63, 64, 65, 68, 77, 83, 85, 92, 210, 211, 254, 256, 267

口座数獲得競争／戦略　9, 98, 107, 109, 111, 120, 122, 124, 237, 238, 239, 240, 241, 244, 260, 261

高次学習　56, 274

コールセンター　113, 114, 145, 146, 213, 219, 226, 236, 261

コスト競争力　199

コックス回帰　125

固定期　28, 30, 34

コミットメント　74

コレスポンデンス分析　243

コンセンサス　138, 273

コンテキスト　53, 274

さ　行

再生産者組織　84

最低手数料　123

サービス産業　40, 41, 179, 180, 181, 182, 183, 184, 204, 205

サービスラインアップ数　123, 133

差別化　2

サンク化　73

サンクコスト　204

三大証券会社　4

参入経過月数　107

シェイクアウト　35, 38, 39, 44, 190, 194, 200, 204

時間圧縮の不経済　50

資源（resources）　48

資源獲得　2, 19, 87, 88, 212, 234, 263, 270

資源・能力アプローチ　45, 47, 48, 50, 51,

52, 53, 54, 56, 57, 58, 60, 65, 74, 119, 255, 266

システム 360　　30

持続条件　　58, 69, 72, 73, 75, 82, 92, 210, 211, 220, 227, 256, 261

持続的な競争優位　　47

自動車産業　　31

地場（証券）　　4, 140, 141, 194, 236

支配的通念　　23

社会的（な）認知　　2, 19, 82, 86, 87, 88, 89, 90, 92, 212, 234, 247, 248, 249, 258, 263, 264, 270

重回帰分析　　105

収穫逓増現象　　71

重量級プロダクト・マネージャー　　55

収斂作用力　　58, 69, 72, 75, 82, 210, 220, 256

準大手　　154, 237, 263

シュンペータ的な競争環境　　55

証券業界のオンライン化比率　　3

証券恐慌　　4

商品ラインアップ　　10

情報の粘着性　　59, 210, 256

初期条件　　58, 69, 70, 72, 75, 76, 92, 210, 219, 226, 256, 261

初期体験　　58, 69, 70, 72, 75, 76, 82, 92, 210, 211, 219, 226, 256, 261

進化論（アプローチ）　　20, 83, 84, 85, 258
　　——的（evolutionary）（な）プロセス　　36, 90
　　——モデル　　85

信用取引　　10

心理的盲点　　226

スイッチングコスト　　104, 105

スマートフォン　　2

静学的なモデル　　46, 54, 57

生産性のジレンマ　　31, 35

生産要素市場　　49, 50, 70

正当性　　77, 78, 79, 82
　　——効果　　19, 20, 23, 87, 88, 211, 212, 234, 247, 250

制度的同型化　　77, 78, 79, 211, 257

先行者の優位性　　22, 50, 102, 103, 105, 124, 125, 131, 134, 135, 136, 183, 259

戦略グループ　　17, 46, 85

戦略コミットメント　　71, 72, 73, 74, 75

戦略スキーマ　　80

戦略の同質化　　16, 19

戦略の模倣　　82

戦略ポジション　　53, 71, 73, 74, 75, 127

相互依存関係　　52, 60, 64

相互補完性　　50

創発的戦略　　57

組織学習　　55, 73, 80

組織慣性　　70, 73

組織個体群　　84, 85

組織コミュニティ　　84

組織生態学　　19, 87, 211, 212, 254, 262, 263, 264

組織モーメンタム　　70

存続の論理　　84, 85, 90

た　行

ダイナミックなプロセス　　18, 20, 57, 58, 64, 65, 210, 254, 255, 256, 266

脱熟練化　　35

ダブル・ループ学習　　56

探索　　80

単線的な因果関係　　211

中堅（証券）　　4, 140, 141, 148, 151, 154, 164, 213, 237, 263

中高年の富裕層　　150

定額手数料制　　10

ディスカウント・ブローカー　　98, 112, 148, 150, 214, 217

定置式生産システム　　33

適合仮説　　52

テキストマイニング　　22

デザインの階層　　37, 38

手数料の完全自由化　　5

同型化圧力　　257

統合アプローチ　53, 54, 60, 65, 255, 266
同質化　1, 78
闘争段階　85
淘　汰　84, 85, 86, 87
動的能力アプローチ　54, 56, 61
登録制　4, 5, 17, 127, 144, 147
特徴による模倣　222
特　許　59, 73, 76, 103, 210, 256
ドミナント・デザイン　27, 29, 30, 34, 35, 36, 37, 38, 39, 40, 42, 43, 44, 89, 179, 180, 181, 183, 184, 185, 189, 190, 194, 197, 198, 199, 200, 202, 203, 204, 205, 206, 211, 232, 233, 234, 236, 240, 241, 261, 265
ドミナント・ロジック　80
トレードオフ　31

な　行
内部要因　45, 46, 51, 58, 61, 67, 254, 256
日経平均株価　13, 102, 153, 162, 217
ニッチ（層）　85, 86, 88, 89, 164, 165, 218, 220, 221, 224, 227, 233, 234, 250, 262, 275
ネットワーク外部性　71, 103, 104, 105, 125
粘着性　50, 73
能力（capability）　48

は　行
ハイランドパーク工場　33
パッケージシステム　117, 203, 204
パッケージ製品　104, 117, 203
発生の論理　84, 85, 90
パフォーマンス　2
パレートの法則　115
バンドワゴン効果　104
東日本大震災　14
ビジネスモデル　144, 150, 157, 217, 225
非対称期待　69, 70, 76
評価基準　29, 35, 42, 79
頻度による模倣　222
ファイブ・フォース・モデル　46, 75
フォード生産方式　33, 34, 35

不確実性　20, 36, 37, 43, 44, 60, 67, 72, 73, 76, 77, 78, 79, 85, 86, 89, 202, 211, 222, 233, 253, 254, 257, 268, 269
プライベートバンキング・サービス　41
フルサービス　147
フレキシビリティ　35
プレスリリース　115, 116
ブローキング　144, 146, 213
プロセス・イノベーション　28
プロダクト・イノベーション　28
分岐作用力　58, 69, 70, 71, 72, 73, 75, 77, 210, 211, 220, 226, 256, 261
ベルトコンベア方式　33
変　異　84, 85, 86
ベンダー　203
ベンチ・マーキング　55
ベンチャーキャピタル　118, 119
保　持　84, 85
ポジショニング・アプローチ　45, 46, 47, 48, 49, 51, 52, 53, 54, 56, 57, 60, 65, 74, 255, 266
ポジティブ・フィードバック　71
ボックスレート　100, 101, 155, 171
ホームバンキング・サービス　42
ホームページ　10

ま　行
松井証券の戦略　15
密度依存理論　23, 87, 250, 254, 262, 263, 264, 270
メインフレーム・コンピュータ　41, 42
メタ学習　56
免許制　4, 5, 17, 127, 144, 147
目的合理的　36, 84
目標の不確実性　30
模　倣　78, 79
　――的同型化　78, 79, 80, 81, 91, 222, 257
　――の二面性　20, 263
モーメンタム　220, 226, 261

や　行

約定金額　5
要素技術　28, 29, 42, 86
四段階の進化プロセス　20, 21, 23, 83, 86,
　　90, 91, 92, 93, 231, 233, 251, 254, 258

ら　行

ラディカル　29, 40, 41, 42, 86, 182, 183
リアルタイム　2
リカード・レント　50

リジディティ　273
リソースベースドビュー　→RBV
リバールージュ（工場）　33, 34
リーマンショック　13
流動期　28, 34, 201, 202, 204
リーン生産システム　55
ルーティン　51, 55, 56, 80, 274
黎明期　1
レント　49, 70, 73

＊著者紹介

高井 文子（たかい あやこ）

現在，横浜国立大学大学院国際社会科学研究院／経営学部准教授．
博士（経済学，東京大学）

1996 年　東京大学経済学部経営学科卒業
1997 年　東京大学経済学部経済学科卒業
1999 年　東京大学大学院経済学研究科修士課程修了
2005 年　東京大学大学院経済学研究科博士課程単位取得退学
1999 年 4 月〜2005 年 3 月　㈱三和総合研究所（現，三菱 UFJ リサーチ
　＆コンサルティング㈱）勤務
2005 年　東京理科大学経営学部専任講師
2009 年　東京理科大学経営学部准教授
2016 年　横浜国立大学大学院国際社会科学研究院／経営学部准教授

主要著作

「『支配的な通念』による競争と企業間相違形成：オンライン証券業界の
事例」『日本経営学会誌』*16*，2006 年。（平成 18 年度日本経営学会賞受
賞）
『コア・テキスト　イノベーション・マネジメント』（共著）新世社，
2010 年。
「模倣・追随の二面性：日本のオンライン証券市場黎明期における企業
間競争の実証的分析」『組織科学』*51*(1)，2017 年。

インターネットビジネスの競争戦略
オンライン証券の独自性の構築メカニズムと模倣の二面性
Competitive Strategies of Internet Businesses

2018 年 12 月 25 日　初版第 1 刷発行

著　者　　高　井　文　子

発行者　　江　草　貞　治

発行所　　株式会社　有　斐　閣

郵便番号101-0051
東京都千代田区神田神保町 2-17
電話(03) 3264-1315〔編集〕
　　(03) 3265-6811〔営業〕
http://www.yuhikaku.co.jp/

印刷・大日本法令印刷株式会社／製本・大口製本印刷株式会社

ISBN 978-4-641-16533-5